- Des Grieux = antihéro
- expérimentation ñ genre + narration
  ↳ difficult to interpret the characters
  due to multi-layered narration
    ↳ L'Illusion Comique - Diderot
- Manon = femme fatale
  ↳ les qualités ♀ et ♂
    • l'entrepri...
- Des Grieux
  ↳ il trav...                          ...semaine
  puis il...                            ...pendant
  les jours
  ↳ ironiqu... ...ne's the nobleman
- Manon = la mentalité noble - Louis XV
  ↳ le recherche de la plaisir
  ↳ constantly needs to be having fun -
  her sexual exploits, manipulation of men
  of power
  ↳ reversal of gender roles - she is the
  breadwinner and dominant figure of the
  relationship
- through the death of Manon (noble), D.G.
  can return to France and move on ñ life
    ↳ reflection of Révolution
    ↳ D.G. retrouve son chemin
    ↳ rejection of his inherited noblity while
  M. is constantly trying to attain it
- D.G. really just wants a normal, bourgeois
  life ↳ switching of social perspective/role
- Manon's behaviour + affluence leads to
  D.G +M to flee France
    ↳ drastic measures - similar to F.R.

# HISTOIRE DU CHEVALIER DES GRIEUX ET DE MANON LESCAUT

*Du même auteur*
*dans la même collection*


HISTOIRE D'UNE GRECQUE MODERNE
LA JEUNESSE DU COMMANDEUR
MANON LESCAUT

ANTOINE-FRANÇOIS PRÉVOST D'EXILES

# Histoire du chevalier Des Grieux et de Manon Lescaut

*Introduction, notes, dossier, chronologie*
*et bibliographie mise à jour (2006)*
*par*
Jean SGARD

GF Flammarion

# INTRODUCTION

L'œuvre la plus achevée de Prévost fut sans doute
écrite en quelques semaines au début de l'année 1731 ;
mais aujourd'hui encore, on ignore tout de sa genèse et
l'on ne peut se livrer qu'à de fragiles reconstructions.
Nous savons qu'en octobre 1730, à la suite d'une
« petite affaire de cœur [1] », Antoine-François Prévost fut
obligé de quitter l'Angleterre, où il venait de passer deux
ans. Ayant séduit la fille de son protecteur et patron,
John Eyles, il se vit en effet congédié et obligé de trouver
en Hollande de nouveaux moyens d'existence. Il emportait avec lui le manuscrit des deux premiers tomes de
*Cleveland*, rédigés en Angleterre et prêts à l'impression.
Dès la fin de l'année 1730, il le vendait à un libraire
d'Amsterdam, Etienne Néaulme ; il s'engageait en même
temps à livrer la fin de l'ouvrage, en trois volumes, dans
le courant de l'année à venir [2]. A la même époque, très

1. Voir à ce sujet l'Introduction de F. Deloffre à *Manon Lescaut*,
Classiques Garnier, 1965, rééd. 1990, p. L et suiv.
2. Nous connaissons par les *Extraits de plusieurs lettres de l'auteur des
Mémoires d'un homme de qualité,* publiées par le libraire Etienne Néaulme
à la fin de 1732, la date approximative du contrat initial, fin 1730 ou
début 1731. Voir F. Deloffre, ouvr. cité, p. LVII et suiv., et J. Sgard,
*Prévost romancier,* Corti, 1968, rééd. 1989, p. 127-129. Gautier de
Faget, secrétaire de Prévost à l'époque, rapporte en 1751 dans les
*Mémoires du chevalier de Ravanne,* que les quatre premiers tomes de
*Cleveland* auraient été rédigés dans une auberge d'Amsterdam en trois
semaines à la fin de 1730 ; mais ses souvenirs sont à la fois confus et
romancés : il évoque les sept volumes de *Cleveland,* alors qu'à cette

probablement, il négociait avec différents libraires une suite des *Mémoires et aventures d'un homme de qualité*, dont le succès, depuis la publication des premiers volumes en 1728, ne s'était pas démenti. Trois libraires au moins étaient en course, qui avaient donné chacun une édition des premiers volumes, et qui espéraient obtenir la suite et fin du roman : Mathieu Roguet et Van der Kloot, à La Haye, et la Compagnie des libraires d'Amsterdam. Ce fut celle-ci qui l'emporta ; mais le contrat ne portait sans doute que sur les tomes V et VI, et à supposer, comme il est probable, qu'il eût en tête le projet d'une *Histoire du chevalier Des Grieux*, Prévost songeait à le négocier séparément au prix fort ; durant cet hiver 1730-1731, il ne pense qu'à faire monter les enchères pour se trouver des ressources. Toujours est-il qu'au tout début de 1731, il interrompt *Cleveland* pour se jeter dans les *Mémoires et aventures*, tomes V et VI, ce dernier s'achevant par le mot « Fin ». Rien n'y annonce l'histoire du chevalier, pas même quand, à leur retour en France, le narrateur Renoncour et son élève Rosemont passent une soirée à Calais : ils se contentent de visiter les fortifications, sans rencontrer Des Grieux comme le suppose le préambule de *Manon Lescaut*. Et c'est après avoir terminé les *Mémoires* que Prévost se résout à publier l'*Histoire du chevalier Des Grieux et de Manon Lescaut* : les libraires de la Compagnie d'Amsterdam y consentent, mais sous réserve d'en faire le tome VII des *Mémoires et aventures*, dont le succès paraissait assuré d'avance. On sait que Prévost, dans l'Avis au lecteur de *Manon Lescaut*, insiste sur son refus de faire entrer les aventures du chevalier dans le corps des *Mémoires*, avec lesquels elles n'ont pas de « rapport nécessaire » ; il tient expressément à les donner « séparément ». Les libraires, qui avaient certainement des moyens de se faire entendre, retarderont d'un mois la sortie des tomes V et VI pour y joindre le tome VII ; les

époque, l'œuvre devait en compter cinq au total, et il oublie que les deux premiers tomes, en cours de traduction en Angleterre, étaient déjà rédigés. Il considère que les quatre premiers tomes étaient prêts au début de janvier, alors qu'ils ont été publiés séparément : I et II en juin, III et IV en septembre 1731.

trois volumes sont annoncés par la presse en avril. Si l'on considère que les tomes V et VI ont pu être imprimés en premier, dès février, et qu'il faut six semaines environ, à cette époque, pour imprimer un petit in-12, on est conduit à penser que Prévost a remis le manuscrit de *Manon* au début de mars, et que l'ouvrage fut rédigé en février à Amsterdam. Cette rapidité n'est pas unique dans sa carrière d'écrivain : durant l'année 1740, il composera près de cinq romans et deux volumes du *Pour et Contre*. Dans une très belle nouvelle du *Pour et Contre*, Prévost a évoqué, plusieurs années après, un « séjour de trois mois » qu'il a fait dans une « hôtellerie du Ness » à Amsterdam, ville qu'il n'aime pas et à laquelle il préfère de loin La Haye, mais où il est possible de trouver la solitude : « ... la triste situation d'Amsterdam n'étant point assez compensée par la beauté de ses canaux et de ses édifices, on ne peut être porté à s'y retirer que pour se dérober au monde, et s'en faire une espèce de sépulture [3] ». Tel est le « tombeau », pour reprendre une métaphore prévostienne, dans lequel il s'est enfermé. La nouvelle des « Etrangers d'Amsterdam », avec ses inconnus dont on parle à mots couverts, une passion qui se devine, un deuil inexplicable, nous rappelle sans doute le tour d'imagination qui était celui de Prévost à cette époque. Il reste toutefois à prouver qu'il n'a pu écrire *Manon* plus tôt, c'est-à-dire en Angleterre, comme on l'a cru parfois ; or sur ce point, l'étude de *Cleveland*, peut nous mener un peu plus loin.

Dans les deux premiers tomes du *Philosophe anglais, ou Histoire de M. Cleveland*, grand roman héroïque dans lequel Prévost a résumé en 1730 sa mythologie secrète et sa vision du monde, on voit un héros maudit, fils naturel de Cromwell, fuir son père, se cacher dans les cavernes du Devonshire, où il rencontre un père idéal,

---

3. « Histoire intéressante », publiée en 1740 dans *Le Pour et Contre*, t. XX, p. 193-210, rééd. par P. Berthiaume dans les *Œuvres de Prévost*, sous la dir. de Jean Sgard, Presses universitaires de Grenoble, t. VII, p. 255-260, et dans les *Nouvelles françaises du XVIIIᵉ siècle*, publiées par J. Hellegouarch, Livre de Poche, Bibliothèque classique, 1994, t. I, p. 213-222.

Axminster, dont il aime la fille, la toute jeune Fanny.
En leur compagnie, il gagne le Nouveau Monde. Dans
le tome III — que Prévost commence à son arrivée en
Hollande — Cleveland épouse Fanny et fonde une
petite colonie dans le pays des Indiens abaquis ; mais
attaqué par les sauvages au fin fond des Apalaches, il
voit son armée décimée, sa fille enlevée pour être
dévorée par les cannibales. C'est alors qu'il se résout à
gagner les possessions anglaises de la côte de la Caroline en traversant le désert ; mais au moment où la
petite expédition parvient en Louisiane, Fanny,
épuisée de douleur et de fatigue, est sur le point de
succomber : « Ne lui voyant nulle apparence de sentiment et de vie, je la crus morte en effet, écrit Cleveland, et je formai aussitôt la résolution de ne pas lui
survivre. Je m'étendis auprès d'elle le plus décemment
qu'il me fut possible ; je conjurai le ciel d'abréger mes
peines par une prompte mort ; et je fermai les yeux,
avec le dessein obstiné de ne les rouvrir jamais [4] ».
C'est là, dans le style noble qui est celui de Cleveland,
un dénouement très voisin de celui de *Manon Lescaut*.
Nous sommes alors au milieu du tome III. Or nous
savons que Prévost a interrompu son travail au début
de janvier 1731 pour reprendre les *Mémoires et aventures* ; c'est seulement au cours de l'été 1731 qu'il
reviendra au *Philosophe anglais*, pour donner à l'histoire de Cleveland et de Fanny un tour nouveau :
Fanny ne meurt pas, le ménage s'installe à Cuba, où il
va connaître un nouveau drame, celui de l'infidélité
supposée de Fanny. On est donc amené à penser, avec
une assez grande vraisemblance, que Prévost a abandonné *Cleveland* au tout début de 1731, au moment
où il abordait l'épisode du désert, pour se jeter dans
les *Mémoires et aventures* ; et c'est dans *Manon Lescaut*
qu'il donnera la version intense du drame qui le han-
tait ; c'est là qu'on trouvera le rêve de bonheur tragi-

---

4. *Le Philosophe anglais, ou Histoire de Monsieur Cleveland, fils
naturel de Cromwell, écrite par lui-même*, tome III, publié en septembre 1731, éd. P. Stewart, dans les *Œuvres de Prévost*, t. II,
p. 230 ; on trouvera le passage en entier ci-après dans notre annexe.

quement interrompu, la fuite dans le désert, la mort
de la bien-aimée, autrement dit la tragédie, alors qu'il
réserve à *Cleveland* la longue quête sentimentale, intellectuelle et religieuse. On notera que le mythe intérieur de Prévost se développe d'une œuvre à l'autre :
dans *Cleveland*, le fils maudit avait trouvé la protection
d'un père idéal qui lui confiait sa fille, en même temps
qu'un empire dans le *Nouveau Monde* ; et l'on n'aura
pas de mal à reconnaître ici un écho des aventures et
des illusions de l'auteur, à l'époque où, protégé par
John Eyles, sous-gouverneur de la South Sea Company, il rêvait d'épouser sa fille et de trouver un établissement dans un comptoir d'Amérique. Dans
*Manon Lescaut*, le rêve est brutalement interrompu : le
héros est maudit par son père et séparé de sa compa-
gne ; tout espoir d'établissement en Amérique
s'effondre dans un Nouvel-Orléans dérisoire ; le gouverneur de la colonie se transforme en despote ; le
projet de mariage secret est dénoncé et rompu.

   Un dernier trait unit profondément la fin des
*Mémoires et aventures* à *Cleveland*, c'est l'influence des
*Illustres Françaises* de Robert Challe. Cette suite de
nouvelles, composée en 1713 par un romancier resté
obscur et mort en 1723, a atteint Prévost au plus profond, d'une façon soudaine et très brève. Il ne semble
pas l'avoir lue avant la fin de 1730 : les tomes I et II
de *Cleveland* ne décèlent aucune trace de cette
influence, alors que la thématique et la stylistique
challiennes imprègnent les tomes III et IV, ainsi que
les tomes V à VII des *Mémoires et aventures*[5]. Plus
précisément encore, c'est dans *Manon Lescaut* et dans
le tome III de *Cleveland* que se développe le thème si
profondément illustré par Challe, de la trahison
imprévue et inexplicable, et le mode de narration,

   5. L'influence de R. Challe sur Prévost a souvent été analysée,
notamment par H. Roddier dans *L'Abbé Prévost, l'homme et l'œuvre*,
Hatier-Boivin, 1955, p. 66 et suiv. ; F. Deloffre, ouvr. cité,
p. LXXXII et suiv. ; J. Sgard, ouvr. cité, p. 293 et suiv. ; F. Piva,
*Sulla genesi di Manon Lescaut : problemi e perspetive*, Milano, Vita e
Penserio, 1977, *passim*.

simple et désespéré, qui sera celui du chevalier. Dans l'« Histoire de Des Frans et de Silvie », le héros, au fort du bonheur, apprend la trahison de Sylvie et se consume dès lors dans la douleur et le doute ; dans l'« Histoire de Monsieur Des Prés et de Mademoiselle de L'Epine », Des Prés perd sa jeune femme, qui lui est ôtée par la conspiration des parents, et qui meurt misérablement à l'Hôtel-Dieu. C'est assurément dans l'*Histoire du chevalier Des Grieux et de Manon Lescaut* que le modèle challien est le plus visible : le titre de l'œuvre, sa forme littéraire, le mélange de réalisme social et de grandeur tragique, le drame de l'infidélité inexplicable, de la réconciliation bouleversante, de la persécution et de la fin atroce, tout implique une véritable parenté avec les *Illustres Françaises,* et une sorte de fascination de Prévost à l'égard de Challe. Après quoi, il donnera au thème de l'infidélité supposée les dimensions du grand roman psychologique : le malentendu entre Fanny et Cleveland se développera dans plus de deux tomes de *Cleveland.* L'influence de Challe reste présente, mais se transforme progressivement ; elle disparaît ensuite de l'œuvre de Prévost. On peut légitimement penser que Prévost a découvert *Les Illustres Françaises* à la fin de 1730, qu'il en est imprégné au moment où il rédige l'*Histoire du chevalier,* qu'il en transforme l'esprit dans *Cleveland,* pour s'en éloigner par la suite.

La technique de Challe lui permet d'accéder à un nouveau mode de vraisemblance. Les *Mémoires et aventures* formaient une longue narration romanesque, qui promenait le lecteur à travers l'Europe de 1680 à 1715 ; *Cleveland* est un grand roman épique qui embrasse le monde entier, de la mort de Charles I$^{er}$ à la fin du XVII$^e$ siècle. L'*Histoire du chevalier* est une nouvelle tragique, prise dans une période assez courte et récente, qui met en jeu une petite société et la brève destinée d'un jeune aventurier pris dans le réseau d'une méchante affaire. Cette intrigue est, pour l'époque, incroyable : il paraît inacceptable qu'un jeune aristocrate raffiné, élevé dans la plus exigeante morale, tombe amoureux fou d'une prostituée, se ruine pour elle, accepte ses trahisons, finisse par voler, par la suivre au Mississipi et l'épouser. Cette passion misérable et cette déchéance sans repentir, cette situation choquante qu'un romancier eût traitée sur le mode du ridicule ou du libertinage, Prévost la traite avec gravité et avec une abondance de notations précises sur les lieux, l'époque, l'argent, la qualité sociale des personnages ; pareil souci est unique dans son œuvre, et, pourrait-on dire, dans le roman classique. Ce n'est pas qu'il cherche par là une vérité historique ou un réalisme avant la lettre ; jamais il n'a accordé, dans ses romans, d'intérêt à la réalité matérielle ou sociale en elle-même ; pour lui, le roman n'a rien à voir avec le journal ni avec la relation de voyage. Il accorde au contraire la plus grande importance aux techniques de vraisemblance, à l'art d'envelopper le lecteur dans un réseau de signes, d'indices, d'allusions à un contexte historique ou social, voire autobiographique ; et plus l'histoire est paradoxale, plus il aura tendance à multiplier ces signes. Il donne d'emblée à son récit une dignité littéraire sans précédent, par un Avis au lecteur hautement moral, par des citations latines, des références à Horace ou à Virgile, par des allusions à la tragédie classique ; mais il en assure en même temps la forte vraisemblance par un préambule digne d'un journaliste et aussi frappant que pouvait l'être le tableau d'embouteillage au début des *Illustres Françaises.* D'un côté, la morale la plus élitiste et le souvenir de Racine ; de l'autre, une cour d'auberge, une vieille femme qui crie et des chevaux tout « fumants de fatigue et de chaleur » ; il s'agit de concilier l'un et l'autre, de donner à la misérable aventure la dignité d'une tragédie. Prévost avait découvert en Angleterre, avec Shakespeare, Dryden (*All for love*), Otway (*The Orphan*), un nouveau style tragique, plus direct et plus fort que celui de Racine ; il en parle avec enthousiasme dans le tome V des *Mémoires et aventures* [6] ; et il avait

6. Ed. P. Berthiaume et J. Sgard dans les *Œuvres de Prévost*, t. I, p. 241.

rencontré dans le roman de Defoe ou dans les faits divers de la presse anglaise un intérêt très vif pour les drames sociaux. Mais ce style anglais, ce « goût nouveau » qu'il s'efforcera de transmettre à son public dans les premiers tomes du *Pour et Contre* en 1733, lui paraît mal décanté et peu compatible avec le goût littéraire français. Le seul écrivain qui ait su exprimer en France la force tragique des passions et les réalités sociales les plus crues dans un style pathétique est certainement Challe. Cette forme de transmutation littéraire permet à Prévost de traduire l'histoire choquante d'un jeune débauché et d'une femme facile dans une narration mélancolique et hautaine ; elle lui permet de juxtaposer les réflexions les plus fines et les expériences les plus triviales, dans une narration pénétrée de douleur.

L'« histoire » du chevalier est fortement enracinée dans l'Histoire. Elle se déroule sur une période assez courte, cinq ans au total, et à une époque précise : les dernières années du règne de Louis XIV. Une longue tradition veut que Prévost ait évoqué la crise de la Régence ; c'est négliger ce qu'il dit de la façon la plus formelle. Il insiste en effet très fortement, dès la première ligne du récit, sur une contrainte temporelle : « Je suis obligé de faire remonter mon lecteur au temps de ma vie où je rencontrai pour la première fois le chevalier Des Grieux. Ce fut environ six mois avant mon départ pour l'Espagne. » Ce voyage espagnol de l'homme de qualité, Renoncour, se situe à la fin de l'été 1715, au début du tome III des *Mémoires et aventures* ; et les lecteurs de Prévost, qui avaient en mémoire un roman dont ils attendaient la suite, ne pouvaient s'y tromper ; ils devaient au moins se souvenir que l'épisode espagnol s'ouvrait sur la mort de Louis XIV, date mémorable entre toutes. C'est donc un peu plus de six mois plus tôt, vers février 1715, que Renoncour a rencontré Des Grieux à Pacy ; la rencontre de Calais, après la mort de Manon, a lieu près de deux ans plus tard, à la fin de 1716, au moment où Renoncour et son disciple vont découvrir le climat de la Régence. Il est évident que s'il l'avait voulu, Prévost aurait sans aucun mal placé son histoire au temps de la Régence ; c'est au tome VI qu'il aborde cette époque ; il lui suffisait de suivre l'ordre chronologique. S'il se sent « obligé » de remonter en arrière, c'est qu'il désire placer son histoire sous l'éclairage historique qui lui convient le mieux, celui d'une fin de règne. En février 1715, sur la route du Havre, s'achèvent donc les aventures parisiennes du chevalier et de Manon Lescaut ; elles ont dû commencer, si l'on s'en tient aux indications chronologiques fournies par le texte, deux ans et demi plus tôt, en juillet 1712. Le premier épisode ne dure qu'un mois : selon les observations ironiques du père du chevalier, Des Grieux a rencontré Manon à Amiens le 28 juillet ; trois semaines se passent à Paris ; le 29 août, il est ramené par son frère dans sa famille. Il y passe un an avant d'entrer à Saint-Sulpice, au « renouvellement » de l'année scolastique, soit en septembre 1713. A la fin de son année de théologie, vers septembre 1714, il soutient ses « exercices » et retrouve Manon : près de deux ans ont passé depuis leur séparation. Un mois s'écoule à Chaillot ; l'hiver approche, ils rentrent à Paris. Arrêtés au cours de l'hiver, ils passent trois mois en prison. Au début de la seconde partie du récit, nous les retrouvons à Chaillot, au début de 1715. Notons toutefois que dans l'édition de 1753, Prévost ajoute à l'histoire de leur fragile bonheur quelques semaines qui ne trouvent pas place dans sa chronologie d'ensemble. La catastrophe finale, par un puissant effet d'accélération, se développe en deux jours. Après deux mois de navigation, les amants vivront ensemble au Nouvel-Orléans pendant « neuf ou dix mois » ; un an après son départ de France, Manon est morte ; Des Grieux se retrouvera à Calais environ neuf mois plus tard, en principe vers octobre 1716. Seul le séjour des amants au Nouvel Orléans se situe sous la Régence, époque qu'ils n'auront pas connue ; leurs aventures se sont déroulées à Paris dans un climat d'immoralité publique qui, pour Prévost, est celui des dernières années du règne de Louis XIV [7] : les fermiers généraux tiennent le haut du pavé et l'un d'eux se fait construire une célèbre maison rue V... en 1713 ; le jeu envahit les salons et les hôtels princiers, le dévot prince de R. en tire ses revenus en 1714, et un jeune provincial, tout imbu de morale traditionnelle, découvre à Paris le scandale de la corruption générale. Ses aventures ne seront pas noyées dans le flot d'immoralité de la Régence, que Prévost a très bien décrit dans le tome VI des *Mémoires et aventures* ; pour que son drame prenne toute sa portée, pour qu'il en soit intérieurement déchiré, il faut qu'il s'oppose à un monde qu'il n'a jamais cessé de respecter. Dans l'*Histoire du chevalier,* la morale traditionnelle garde toute sa sévérité, l'autorité paternelle est intacte, le respect du patrimoine et la valeur de l'argent s'affirment encore avec force. C'est par rapport à cette échelle de valeur que la déchéance du chevalier prend tout son relief.

On a souvent remarqué que l'argent tenait une place considérable dans *Manon Lescaut,* place unique en vérité dans le roman classique ; non par un souci documentaire du romancier, cela va de soi, mais parce que l'argent et surtout le manque d'argent permettent de mesurer à chaque instant les écarts de fortune dans la hiérarchie sociale, et du même coup les étapes d'une dégradation : entre le moment où le chevalier projette de vivre avec Manon en dépensant 2 000 écus (6 000 livres ou francs) par an, et celui où, sur la route du Havre, il paie un écu de l'heure (3 francs), « prix courant de Paris [8] », la faveur

7. Sur l'intérêt que Prévost a toujours porté au règne de Louis XIV et sur le tableau pessimiste qu'il donne de la fin du règne, voir J. Sgard, *L'Abbé Prévost. Labyrinthes de la mémoire,* P.U.F., 1986, p. 49-52.
8. Sur la valeur de l'argent dans *Manon Lescaut,* voir J. Sgard, « L'échelle des revenus » dans *Dix-Huitième siècle,* n° 14, 1982, p. 425-433. Rappelons qu'on compte alors en francs (ou livres tournois), en écus (3 francs), en pistoles (10 francs), en louis d'or (24 francs) et que, par approximations avec les revenus actuels, on peut estimer que le franc dans *Manon Lescaut* représente environ 110 francs d'aujourd'hui.

de parler avec Manon, la chute est brutale, et elle parcourt tous les degrés de l'échelle sociale. Au bas de l'échelle, il y a ceux dont on parle à peine, les domestiques payés à l'époque environ 100 francs par an : le chevalier et Manon auront presque toujours deux domestiques, même au Nouvel Orléans. Manon est de très petite origine ; elle se rend au couvent avec une dot de 300 francs ; c'est fort peu, si l'on pense que la dot de Suzanne Simonin, dans *La Religieuse* de Diderot, s'élève à 3000 francs ; mais Suzanne Simonin est de bonne famille. Tiberge, lui, est de famille honorable mais pauvre ; élevé aux frais des parents de Des Grieux, il obtient, par son mérite, un « bénéfice » ecclésiastique de 3000 francs par an, bon revenu bourgeois pour un homme seul : jusque dans les années 1780, le seuil de la fortune bourgeoise sera estimé à 5000 francs par an. Le chevalier peut proposer à Manon de vivre avec 6000 francs par an ; cela suffit juste, dans une optique aristocratique, pour tenir son rang par une vie « honnête mais simple » ; mais comme il consacre les trois quarts de ce budget au jeu, au spectacle et au carrosse, on devine déjà qu'il court à la ruine. La vraie fortune, celle d'un fils unique de grande famille comme le jeune G... M..., correspond à un revenu de 40 000 francs par an, dont il offre la moitié à Manon ; on comprend qu'elle soit séduite : c'est le train de vie qui lui convient, avec carrosse et laquais, hôtel privé et domestiques : Des Grieux lui-même en est fasciné. Et au sommet de l'échelle, on trouvera la fortune des fermiers généraux et des vieux parvenus : M. de B... donne à Manon 30 000 francs par an, ce qui est fastueux, mais vraisemblable en un temps où l'on évalue le revenu moyen d'un fermier général à 300 000 francs. Et c'est pourquoi Manon peut lui voler 60 000 francs, somme prodigieuse (plus de six millions d'aujourd'hui), sans qu'il porte plainte, et sans qu'elle en éprouve de remords. Quant au vieux G... M..., il offre à Manon 10 000 francs d'entrée de jeu. Ce sont gens de haute volée, et Des Grieux pourra rêver plus d'une fois des

« partisans » de Paris avec leurs « trésors entassés ». Entre les nantis et les pauvres, l'écart est donc immense, de 300 000 à 100 francs. D'un côté, les demi-dieux, ceux qui vivent dans les plaisirs et roulent en carrosse ; de l'autre, ceux qui marchent à pied dans la boue, qui se querellent pour six francs, qui n'ont jamais vu un louis d'or. Des Grieux et Manon passent d'un extrême à l'autre : ils rêvaient de rouler dans de splendides voitures et se sont ruinés pour entretenir un carrosse ; Manon en vient à accepter les offres de son frère et à se vendre à un vieillard dans le seul espoir de sauver son « équipage » ; le carrosse et l'hôtel privé du jeune G... M... l'éblouissent au point qu'elle oublie à l'instant toutes les promesses faites à son chevalier. On sait ce qu'il en résultera : leur vie s'achève par une désespérante marche à pied ; Manon, à qui il fallait absolument un carrosse pour aller de Chaillot au bois de Boulogne, suit son amant dans le désert rocailleux et meurt d'épuisement au bout de deux lieues.

Toutes ces indications de temps, de rang social et d'argent — et l'on pourrait y ajouter les indications de lieux (rue Vivienne, Hôtel de Transylvanie, jardin du Luxembourg) — ont moins pour objet de dater et de situer le récit que d'en former l'assise dramatique : le drame, c'est le temps qui court et qui vient à manquer, c'est l'espace de liberté qui se rétrécit, c'est l'argent perdu, réduit à rien, au « prix courant de Paris » pour une heure d'entretien avec Manon. Un réseau de contraintes inéluctables enserre peu à peu le chevalier, aussi implacable qu'un destin tragique. De tous les obstacles, le plus fort reste le pouvoir de la hiérarchie sociale, pouvoir dont le chevalier se croyait revêtu et qui se retourne contre lui. La folie était de croire que l'amour effaçait la différence sociale, et que la sincérité des sentiments permettait cette prodigieuse mésalliance : c'était là une rêverie d'adolescent. Or tout dans le récit nous rappelle l'obstacle des classes, et cette frontière d'incompréhension qui sépare un jeune aristocrate d'une femme de médiocre origine. Fils cadet d'une très bonne maison, le chevalier [9] est promis à un bel avenir. A défaut de devenir commandeur de Malte, comme son père l'avait envisagé au départ, il pourrait faire carrière dans l'Eglise : formé à Saint-Sulpice, où l'on prépare les cadres du clergé, remarqué par ses supérieurs et « couché sur la feuille des bénéfices » dès la première année, il est évident qu'il ira loin : il est destiné au rang d'évêque ou de supérieur d'une riche abbaye. Manon, qu'on envoie discrètement au couvent avec une dot de 300 francs, sera domestique, sœur tourière. Dans les moindres détails de son comportement, le chevalier est aristocrate. Il est attaché à son rang et regarde de haut les parvenus comme B..., ou les nobles d'origine récente comme les G... M... Il est fier, voire méprisant à l'égard des gens du commun. Quand il est dépouillé de tous les signes extérieurs de la richesse, il se replie sur les qualités propres à une noblesse idéale, avec un rien d'affectation : il est désintéressé, généreux autant que les circonstances le lui permettent, reconnaissant envers Renoncour au point d'acquitter sa dette par un long récit, porté au beau langage et aux grands sentiments. Attaché désespérément à sa caste, il est condamné par sa liaison à vivre la dégradation, à trahir, comme le dira son père, « tous les sentiments d'honneur », mais en sauvant la face ; d'où cette trop belle confession d'un chevalier démonté, qui rétablit envers et contre tous une noblesse constamment démentie. Manon, d'une certaine façon, en fait les frais. Selon l'éthique idéale de son amant, elle ne connaît en effet ni l'honneur ni la vertu. L'essentiel pour elle est de survivre ; la peur de manquer, d'avoir faim, est chez elle, croirait-on, atavique. Peu importe

9. On notera que le titre du roman, *Histoire du chevalier...*, spécifie la qualité sociale du héros, ce que Challe ne faisait pas, ses personnages étant de grande bourgeoisie. Le terme de « chevalier », au XVIIIᵉ siècle, désigne de façon générale un échelon inférieur de la noblesse, entre écuyer et baron ; mais de façon plus précise, il désigne ici l'appartenance à l'Ordre de Malte. On pouvait être admis dans l'Ordre dès l'âge de sept ans, à titre de « chevalier de minorité » ; c'est à ce titre que Des Grieux porte la croix de Malte.

qu'elle ait d'exquises manières et une certaine culture, si l'on en juge par son goût de l'opéra et la manière inattendue dont elle cite Racine : ce sont là des dons personnels, ou peut-être acquis par ses nobles fréquentations, mais qui n'effacent pas, pour son amant, la marque d'origine. Comme les gens du peuple, et le chevalier le note au passage avec une sorte d'indulgence un peu lasse, elle est instinctive, livrée à ses sensations, éblouie par tout ce qui brille. A supposer que Des Grieux oublie cette origine, le frère Lescaut se chargerait de la lui rappeler. Il incarne une sorte de fatalité héréditaire et sociale : gai, instinctif, avide de belles voitures, à son aise dans le luxe emprunté, volontiers cynique, il est bien de la famille ; et l'indulgence sans limite dont Manon fait preuve à son égard témoigne bien, aux yeux du narrateur, qu'ils se ressemblent. Dans un récit consacré à la mésalliance et à l'incompréhension insurmontable d'une classe à l'autre, Des Grieux, mais aussi l'« homme de qualité » à qui il se confie, soulignent les signes de solidarité de classe. A Pacy, Renoncour a reconnu immédiatement en Des Grieux un homme de son rang, car « on distingue, au premier coup d'œil, un homme qui a de la naissance et de l'éducation ». Le chevalier, à son tour, éprouvera pour M. de T... une sympathie spontanée, car M. de T... a « du monde et des sentiments », c'est-à-dire les marques de la noblesse idéale. Il n'est pas jusqu'au Lieutenant général de police qui ne ressente pour le chevalier un mouvement immédiat d'indulgence ; entre gens du monde, on se reconnaît d'emblée. Mais entre gens du peuple, on se comprend aussi. Il n'est pas indifférent que le premier témoin de la misère de Manon à Pacy soit une vieille femme qui joint les mains, « criant que c'était une chose barbare, une chose qui faisait horreur et compassion ». Assurément, elle n'a pas la manière, elle crie, elle se répète, elle ne sait pas, comme Racine, que la tragédie est fondée sur l'horreur et la pitié ; mais étant vieille, étant femme, elle a compris d'emblée la « barbarie » dont Manon est la victime, et elle exprime spontanément cette pitié qui lui « fend le cœur ». S'il existe une morale des grands, fondée sur l'honneur, il existe aussi une morale des humbles, instinctive et changeante, soumise aux impressions immédiates, mais juste à sa manière, et plus proche de la morale naturelle. Au cours du récit, il n'est pas rare que le chevalier et Manon bénéficient de la part du peuple d'une compréhension indulgente. C'était déjà le cas à l'auberge de Saint-Denis ; mais le chevalier, qui est très jeune et dont l'expérience sociale est toute neuve, pourra être surpris de la fidélité de son serviteur Marcel ; il s'étonnera plus tard que le concierge de l'Hôpital soit le seul à lui marquer de la compassion. Mais à la fin de son aventure, il aura compris aussi que tous ceux dont il se sentait solidaire sont d'accord pour expédier Manon au Mississipi : les « deux pères », le Lieutenant de police, et encore ces jeunes gens, M. de T... et le jeune G... M..., ses semblables, qui laissent faire par crainte de perdre leur héritage. Ainsi se forme peu à peu le cadre des contraintes sociales, contre lequel se brise le rêve du chevalier ; mais le conflit entre le code de l'honneur et le code de l'amour n'est pas extérieur, il est intériorisé par le chevalier, d'où ce récit plein de contradictions, de déchirement, et souvent de mauvaise foi.

Prévost, qui déjà dans les premiers tomes des *Mémoires et aventures* avait étendu les ressources de la narration personnelle en la rendant plus simple et plus pathétique, tire ici toutes les conséquences d'un récit subjectif, présenté par un narrateur égocentrique, dominé par la passion. On ne saurait sous-estimer cette orientation initiale du récit. On a trop eu tendance, depuis Sainte-Beuve, à entendre *Manon Lescaut* comme une confession de l'auteur, et à y reconnaître le son authentique de sa voix, comme s'il avait, une fois dans sa vie, témoigné de façon bouleversante sur un drame qui le concernait. Or ici comme dans le reste de son œuvre, Prévost définit au départ un mode de subjectivité, une perspective narrative, une approche particulière du monde. Il fait parler un jeune aristocrate de vingt-deux ans, dont il peint les prétentions, les exagérations, les contradictions, et aussi les qualités et la fluctuante sincérité. On entend donc un discours particulier, recréé selon les lois les plus strictes de la vraisemblance sociale et psychologique ; il nous suffirait d'imaginer les mêmes aventures rapportées par Tiberge, Manon, l'homme de qualité ou le Lieutenant de police, ou Marcel, pour concevoir qu'elles seraient totalement différentes. Ce discours est en même temps saisi à un instant précis, dans une situation narrative qui le détermine de bout en bout. Le chevalier entreprend de plaider sa cause et d'interpréter son passé environ neuf mois après la mort de Manon. Prévost a soigneusement mesuré le temps qui s'est écoulé entre cette mort et le récit ; il l'étend et le précise encore dans l'édition de 1753. Après trois mois de maladie, six semaines de convalescence, deux mois passés en compagnie de Tiberge avant de reprendre le bateau pour deux ou trois mois de navigation, Des Grieux est sorti du désespoir ; il retrouve en lui-même des « semences de vertu », mais il n'est pas encore parvenu à la sérénité ni à la sagesse. Plus proche de la tragédie, il serait livré au désespoir et à la révolte ; plus distant de l'événement, il serait capable de le juger. Il passe au contraire de l'émotion à la mélancolie, de mouvements passagers de révolte à un effort de retour sur lui-même ; il célèbre sa passion sans en nier l'indignité ; il ne sait pas si cette passion a donné un sens à sa vie, ou si elle l'a ruinée. Son récit acquiert de ce fait une instabilité émouvante, une sorte de grâce fragile : la « meilleure grâce du monde » dira Renoncour. Ce récit n'est pas présenté à Tiberge, le confident, l'ami qu'on attendait ; Prévost s'ingénie au contraire à le tenir à l'écart de la catastrophe, quitte à le faire prisonnier des Espagnols. On peut penser que la tragédie finale impliquait la solitude et l'égarement des deux amants ; mais même quand il est enfin parvenu au Nouvel Orléans, Tiberge ne recueille

pas la confession complète de son ami ; il se satisfait
de la « douce assurance » de la prochaine guérison de
Des Grieux, et les deux amis se quittent sur le quai du
Havre. C'est donc à Calais, dans une auberge, que
Des Grieux va confier son malheur à deux inconnus
rencontrés par hasard. Renoncour, l'homme de qualité, est un veuf inconsolable ; Rosemont, son jeune
disciple, est un amant passionné à qui l'on va enlever
celle qu'il aime pour l'enfermer au couvent : Des
Grieux trouve en eux un public acquis d'avance ; il
sait qu'en le condamnant, ils ne pourront pas « s'empêcher de le plaindre ». Par ce petit détail, Prévost
suggère en même temps la cohérence thématique de
ses *Mémoires et aventures* : comme Renoncour, qui
pleure encore Selima quatorze ans plus tard, le chevalier vivra un deuil sans fin et construira son récit
comme un mausolée. Mais alors que Renoncour
domine son existence passée et celle de tous les aven-
turiers qu'il a rencontrés, il ne prendra plus la parole
après le récit de Des Grieux, comme si ce récit le
laissait sans voix, ou plutôt, comme si Prévost refusait
de soumettre à un arbitrage moral une histoire qui
restera définitivement ambiguë.

Cette ambiguïté est due, comme le déclarait l'Avis
au lecteur, à « un mélange de vices et de vertus, un
contraste perpétuel de bons sentiments et d'actions
mauvaises » ; mais le caractère le plus troublant du
récit du chevalier est que le vice y devient vertu, et
que par l'effet de l'art, les actions mauvaises finissent
par paraître héroïques. Le plaidoyer moral se transforme insidieusement en œuvre d'art, pour ne pas dire
d'artifice ; et c'est là aussi un élément important de la
perspective narrative. On l'a souvent remarqué, Des
Grieux manifeste très tôt une vocation d'écrivain [10].
D'emblée, il est partagé entre l'amour et la passion de
l'étude ; soustrait aux dangers de l'amour durant son
séjour dans la maison familiale, il retrouve les joies de

---

10. Le fait a été souligné par J.-L. Jaccard dans *Manon Lescaut.
Le personnage romancier,* Nizet, 1975.

la vie intellectuelle, se livre avec « délectation » à la lecture de saint Augustin ou de Malebranche, aussi bien qu'à une interprétation érudite du Livre V de l'*Enéide* : parler de l'amour chez Virgile ou Horace et composer un « commentaire amoureux » de l'histoire de Didon et d'Enée peuvent servir de substitut ou de sublimation à l'amour. Ce qui surprend un peu plus, c'est le projet de publication : « je le destine à voir le jour, déclare le chevalier, et je me flatte que le public en sera satisfait ». Cette préoccupation d'auteur, un peu insolite au début d'un récit de deuil, laisse entendre que le chevalier est mort à tous les plaisirs sauf à celui de raconter et d'écrire. C'est en fait un plaisir dont il ne se lasse pas. On ne compte pas moins de six épisodes de narration à l'intérieur du récit : Des Grieux raconte en effet des fragments de sa malheureuse histoire à Tiberge, à Lescaut, au Supérieur de Saint-Lazare, à M. de T..., au Lieutenant de Police, à son père ; on pourrait ajouter à la liste le capitaine du vaisseau pour l'Amérique et le gouverneur du Nouvel-Orléans. Or dans chacune de ces représentations de récit, on le voit très conscient de ses effets, et parfaitement apte à moduler son histoire en fonction de son public. Lors de la rencontre à Saint-Lazare avec Tiberge, il déclare : « loin d'altérer quelque chose à la vérité, ou de diminuer mes fautes pour les lui faire trouver plus excusables, je lui parlai de ma passion avec toute la force qu'elle m'inspirait. Je la lui représentai comme un de ces coups du destin, qui s'attache à la ruine d'un misérable... » Il est visible que cet *effet de passion* légèrement amplifié, accompagné de pathos et de représentation, est en lui-même une petite entorse à la vérité ; le souci de composition littéraire y apparaît beaucoup plus que la sincérité. D'une façon comparable, le chevalier raconte au Supérieur de Saint-Lazare l'histoire de sa « longue et insurmontable passion » en lui représentant les choses « du côté le plus favorable ». Dans toutes ces mises en scène de récit, on le verra séduire son interlocuteur avec la même facilité, et s'en féliciter ; personne, à vrai dire, ne résiste à son éloquence, toujours intéressée, ni à son style. Quand il écrit à son père, à la fin de la première partie, il se flatte encore, par son style « tendre et soumis », d'obtenir de lui quelque argent. De ces brèves notations, on retire l'idée d'un art du récit très concerté. Or les mêmes procédés se retrouvent dans la narration principale : le chevalier ne se cache pas de donner à ses deux auditeurs une représentation touchante de ses malheurs, il développe, avec ses hauts et ses bas, ses moments de suspens et ses coups de théâtre, l'histoire dramatique d'une passion ; il s'étend avec un rien de complaisance sur les « coups du destin » qui le frappent. Après une heure et demie de récit devant ses deux amis de rencontre, il sait remarquer l'attention bienveillante de ses auditeurs et leur promettre « quelque chose de plus intéressant dans la suite de son histoire », or il s'agit de la mort de Manon. Il est donc constamment figuré en artiste conscient de ses effets. Son avenir, à cet égard, ne fait guère de doute : de sa douleur, il saura tirer un incomparable récit. Certes, il n'est pas rare que dans une narration personnelle, l'auteur définisse la compétence narrative de son récitant ; mais ici, l'excellence du narrateur finit par rejoindre et figurer celle de l'auteur. Prévost est sans doute l'un des premiers écrivains de son temps à établir une relation entre la passion vécue et la vérité littéraire. Présentant dans *Le Pour et Contre* une brève relation de ses aventures personnelles, il excelle à montrer comment ses malheurs l'ont conduit au « tombeau », c'est-à-dire au couvent, avant de réapparaître dans ses romans : « Je laisse à juger, écrit-il, quels devaient être depuis l'âge de vingt ans jusqu'à vingt-cinq ans, le cœur et les sentiments d'un homme qui a composé le *Cleveland* à trente-cinq ou trente-six [11]. » Il utilise cet argument pour justifier quelques égarements de sa vie passée, mais en suggé-

---

11. *Le Pour et Contre*, t. IV, p. 38-39. Sur les vies de Prévost et la transformation qu'il a apportée au genre autobiographique, voir J. Sgard, « Les vies de Prévost au XVIIIᵉ siècle », *Cahiers Prévost d'Exiles*, nº 7, 1990.

rant, sans plus, une analogie entre ses aventures et
celles de ses héros ; si bien qu'aujourd'hui encore, on
est porté à chercher dans son passé à vrai dire tumultueux la source de son inspiration. Or l'*Histoire du
chevalier Des Grieux* nous montre déjà comment une
vie aventureuse et passionnée se sublime dans la littérature au prix de quelques petits mensonges, et comment un virtuose du récit crée son mythe personnel.

Il en résulte, d'un point de vue littéraire, une transformation profonde de la narration personnelle. Pour
la première fois sans doute, le récit a pour unique
objet d'exprimer une subjectivité dans tous ses
détours. Dans les récits héroïques et picaresques, dans
les mémoires historiques ou pseudo-historiques, la
narration était assurément personnelle, mais elle ne
visait qu'à rapporter les événements, sans tenir
compte de la dimension propre de la mémoire, de ses
oublis, de ses déformations. Seul Robert Challe avait
tenté de donner à chacune de ses nouvelles sa tonalité
propre, sa profondeur et ses ombres. Prévost qui, dans
les premiers volumes des *Mémoires et aventures*, avait
développé une narration passionnée, marquée de souvenirs traumatisants, semble avoir découvert avec *Les
Illustres Françaises* la possibilité d'un récit fourvoyé,
dominé par les préjugés sociaux, limité par des angles
morts. La narration n'a plus pour effet de restituer la
vérité d'une destinée ; l'*Histoire du chevalier* ne nous
dit rien de bien concluant sur la signification morale
de cette tragédie, ni sur la personnalité de Manon.
Montesquieu, dans son *Spicilège*, s'efforce un instant
de traduire en clair l'anecdote, tout en constatant aussitôt que la lecture fournit une autre vision du roman :
« Je ne suis pas étonné que ce roman, dont le héros est
un fripon, et l'héroïne, une catin, qui est menée à la
Salpêtrière, ne plaise [12]... » Entre le simple fait de
police et l'effet littéraire, l'écart est en réalité
immense, et l'amour, s'il justifie tout aux yeux des

12. Montesquieu, *Pensées. Le Spicilège*, éd. L. Desgraves, coll.
Laffont, « Bouquins », 1991, p. 835.

lecteurs, comme l'écrit encore Montesquieu, n'explique pas tout. En fait, Des Grieux n'ignore rien du caractère scandaleux de son aventure, et il ne cesse pas de se défendre contre les reproches justifiés de son père ou de Tiberge. Les faits sont patents ; il lui faut donc revenir sans fin sur ses intentions, qui étaient pures, sur son amour, qui était insurmontable, sur la qualité et l'intensité de ses sentiments, qui attestent une sorte d'héroïsme moral. Son plaidoyer parcourt inlassablement l'enfer des bonnes intentions, des velléités, de la mauvaise foi, des petites ruses et des mensonges officieux. La narration rétrospective éclaire ce dédale de la subjectivité, mais elle ne le fait pas complètement. Des Grieux, qui souligne avec lucidité sa progressive déchéance, reste prisonnier de l'image de Manon. Il peut rappeler comment, par étapes, il est devenu menteur, voleur ou escroc, joueur et tricheur, vaguement proxénète, meurtrier par imprudence, hypocrite et roué. De Manon, il ne peut montrer que le « caractère incompréhensible ». Certes, elle est infidèle, et le mot sonne comme dans les tragédies ; mais rien ne suggère qu'elle soit une « catin [13] ». Ce que nous saurons, c'est qu'elle est irrésistible : belle à damner les saints, comme dans le parloir de Saint-Sulpice, spirituelle comme sur la scène d'un théâtre, amoureuse aux dépens d'un prince italien, douce et émouvante, comme à la Salpêtrière, insurpassable en dévouement et en esprit de sacrifice comme au Nouvel-Orléans. Elle vit sur le mode de l'apparition, du romanesque pur ; mais nous ne saurons pas si elle est grande ou petite, blonde ou brune, ni comment elle vit en dehors de la présence de son amant. Elle existe

13. Manon n'est pas une catin ; seul l'archer qui commande le convoi de Pacy peut la compter négligemment parmi les « filles de joie » (ou « filles publiques » dans le texte de 1731), c'est-à-dire, selon une définition donnée par Prévost dans son *Manuel lexique* (1750), « les femmes qui font un trafic public de leurs charmes ». Manon se considère elle-même comme entretenue, mais elle tient à sa liberté et précise qu'elle n'a donné à M. de B... aucun droit sur sa personne. Si elle est enfermée à la Salpêtrière puis déportée, c'est pour libertinage, mais surtout pour vol et escroquerie avec récidive.

dans le regard que lui porte le chevalier, elle est une
« créature d'un caractère extraordinaire », une
« étrange fille », un mythe vivant. Il n'est pas sûr que
Des Grieux s'interroge plus sur les motivations profondes de son ami Tiberge, qu'il dépouille sans ver-
gogne, ou de son propre père, dont il souhaite plus ou
moins la mort, ou de Synnelet, dont il découvre, mais
un peu tard, qu'il est généreux.

Prévost, qui s'efforce ici de rendre les nuances
d'une vision partielle, ne nous fait connaître les personnages de son roman qu'à travers le filtre de cette
narration égocentrique ; et leurs voix ne nous parvien-
nent qu'à travers la monodie du narrateur, disons le
soliloque, puisque Des Grieux parle seul, à haute voix,
pendant près de trois heures. Le chevalier parle inlassablement, de plus en plus fasciné par la tragédie
finale ; on le voit passer par tous les degrés de la tristesse, de la mélancolie douce à la nostalgie du bonheur passé, du regret au désespoir. Avec « la meilleure
grâce du monde », il sait moduler d'un registre à un
autre, garder une distance non dénuée d'humour pour
évoquer son imprudence, sa naïveté ou le caractère un
peu trivial de ses mésaventures : la « ridicule scène »
chez le vieux G... M..., les circonstances de l'évasion
de Manon hors de l'Hôpital-général, le dîner de dupes
en compagnie du jeune G... M... et de M. de T... sont
de petites comédies dont il souligne le caractère dérisoire, comédies qui ont mal tourné et dont on pressent
l'issue tragique sans qu'elle ait jamais été nommée.
On l'entend, avec le même humour triste, évoquer un
à un tous les êtres qu'il a rencontrés : ce soliloque
résonne des échos de toutes les paroles recueillies au
passage ; c'est ce qui fait son extrême mobilité et son
style très particulier, à la fois monocorde et polypho-
nique. Le style indirect suffit à rappeler les propos
d'un témoin épisodique, d'un archer du roi, d'une
vieille femme, d'un aubergiste ; mais le plus souvent,
une brève citation en direct viendra illustrer la tonalité
de l'intervention. Un policier parle : « Ce n'est rien,
me dit-il, c'est une douzaine de filles de joie... » ; ou

une vieille femme : « voyez si ce spectacle n'est pas
capable de fendre le cœur ! » Parfois, le ton de la
comédie est tout proche, comme avec le Supérieur de
Saint-Lazare : « Ah ! mon fils, ah ! qui l'aurait cru ? »
De longues interventions rapportées en style indirect,
comme c'est le cas pour le Supérieur, pour Tiberge ou
pour Lescaut, sont mises en valeur par de précises
notations de ton ou de geste, découpées en séquences
séparées par des points-virgules, illustrées de citations
partielles en indirect libre, comme dans le cas de Lescaut : « Il me confessa impudemment qu'il avait toujours pensé de même, et que sa sœur ayant violé les
lois de son sexe, *quoiqu'en faveur de l'homme qu'il
aimait le plus...* » L'importance morale du personnage
de Tiberge est confirmée par la large place qui est
donnée, en style direct ou indirect, à ses conseils, à ses
analyses morales ou théologiques, atténuées par un
ton d'indulgence amicale : « Dieu me pardonne, reprit
Tiberge, je pense que voici encore un de nos jansé-
nistes. » En habile conteur, Des Grieux sait toujours
imiter le langage d'autrui. C'est cependant Manon qui
bénéficie le plus de toutes les ressources de la parole
rapportée. Elle semble naître d'abord, de façon un
peu lointaine, du discours du chevalier : « Elle me
répondit ingénument qu'elle y était envoyée par ses
parents pour être religieuse... » Cette réponse
« ingénue », sans façons, résume parfaitement
l'absence de vocation, la jeunesse et la passivité de
Manon ; mais la même réponse donnée en style direct
serait plate et prosaïque ; le style indirect ajoute à la
naïve réponse un rien de grâce et de mélancolie. La
seconde réponse va déjà plus loin : « Elle me dit, après
un moment de silence, qu'elle ne prévoyait que trop
qu'elle allait être malheureuse, mais que c'était apparemment la volonté du Ciel, puisqu'il ne lui laissait
nul moyen de l'éviter. » On ne sait ce qu'il faut
admirer le plus, de cet « air charmant de tristesse » qui
enchante Des Grieux, de ce discret appel de Manon,
qui repose sur un « apparemment » appuyé de la
« douceur de ses regards », ou de la cadence de la

phrase prévostienne, construite sur les barres de
mesure des *que*, et sur deux notes sensibles : le *que
trop*, et le *nul*, presque pathétiques ; mais en cet instant, Manon entreprend, après un « moment de
silence » qui suggère la préméditation, de séduire le
chevalier et use de tout son charme, un charme que le
narrateur ressent encore. Lors de la rencontre
d'Amiens et tout au long de l'épisode de la rue
Vivienne, Manon approche peu à peu de la scène,
mais sans accéder à la parole directe. C'est seulement
à Saint-Sulpice qu'elle s'exprime directement, par une
seule réplique à vrai dire un peu théâtrale et apprise :
« Je prétends mourir, répondit-elle... » Par la suite, elle
se justifiera dans des interventions de plus en plus
longues, comme si la mémoire du chevalier était alors
plus fidèle, ou comme si le scandale de sa conduite
exigeait des explications de plus en plus détaillées.
Curieusement, ce sera toujours dans ces longues interventions directes que l'on pourra le plus s'interroger
sur sa bonne foi. Dès qu'il s'agit de Manon, la parole
citée longuement, tout comme les billets transcrits,
constitue une sorte de pièce à conviction sur laquelle
notre liberté de jugement peut s'exercer. Les paroles
brèves peuvent au contraire nous donner l'impression
d'un instant de sincérité, ou d'un cri de l'instinct :
« Quoi, nous n'emporterons pas même les dix mille
francs ? répliqua-t-elle. Il me les a donnés, ils sont à
moi. » Et puis le cri de l'amour : « Ils vont vous tuer.
Je ne vous reverrai plus. » Jamais sans doute, Prévost
n'a utilisé avec autant d'expressivité tous les registres
du discours rapporté. A l'intérieur du soliloque de Des
Grieux, on entend toutes sortes de paroles éteintes qui
se raniment un instant, parfois de véritables petits dialogues, esquissés en quelques répliques, ou encore de
longues et amicales conversations, comme lors de la
rencontre avec Tiberge à Saint-Lazare. L'Avis au lecteur donnait les entretiens « à cœur ouvert » comme un
des bonheurs de l'existence ; le récit nous en offre de
parfaites illustrations ; et l'on serait tenté de croire que
ces entretiens confiants forment contraste avec les

malentendus dont se tisse la conversation passionnée des amants. Cette habileté du conteur à manier la parole d'autrui ne l'empêche nullement de contrôler la distribution de la parole : jamais on ne voit la scène ou le dialogue empiéter sur le discours ; et la ponctuation de Prévost, qui évite les répliques isolées, les guillemets, les tirets ou les retours à la ligne, contribue à intégrer le dialogue au discours narratif. Si les grandes scènes marquent l'histoire des amants, du moins doivent-elles se fondre dans le grisé du souvenir.

On peut se demander comment Prévost est parvenu à donner à cette confession aventureuse, à ce ressassement dominé au départ par quelques souvenirs obsédants, le caractère d'une action unifiée, aussi forte et simple à la fois. Voltaire, bon juge en la matière, l'avait très tôt remarqué : « j'ai souhaité qu'il eût fait des tragédies, car il me paraît que le langage des passions est sa langue naturelle [14] ». Et pourtant, Prévost qui aimait tant Shakespeare, Dryden, Otway, Lillo et Voltaire, n'a jamais écrit de tragédie ; et s'il donne à *Manon Lescaut* le ton de la tragédie par le langage des passions, la construction de l'intrigue et l'unité d'action, rien ne permet de considérer son roman comme une tragédie mise en récit. Sans doute le souvenir de Racine n'est-il jamais loin, et la division du récit en cinq longs épisodes jalonnés de grandes scènes suggère une division en actes : un acte d'exposition à Pacy, trois actes qui amplifient peu à peu la situation de conflit, et un acte de dénouement au Nouvel Orléans. Le début de la seconde partie, avec le bref épisode de bonheur ajouté par Prévost en 1753, évoquerait ce moment de rémission, de faux dénoue-

14. Lettre du 28 décembre 1735. Prévost a toujours manifesté une vive admiration pour l'œuvre de Voltaire. Dans l'Avertissement des *Mémoires pour servir à l'histoire de la vertu*, traduction d'un roman anglais de F. Sheridan (1762), il vante encore « cette abondance d'idées et de sentiments, cette élégance et cette chaleur d'expressions, cet art dans la préparation des événements et dans le ménagement des situations » qui font le mérite de *Brutus, Alzire, Zaïre, Mérope* (dans les *Œuvres de Prévost*, t. VII, p. 381). Ces termes pourraient définir son propre talent dramatique.

ment, qui n'est pas rare dans la tragédie classique ; la catastrophe soudaine n'en est que plus frappante. Mais le parallèle s'arrête là. Charles Mauron l'avait remarqué, la structure de *Manon Lescaut* a beaucoup plus à voir avec la comédie [15] : outre que le thème du vieillard berné et dépossédé de son or par de jeunes amants rappelle la comédie de Plaute, l'action se déroule en trois retours de la même situation, qui reprennent les thèmes de la tromperie, du dépit amoureux et de la réconciliation. C'est le schéma le plus souvent employé par Molière ; *L'Ecole des femmes* en est l'illustration la plus claire. Toute l'habileté porte alors sur la nécessité de reprendre sans se répéter des situations qui se répètent, d'enchaîner ces reprises dans une progression forte, de multiplier les liens d'un épisode à l'autre par des structures en boucle. C'est à quoi Prévost a apporté un soin particulier. Les trois rivaux de Des Grieux, parfaitement différenciés, sont de plus en plus fortement intégrés à l'intrigue : le premier, M. de B..., n'apparaît qu'en coulisse, sans qu'on le voie ; le vieux G... M..., fortement présent, se montre à la fois ridicule et redoutable, capable d'intrigue et de décision ; le troisième, le jeune G... M..., est plus qu'un rival, il est un double du narrateur ; jeune, riche, séducteur habile, il figure un modèle social pour Des Grieux, qui envers lui et lui seul se montrera réellement jaloux. Le trait de génie est d'avoir fait de ce brillant rival le fils du vieillard odieux. Il en résulte un approfondissement de la perspective sociale et de la psychologie du libertinage : deux générations se succèdent, à la fois opposées dans leurs manières et solidaires sur le fond, l'une encore proche de la galanterie « dans le goût de la vieille Cour », c'est-à-dire celle de Versailles, mais avec l'immoralité et l'hypocrisie que Prévost lui prête ; l'autre livrée au libertinage élégant mais implacable de la vie parisienne. Il en résulte aussi un puissant rebond

15. Dans « *Manon Lescaut* et le mélange des genres », *L'Abbé Prévost*, colloque d'Aix-en-Provence, Ophrys, 1965, p. 113-118.

du drame : devant la récidive, le vieux G... M..., très
au fait de la situation des amants, réagit avec une
rapidité décisive ; et le barbon ridicule se transforme
en justicier implacable, susceptible d'ironie venge-
resse, de passion paternelle et de juste colère.
Capable, par sa fortune et son rang, de se faire
entendre du Supérieur de Saint-Lazare, du père du
chevalier et du Lieutenant de police, il sera de fait le
grand gagnant du conflit. On peut noter au passage
que les relations de Manon avec ces trois amants ne
sont pas du même ordre : M. de B... se contente de
l'entretenir ; elle ne lui a donné, dit-elle, aucun droit
sur elle et le quitte sans histoire ; elle n'aime pas le
vieux G... M..., dont elle a peur, et qu'elle trompe
avec un plaisir évident ; en revanche, elle paraît
séduite par le jeune G.... M..., avec qui elle entretient
une sorte de complicité ; on ne saura pas vraiment qui
des deux a conçu la lettre de rupture ou imaginé de
donner à Des Grieux l'ancienne maîtresse de son
rival ; ce que l'on sait de l'aveu même de Manon, c'est
qu'elle considère leur amour comme un peu
« refroidi »... La progression de Des Grieux dans le
libertinage est, elle aussi, discrètement marquée : lors
du premier épisode, il est victime d'un coup monté
par Manon et B... ; dans le second, il participe directement à la mystification du vieux G... M... ; dans le
dernier, il accepte, sur la suggestion de M. de T..., de
monter le piège dans lequel tombera le jeune G... M...
Si dans le cas du père, il ne s'agissait que d'une petite
comédie dans le goût de Regnard, dans le cas du fils,
on voit Des Grieux se comporter en roué, et l'anecdote ne déparerait pas les *Liaisons dangereuses*. A cette
évolution dans les relations des protagonistes s'ajou-
tent toutes sortes de détails qui relient entre eux les
trois temps du drame : les entretiens successifs avec
Tiberge, de plus en plus tendus, mais tout aussi bien
les relations constamment maintenues avec Lescaut et
les gardes du corps : c'est par eux que Des Grieux se
compromet avec la pègre parisienne. Ajoutons encore
les boucles de l'intrigue : le préambule de Pacy nous

montre Manon enchaînée dans un lourd chariot qui vient d'entrer dans la cour de l'hôtellerie ; le début du récit nous la donne au moment de l'entrée du coche dans l'hôtellerie d'Amiens, seule, légère, libre. Les amants passent dans l'auberge de Saint-Denis une soirée merveilleuse ; le chevalier, prisonnier de son frère, se retrouve dans la même auberge, humilié, berné. Un valet amoureux de la servante s'enfuit avec elle en volant les amants ; Des Grieux se scandalise de l'affaire, sans faire le moindre rapprochement avec sa propre conduite. D'autres points de texture apparaissent çà et là : un collier qui passe de main en main pour revenir au vieux G... M..., un carrosse acquis, perdu, retrouvé, qui se transforme en vrai carrosse de conte de fées dans l'hôtel du jeune G... M..., pour laisser place aussitôt au carrosse de la police. L'ensemble du récit progresse ainsi par variations sur un thème central et réapparition des motifs secondaires. Si cette méthode de composition fait merveille dans un roman, il en va autrement dans une tragédie. De toutes les adaptations lyriques ou théâtrales qui ont été faites du roman de Prévost, il n'en est pas une qui ait gardé cette division en trois reprises du conflit. Dans les drames qui ont été tirés de *Manon* au XIXᵉ siècle [16], Manon n'a qu'un amant et un seul rival, elle est légère, mais nécessairement fidèle et victime de la société : l'unité dramatique est à ce prix. Il en va de même dans les opéras d'Auber, Massenet, Puccini : la transformation du roman en drame, qui paraissait aller de soi, a posé en réalité aux dramaturges les plus

16. Le roman de Prévost a été adapté à la scène dramatique dans *La Courtisane vertueuse,* comédie avec ariettes attribuée à C. Ribié (1772), dans *Manon Lescaut et le chevalier Desgrieux,* mélodrame d'Etienne Gosse (1820), et dans *Manon Lescaut,* drame en cinq actes de T. Barrière et M. Fournier (1851) ; voir à ce sujet J. Sgard, « Manon en scène », dans les *Cahiers Prévost d'Exiles,* n° 8, 1991, p. 113-123. Sur les adaptations lyriques d'Auber, Massenet, Puccini, H. W. Henze, voir J. Sgard, « Manon avec ou sans camélias », dans *Littérature et opéra,* colloque de Cerisy, textes recueillis par P. Berthier et K. Ringger, Presses universitaires de Grenoble, 1987, p. 81-91.

grandes difficultés, et la seule adaptation réussie, celle
de Dumas dans *La Dame aux camélias*, est aussi la
plus infidèle. Pour développer avec rigueur une situation apparemment pauvre, pour entrer dans le dédale
des désirs du chevalier et des erreurs de Manon, pour
évoquer ce désarroi et cet incroyable gâchis, il fallait le
génie d'un romancier.

L'unité et la force du récit lui viennent essentiel-
lement de l'affirmation d'une passion, et c'est en
quoi Voltaire voyait certainement juste. Les conteurs
du XVIe siècle ou de l'âge baroque avaient représenté
l'énergie de la passion, la pulsion criminelle, la
volonté du mal ; Robert Challe, qui se souvient de
Marguerite de Navarre, de J.-P. Camus et de Charles
Sorel, décrit la violence du désir, la volonté aveugle
et têtue qui le guide. L'auteur des *Lettres portugaises*
a plus qu'un autre montré l'aliénation de la volonté
dans la passion, l'absorption de la conscience dans la
contemplation de l'amour et l'espèce de gloire
funèbre qui en résulte. Le roman de Prévost plonge
dans cette exaltation de la passion individuelle qu'on
voit se développer à la fin du XVIIe siècle autour de
la présidente Ferrand, de Mme de Villedieu ou de
Catherine Bernard. Des Grieux ne parle pas seulement des passions, comme le faisaient les moralistes,
mais de la passion au singulier, de sa « longue et
insurmontable passion » pour Manon. Il en décrit la
noblesse et l'engagement illimité, l'enchantement et
le désespoir, mais aussi les aspects les plus irration-
nels. C'est une passion qui brûle les étapes, qui
ignore les bienséances et les lois, qui tient de l'idée
fixe, qui ne balance qu'entre le bonheur et la mort.
D'où ces comportements inouïs, dont le théâtre classique ne donnait pas l'idée. Quand le chevalier
apprend de son père la première trahison de Manon,
avec les circonstances qui donnent à cette infidélité
un aspect de comédie, il refuse l'évidence, il se jette
dans un désespoir qui s'achève sur un évanouissement spectaculaire ; après quoi il s'enferme dans le
seul dilemme qu'il connaisse, être heureux avec

Manon telle qu'elle est, ou mourir. A cette époque,
il est encore un « enfant » ; il le souligne d'autant plus
que cette extrême jeunesse lui vaut absolution. Mais
à Saint-Lazare, quand il apprend de G... M... l'inter-
nement de Manon à l'Hôpital, il se jette dans le
même désordre émotionnel : dans son premier mouvement, il mime le crime sur la personne du vieillard,
il crie, il perd la respiration, il fait des « choses si
étonnantes » que les assistants le regardent avec
frayeur. Ce délire passionnel ne l'abandonne pas : à
la fin du récit, quand il sait que Manon va être
déportée, il éprouve une sorte d'« apoplexie », perd
connaissance, ne songe à rien moins qu'à tuer les
deux G... M..., son père et le Lieutenant de police,
ou à se suicider ; au Nouvel Orléans, il pense un
instant à soulever le peuple, puis court au duel. La
passion peut apparaître, à la fin du récit du chevalier,
comme un état de maladie, dont à la fin il serait
guéri ; elle est le plus souvent décrite comme une
force élémentaire qui bouscule la morale et les conve-
nances, qui tend d'elle-même au paroxysme, au
meurtre ou au suicide ; elle se manifeste comme une
énergie accumulée qui se transforme en vaine violence, en langage gesticulatoire et en spectacle, car
Des Grieux s'adresse alors à un public et revendique
la gloire de sa sublime folie. Cette conception de la
passion, qui annonce à certains égards celle de
Diderot, suppose une profonde transformation du
système cartésien. Descartes avait montré dans son
*Traité des passions,* comment toutes les passions, primitives ou secondaires, pouvaient se soumettre à une
passion prédominante. Des Grieux fait allusion à
cette théorie qu'il exploite dans un sens très particulier :

> « Le commun des hommes, explique-t-il, n'est sen-
> sible qu'à cinq ou six passions, dans lequel le cercle de
> leur vie se passe, et où toutes leurs agitations se rédui-
> sent. Otez-leur l'amour et la haine, le plaisir et la dou-
> leur, l'espérance et la crainte, ils ne sentent plus rien.
> Mais les personnes d'un caractère plus noble peuvent

être remuées de mille façons différentes ; il semble qu'elles aient plus de cinq sens, et qu'elles puissent recevoir des idées et des sensations qui passent les bornes ordinaires de la nature. »

Sans doute dans cet épisode de l'incarcération à Saint-Lazare, Des Grieux réagit-il en jeune aristocrate, au moment où il redoute les châtiments les plus humiliants ; comme à divers moments où sa fierté est mise à mal, il réagit par l'affirmation de sa valeur. Cette théorie n'en est pas moins très prévostienne : parmi les six passions primitives de Descartes, Prévost élimine l'admiration, seul mouvement par lequel l'âme pouvait retrouver la maîtrise d'elle-même ; et il la remplace par l'espérance, qui, sous sa plume, paraît constamment chimérique et vouée à l'erreur. Les passions primitives sont donc réduites à des instincts élémentaires, réservés au « commun des hommes ». Ce qui fait la passion exceptionnelle, c'est moins la force du désir que l'ensemble des passions secondaires, qui sont innombrables, et qui sont liées à la naissance et à la culture. Parmi ces passions secondaires, Des Grieux isole en effet la honte et l'honneur, ce « sentiment de grandeur » qui signale les gens de qualité. Laissons de côté cette affirmation aristocratique qui lie la sensibilité au rang et à l'éducation ; il reste que pour Prévost, les passions secondaires sont d'origine sociale et créent entre les hommes une hiérarchie ; c'est ce que Rousseau montrera plus tard. Pour que l'amour devienne, selon la terminologie de Descartes, « passion prédominante », ou selon Prévost, « passion exceptionnelle », il faut donc que le désir s'enrichisse de tous les harmoniques des passions secondaires. Chez Des Grieux, l'amour, passion banale en elle-même, entraîne le cortège d'innombrables passions secondaires : la fierté et la honte, la générosité et la jalousie, la confiance et l'inquiétude, bien d'autres encore qui donnent à l'amour son caractère unique et individuel. Prenant possession de l'être entier, corps et âme, ces passions suscitent enfin les réactions nombreuses, imprévisibles, excessives, paradoxales, qui signalent le héros tragique. On voit en

même temps comment Des Grieux utilise à son profit
cette théorie : peu importe que l'amour, simple « concupiscence », porte sur un objet indigne, si le héros est en
lui-même exceptionnel.

Dépouillée de ses connotations aristocratiques, qui
sont un effet de récit, cette théorie se révèle d'origine
nettement malebranchiste [17]. Comme Malebranche,
Prévost prend ses distances par rapport à Descartes ;
comme lui, il met l'accent sur la violence de l'investis-
sement passionnel, il livre l'homme à l'imagination et à
la vaine recherche d'un bonheur chimérique ; comme
lui, il voit dans le cœur de l'homme un besoin infini de
bonheur, sans que cette capacité puisse jamais être
remplie. A la poursuite du bonheur, l'homme apporte
un mouvement inlassable qui lui vient de Dieu ; mais en
préférant au bien universel le bien-être particulier, la
concupiscence et l'amour de soi, il se condamne à
l'insatisfaction et au malheur. Les passions, de par leur
origine divine, sont bonnes en elles-mêmes ; elles pro-
duisent une énergie illimitée, elles font jouer la
« machine » corporelle « avec une justesse et un ordre
merveilleux » ; elles s'accompagnent de « douceur intérieure », jusque dans le malheur, jusque dans les larmes.
Mais la passion est tragique dès qu'elle se fixe sur un
être particulier, sur un « fantôme de bonheur ». Malebranche l'affirme, et son disciple François Lamy ne
cesse de développer ce thème en des termes presque
prévostiens ; l'homme ne peut être mû que par le plaisir,
par une « délectation » ; mais privé de connaissance, il ne
peut se fixer que sur des « chimères » et des « extrava-
gances », aboutir enfin à la révolte contre Dieu et à la
damnation [18]. On sait que Des Grieux, sur le corps de

---

17. Jean Deprun a été le premier à attirer l'attention sur la présence de la pensée malebranchiste dans les romans de Prévost ; voir
« Thèmes malebranchistes dans l'œuvre de Prévost », *L'Abbé Prévost*, colloque cité, p. 155-172, et les notes de l'édition de *Cleveland*
dans les *Œuvres de Prévost*.
18. Textes de Malebranche pris dans le *Traité de morale*, éd.
H. Joly, Vrin, 1939, p. 137, 138, 150 ; textes de Lamy dans la *Lettre
du P. Lamy, religieux bénédictin, pour répondre à la critique du
R. P. Malebranche* (1699).

Manon, se révolte contre la loi divine, qui a créé la passion tout en la rendant invivable ; il n'est pas loin de préférer la mort au salut de son âme. « Exemple terrible de la force des passions », comme le disait l'Avis au lecteur, il illustre la logique du péché telle que l'ont décrite Malebranche et Lamy.

Par l'ampleur qu'il donne à l'appel du plaisir et à l'impossibilité de faire son salut sans une grâce exceptionnelle, Prévost montre assez l'emprise que le jansénisme a exercée sur lui, sous la forme nuancée et très orthodoxe qu'il revêt chez Malebranche ou Lamy. Il faut pourtant se garder de confondre la pensée de Prévost et les propos du chevalier Des Grieux. Sur le problème du salut, ce dernier profère en effet des opinions variables, qui relèvent plutôt des sophismes de la passion que d'une certitude morale. Il invoque la volonté divine, le Ciel ou la Providence ; mais il nomme tout aussi bien les dieux antiques, et plus souvent encore la Fortune, qui est véritablement maîtresse de son sort [19]. Il entend le terme dans les deux acceptions, la chance et l'argent, ce qui ne saurait étonner d'un joueur. Les deux amants, au temps de la prospérité, ne connaissent donc que deux divinités : « Vénus et la Fortune n'avaient point d'esclaves plus heureux et plus tendres. » La Providence, elle, apparaît plutôt comme le nom de la Fortune favorable, ou de l'heureux hasard. C'est elle qui inspire à Des Grieux l'idée d'aller soutirer de l'argent à Tiberge, ou qui débarrasse définitivement le chevalier de la présence d'un indésirable : « C'est, déclare-t-il à l'instant de la mort de Lescaut, quelque chose d'admirable que la manière dont la Providence enchaîne les événements. » Des Grieux maintient à l'horizon un dieu, un

---

19. Sur les sophismes de Des Grieux, voir R. Picard dans « Signification de *Manon Lescaut* » dans l'édition des classiques Garnier, p. CXXXI et suiv., et R.A. Francis dans *The Abbé Prévost's first-person narrators,* Studies on Voltaire 306, The Voltaire Foundation, Oxford, 1993, ch. 20. Ces études portent sur Des Grieux en tant que narrateur ; A.J. Singerman a étudié le contexte religieux de *Manon Lescaut* à la lumière de la culture augustinienne de Prévost dans *L'Abbé Prévost. L'amour et la morale,* Droz, 1987, ch. 1.

Ciel qui tend à lui rendre « utiles » ses malheurs, qui donnerait un sens à sa vie ; mais il ne laisse aucune place dans son récit au remords, à la prière, à l'attente de la grâce, et encore moins à l'humilité chrétienne. Lui qui a dû puiser à Saint-Sulpice, séminaire d'une parfaite orthodoxie, de bons enseignements sur la liberté, et sur le fait que la grâce se mérite, lui à qui Tiberge rappelle que le « secours du Ciel » se joint à nos réflexions pour nous sortir de la tentation, il ne fait que plaider l'irresponsabilité ou une sorte d'obscure fatalité. S'il emprunte au système janséniste les deux délectations, selon lequel le plaisir divin de la grâce doit équilibrer le plaisir apparemment irrésistible de la chair, c'est pour le banaliser : « Que les résolutions humaines soient sujettes à changer, c'est ce qui ne m'a jamais causé d'étonnement ; une passion les fait naître, une autre passion peut les détruire... » Mais dans tous les cas, c'est la passion « prédominante » qui doit l'emporter : tel est l'« ascendant » dont il se réclame, qui n'a rien d'augustinien. De même le Dieu caché se transforme-t-il sous sa plume en volonté maligne, en fatalité. Pour son malheur, il avait pris son domicile à côté de l'hôtel de B... ; pour son malheur encore, il est absent quand Lescaut convainc sa sœur de se vendre à G... M... ; il était parti d'Amiens un jour trop tard, il quitte Le Havre un jour trop tôt et manque la réponse de Tiberge : il joue de malheur. Le Ciel, auquel il n'a cessé de croire, prend alors le visage d'une volonté maligne : « J'ai remarqué, dans toute ma vie, dit-il, que le Ciel a toujours choisi, pour me frapper de ses plus rudes châtiments, le temps où ma fortune me semblait le mieux établie. » Le même Ciel punira comme un crime son projet de mariage. Peut-être est-ce là, comme au moment où il parlait d'amour à Manon, un discours mixte, une « éloquence teintée de scolastique », un « mélange profane d'expressions morales et théologiques ». Plutôt que de lui prêter les sentiments d'un bénédictin ou d'un sulpicien, nous pouvons sans doute le créditer de la religion propre à sa classe et à nombre de ses contemporains : une croyance inaltérable en Dieu, une pratique réduite au minimum, et au maximum un espoir de carrière, une solide méfiance à l'égard du clergé et de ses dignitaires, « qui savent accorder fort bien une maîtresse avec un bénéfice [20] ». Rien en lui ne rappelle la morale hautaine de l'Homme de qualité ni l'inquiétude religieuse de Cleveland ; nous sommes simplement dans un autre mode de récit, enfermé dans son optique particulière.

Et pourtant, il n'est pas d'histoire d'amour dans laquelle le Ciel muet soit aussi souvent interrogé, où la misère humaine se confronte autant à la mort et à la transcendance. Le récit est comme suspendu au mystère d'une mort annoncée, qui hante la phrase sans être nommée, et qui semble l'exténuer : « Pardonnez si j'achève en peu de mots un récit qui me tue. » Après quoi, plus rien ne vaut la peine d'être dit, et la dernière ligne de la narration atteint une parfaite atonie. Cette mort touche un être jeune, qui aura vécu trois étés dans un mouvement un peu fou. Le tragique est que Manon n'ait pas choisi sa destinée, qu'elle ait été affrontée à un malheur qui n'était pas à sa mesure. On aime sa jeunesse, son imprévoyance, son goût du plaisir ; et l'on est frappé de l'injustice de son sort, de cette mise à mort finale. Il n'y a pas de proportion entre son insouciance, son absence de sentiment du péché, et ce châtiment métaphysique qui lui tombe du ciel dans un décor vide. La quête du chevalier rejoint alors le mythe d'Orphée : deux fois il a tenté de sauver son Eurydice, de la prison d'abord, puis du bagne d'Amérique ; et après sa mort, il passe une dernière fois l'Achéron pour chanter son deuil, pour moduler cette plainte harmonieuse et désespérée. Sa destinée, en dépit du caractère dérisoire de ses aventures, revêt une grandeur imprévue. Manon n'était peut-être pour lui qu'un mystère, un obscur objet de désir, mais pour elle il a sacrifié sa carrière, sa réputation, ses amis, sa

---

20. R.A. Francis souligne à juste titre que ce catholicisme mondain, certainement le plus répandu au XVIIIe siècle, apparaît chez la plupart des narrateurs de Prévost (ouvr. cité, p. 311 et suiv.).

famille, sa liberté. On ne voit guère d'exemple aussi
frappant d'un désintérêt total pour tout ce qui compte
dans la vie sociale, d'une telle non-curance eût dit
Stendhal, grand lecteur de Prévost. Il y a de l'excès
dans cette histoire, une sorte de tout ou rien : *All for
love or the world well lost,* disait le titre d'une pièce de
Dryden, traduite par Prévost en 1735 : *Tout pour
l'amour, ou le monde bien perdu,* ce pourrait être le
sous-titre de l'*Histoire du chevalier.* Et pourtant Des
Grieux et Manon n'ont rien d'Antoine et Cléopâtre ;
ils ne défient pas le monde et le sort ; ils ont seulement une façon d'aller jusqu'au bout de leur rêve,
rêve de fête pour Manon, et de vie intense pour Des
Grieux. Le chevalier, ce « jeune aveugle qui refuse
d'être heureux » est certainement pour Prévost un
héros de l'amour, mais d'une façon paradoxale. Dans
sa préface des *Mémoires et aventures d'un homme de
qualité,* Prévost avait défini ce qui constituait pour lui
le véritable héroïsme :

> Une félicité constante, ou des malheurs continuels,
> sont une épreuve trop équivoque de la grandeur
> d'âme : on s'accoutume à ce qui dure toujours ; et sou-
> vent, ce qui paraît une marque de vertu, n'est qu'un
> pur effet de l'habitude. Mais lorsqu'on a passé succes-
> sivement par tous les degrés du bonheur et de l'adver-
> sité, lorsqu'on a senti les extrémités du bien et du mal,
> on a fait ses preuves, pour ainsi dire, et ce mélange
> distingue véritablement les caractères héroïques...

Cette conception de l'héroïsme, qui repose entièrement sur la capacité d'éprouver des émotions intenses,
qui méprise superbement la grandeur établie ou la
vertu d'habitude, domine à la fois *Cleveland,* les
*Mémoires et aventures* et l'*Histoire du chevalier. Cleveland,* romain héroïque, comporte un versant de douleur et un versant de joie : ayant perdu ses enfants et
son empire, ayant été trahi par sa femme, le héros n'a
plus rien et connaît la tentation du suicide ; mais il
connaît plus tard, après avoir retrouvé sa famille, le
vertige de la joie, auquel il manque de succomber. Le
sort de Des Grieux est plus complexe : il connaît à

diverses reprises des moments de bonheur et des catastrophes ; il avance vers l'extrême du malheur, non sans avoir connu, au Nouvel Orléans, un moment de bonheur idéal. Le bonheur s'offre à lui très souvent comme une surprise (à Amiens, à Saint-Sulpice, au Nouvel Orléans) et le malheur le frappe toujours au dépourvu. Ajoutons que du bonheur, il ne peut parler qu'avec mélancolie, et que du malheur, il retire une sorte de grâce poétique. C'est donc bien par sa connaissance des états-limites du sentiment, et par sa capacité à surmonter les crises les plus violentes, qu'il peut apparaître comme un héros, selon la définition prévostienne. A plusieurs reprises, il se définit lui-même comme un explorateur des terres inconnues de la passion : il accède à un « autre ordre de choses », il connaît des « situations uniques » qui défient l'analyse. Au terme de cette exploration, il voudrait savoir si la passion est vivable, si le bonheur est possible, si la nature porte en elle-même une finalité, si l'amour, la religion et la norme sociale peuvent se concilier. Autant de questions qui resteront sans réponse. En même temps, il ignore les valeurs morales les plus reconnues, les modèles de succès et de conduite sociale propres à sa classe ; issu d'une famille honorable, il découvre une société corrompue, par rapport à laquelle il reste marginal. Son aventure se développe sur un fond de crise des valeurs ; mais il est bien possible qu'il soit lui-même l'exemple le plus frappant de cette crise. D'où un individualisme exaspéré, centré sur la seule passion, sur le mode d'existence le plus intense qui soit. On comprend qu'à cette interrogation, la littérature soit finalement la seule réponse possible.

Jean SGARD.

# NOTE SUR L'ETABLISSEMENT DU TEXTE

L'édition originale de l'*Histoire du chevalier Des Grieux et de Manon Lescaut,* comme tome VII des *Mémoires et aventures d'un homme de qualité* en 1731, fut certainement précipitée ; il en est résulté un grand nombre de coquilles et de « fautes grossières », comme l'avoue Prévost lui-même en 1753. Il en a donné une version corrigée en 1742, à Amsterdam et Leipzig, chez Arkstée et Merkus ; cette édition a été reproduite par A. Holland, avec une étude méticuleuse des 23 éditions publiées du vivant de Prévost (*Manon Lescaut de l'Abbé Prévost. 1731-1759. Etude bibliographique et textuelle,* Editions Slatkine, Genève, 1984) ; elle permet de donner une bonne version de l'édition originale. L'édition entièrement revue et corrigée de l'*Histoire du chevalier Des Grieux et de Manon Lescaut,* publiée à Amsterdam en 1753 (en fait chez Didot à Paris), présente cependant l'avantage, unique dans toute l'œuvre de Prévost, d'avoir été minutieusement révisée par l'auteur, et de compter plus de 800 corrections d'un très grand intérêt. C'est le texte que nous donnons. Nous avons tâché, dans la mesure du possible, d'en respecter la ponctuation, dont la valeur rythmique, malgré quelques surcharges, est incomparable.

# HISTOIRE DU CHEVALIER DES GRIEUX
## ET DE MANON LESCAUT

# AVIS DE L'AUTEUR
## DES
### *Mémoires d'un homme de qualité.*

Quoique j'eusse pu faire entrer dans mes Mémoires les Aventures du Chevalier Des Grieux, il m'a semblé que n'y ayant point un rapport nécessaire, le lecteur trouverait plus de satisfaction à les voir séparément [1]. Un récit de cette longueur aurait interrompu trop longtemps le fil de ma propre histoire. Tout éloigné que je suis de prétendre à la qualité d'écrivain exact, je n'ignore point qu'une narration doit être déchargée des circonstances qui la rendraient pesante et embarrassée. C'est le précepte d'Horace :

Ut jam nunc dicat jam nunc debentia dici,
Pleraque differat, ac praesens in tempus omittat [2].

Il n'est pas même besoin d'une si grave autorité, pour prouver une vérité si simple ; car le bon sens est la première source de cette règle.

Si le public a trouvé quelque chose d'agréable et d'intéressant dans l'histoire de ma vie, j'ose lui promettre qu'il ne sera pas moins satisfait de cette addition. Il verra, dans la conduite de M. Des Grieux, un exemple terrible de la force des passions. J'ai à peindre un jeune aveugle, qui refuse d'être heureux, pour se précipiter volontairement dans les dernières infortunes ; qui, avec toutes les qualités dont se forme le plus brillant mérite, préfère par choix une vie obscure et vagabonde à tous les avantages de la fortune et de la nature ; qui prévoit ses malheurs, sans vouloir les éviter ; qui les sent et qui en est accablé, sans profiter des remèdes qu'on lui offre sans cesse, et qui peuvent à tous moments les finir ; enfin un caractère ambigu, un mélange de vertus et de vices, un contraste perpétuel de bons sentiments et d'actions mauvaises. Tel est le fond du tableau que je présente. Les personnes de bon sens ne regarderont point un ouvrage de cette nature comme un travail inutile. Outre le plaisir d'une lecture agréable, on y trouvera peu d'événements qui ne puissent servir à l'instruction des mœurs ; et c'est rendre, à mon avis, un service considérable au public que de l'instruire en l'amusant.

On ne peut réfléchir sur les préceptes de la morale, sans être étonné de les voir tout à la fois estimés et négligés ; et l'on se demande la raison de cette bizarrerie du cœur humain, qui lui fait goûter des idées de bien et de perfection, dont il s'éloigne dans la pratique. Si les personnes d'un certain ordre d'esprit et de politesse veulent examiner quelle est la matière la plus commune de leurs conversations, ou même de leurs rêveries solitaires, il leur sera aisé de remarquer qu'elles tournent presque toujours sur quelques considérations morales. Les plus doux moments de leur vie sont ceux qu'ils passent, ou seuls, ou avec un ami, à s'entretenir à cœur ouvert des charmes de la vertu, des douceurs de l'amitié, des moyens d'arriver au bonheur, des faiblesses de la nature qui nous en éloignent, et des remèdes qui peuvent les guérir. Horace et Boileau marquent cet entretien comme un des plus beaux traits dont ils composent l'image d'une vie heureuse [3]. Comment arrive-t-il donc qu'on tombe si facilement de ces hautes spéculations, et qu'on se retrouve sitôt au niveau du commun des hommes ? Je suis trompé si la raison que je vais en apporter n'explique bien cette contradiction de nos idées et de notre conduite : c'est que tous les préceptes de la morale n'étant que des principes vagues et généraux, il est très difficile d'en faire une application particulière au détail des mœurs et des actions. Mettons la chose dans un exemple. Les âmes biens nées sentent que la douceur et l'humanité sont des vertus aimables, et sont portées d'inclination à les pratiquer ; mais sont-elles au moment de l'exercice, elles demeurent souvent suspendues. En est-ce réellement l'occasion ? Sait-on bien quelle en doit être la mesure ? Ne se trompe-t-on point sur l'objet ? Cent difficultés arrêtent. On craint de devenir dupe en voulant être bienfaisant et libéral ; de passer pour faible en paraissant trop tendre et trop sensible ; en un mot, d'excéder ou de ne pas remplir assez des devoirs qui sont renfermés d'une manière trop obscure dans les notions générales d'humanité et de douceur. Dans cette incertitude, il n'y a que l'expérience, ou l'exemple, qui puisse déterminer raisonnablement le penchant du cœur. Or l'expérience n'est point un avantage qu'il soit libre à tout le monde de se donner ; elle dépend des situations différentes où l'on se trouve placé par la fortune. Il ne reste donc que l'exemple qui puisse servir de règle à quantité de personnes, dans l'exercice de la vertu. C'est précisément pour cette sorte de lecteurs que des ouvrages tels que celui-ci peuvent être d'une extrême utilité ; du moins, lorsqu'ils sont écrits par une personne d'honneur et de bon sens. Chaque fait qu'on y rapporte est un degré de lumière, une instruction qui supplée à l'expérience ; chaque aventure est un modèle d'après lequel on peut se former : il n'y manque que d'être ajusté aux circonstances où l'on se trouve. L'ouvrage entier est un traité de morale, réduit agréablement en exercice.

Un lecteur sévère s'offensera peut-être de me voir reprendre la plume, à mon âge, pour écrire des aventures de fortune et d'amour ; mais si la réflexion que je viens de faire est solide, elle me justifie ; si elle est fausse, mon erreur sera mon excuse.

Nota. *C'est pour se rendre aux instances de ceux qui aiment ce petit ouvrage, qu'on s'est déterminé à le purger d'un grand nombre de fautes grossières qui se sont glissées dans la plupart des éditions. On y a fait aussi quelques additions qui ont paru nécessaires pour la plénitude d'un des principaux caractères. La vignette et les figures portent en elles-mêmes leur recommandation et leur éloge.*

*Quanta laboras in charybde.* | *Digne Puer meliore flammæ !*

# HISTOIRE
## DE
## MANON LESCAUT.

---

### PREMIERE PARTIE.

E fuis obligé de faire
remonter mon Lec-
teur, au temps de
ma vie, où je ren-
contrai pour la premiere fois
le Chevalier des Grieux. Ce fut

*I. Part.*                     A

# PREMIÈRE PARTIE

Je suis obligé de faire remonter mon lecteur au temps de ma vie où je rencontrai pour la première fois le Chevalier Des Grieux [4]. Ce fut environ six mois avant mon départ pour l'Espagne. Quoique je sortisse rarement de ma solitude, la complaisance que j'avais pour ma fille m'engageait quelquefois à divers petits voyages, que j'abrégeais autant qu'il m'était possible. Je revenais un jour de Rouen, où elle m'avait prié d'aller solliciter une affaire au Parlement de Normandie, pour la succession de quelques terres auxquelles je lui avais laissé des prétentions du côté de mon grand-père maternel. Ayant repris mon chemin par Evreux, où je couchai la première nuit, j'arrivai le lendemain pour dîner à Pacy, qui en est éloigné de cinq ou six lieues [5]. Je fus surpris, en entrant dans ce bourg, d'y voir tous les habitants en alarme. Ils se précipitaient de leurs maisons, pour courir en foule à la porte d'une mauvaise hôtellerie, devant laquelle étaient deux chariots couverts. Les chevaux, qui étaient encore attelés, et qui paraissaient fumants de fatigue et de chaleur, marquaient que ces deux voitures ne faisaient qu'arriver. Je m'arrêtai un moment, pour m'informer d'où venait le tumulte ; mais je tirai peu d'éclaircissement d'une populace curieuse, qui ne faisait nulle attention à mes demandes, et qui s'avançait toujours vers l'hôtellerie, en se poussant avec

beaucoup de confusion. Enfin, un archer, revêtu
d'une bandoulière et le mousquet sur l'épaule [6], ayant
paru à la porte, je lui fis signe de la main de venir à
moi. Je le priai de m'apprendre le sujet de ce désordre.
Ce n'est rien, Monsieur, me dit-il ; c'est une douzaine
de filles de joie, que je conduis avec mes compagnons,
jusqu'au Havre-de-Grâce, où nous les ferons embarquer pour l'Amérique. Il y en a quelques-unes de
jolies, et c'est apparemment ce qui excite la curiosité
de ces bons paysans. J'aurais passé, après cette explication, si je n'eusse été arrêté par les exclamations
d'une vieille femme, qui sortait de l'hôtellerie en joignant les mains, et criant que c'était une chose barbare, une chose qui faisait horreur et compassion [7].
De quoi s'agit-il donc ? lui dis-je. Ah ! Monsieur,
entrez, répondit-elle, et voyez si ce spectacle n'est pas
capable de fendre le cœur ! La curiosité me fit descendre de mon cheval, que je laissai à mon palefre-
nier. J'entrai avec peine, en perçant la foule, et je vis
en effet quelque chose d'assez touchant. Parmi les
douze filles, qui étaient enchaînées six à six par le
milieu du corps, il y en avait une dont l'air et la figure
étaient si peu conformes à sa condition, qu'en tout
autre état je l'eusse prise pour une personne du premier rang. Sa tristesse et la saleté de son linge et de ses
habits l'enlaidissaient si peu, que sa vue m'inspira du
respect et de la pitié. Elle tâchait néanmoins de se
tourner, autant que sa chaîne pouvait le permettre,
pour dérober son visage aux yeux des spectateurs.
L'effort qu'elle faisait pour se cacher était si naturel,
qu'il paraissait venir d'un sentiment de modestie.
Comme les six gardes qui accompagnaient cette malheureuse bande, étaient aussi dans la chambre, je pris
le chef en particulier, et je lui demandai quelques
lumières sur le sort de cette belle fille. Il ne put m'en
donner que de fort générales. Nous l'avons tirée de
l'Hôpital, me dit-il, par ordre de M. le Lieutenant
général de Police. Il n'y a pas d'apparence qu'elle y
eût été renfermée pour ses bonnes actions. Je l'ai
interrogée plusieurs fois sur la route ; elle s'obstine à

ne me rien répondre. Mais quoique je n'aie pas reçu
ordre de la ménager plus que les autres, je ne laisse
pas d'avoir quelques égards pour elle, parce qu'il me
semble qu'elle vaut un peu mieux que ses compagnes.
Voilà un jeune homme, ajouta l'archer, qui pourrait
vous instruire mieux que moi sur la cause de sa disgrâce ; il l'a suivie depuis Paris, sans cesser presque un
moment de pleurer. Il faut que ce soit son frère ou son
amant. Je me tournai vers le coin de la chambre où ce
jeune homme était assis. Il paraissait enseveli dans une
rêverie profonde. Je n'ai jamais vu de plus vive image
de la douleur. Il était mis fort simplement ; mais on
distingue, au premier coup d'œil, un homme qui a de
la naissance et de l'éducation. Je m'approchai de lui. Il
se leva ; et je découvris dans ses yeux, dans sa figure et
dans tous ses mouvements, un air si fin et si noble,
que je me sentis porté naturellement à lui vouloir du
bien. Que je ne vous trouble point, lui dis-je, en
m'asseyant près de lui. Voulez-vous bien satisfaire la
curiosité que j'ai de connaître cette belle personne, qui
ne me paraît point faite pour le triste état où je la
vois ? Il me répondit honnêtement qu'il ne pouvait
m'apprendre qui elle était sans se faire connaître lui-
même, et qu'il avait de fortes raisons pour souhaiter
de demeurer inconnu. Je puis vous dire néanmoins ce
que ces misérables n'ignorent point, continua-t-il en
montrant les archers ; c'est que je l'aime avec une
passion si violente, qu'elle me rend le plus infortuné
de tous les hommes. J'ai tout employé, à Paris, pour
obtenir sa liberté. Les sollicitations, l'adresse et la
force m'ont été inutiles ; j'ai pris le parti de la suivre,
dût-elle aller au bout du monde. Je m'embarquerai
avec elle. Je passerai en Amérique. Mais, ce qui est de
la dernière inhumanité, ces lâches coquins, ajouta-t-il
en parlant des archers, ne veulent pas me permettre
d'approcher d'elle. Mon dessein était de les attaquer
ouvertement, à quelques lieues de Paris. Je m'étais
associé quatre hommes, qui m'avaient promis leur
secours pour une somme considérable. Les traîtres
m'ont laissé seul aux mains, et sont partis avec mon

argent. L'impossibilité de réussir par la force m'a fait
mettre les armes bas. J'ai proposé aux archers de me
permettre du moins de les suivre, en leur offrant de les
récompenser. Le désir du gain les y a fait consentir. Ils
ont voulu être payés, chaque fois qu'ils m'ont accordé
la liberté de parler à ma maîtresse. Ma bourse s'est
épuisée en peu de temps ; et maintenant que je suis
sans un sou, ils ont la barbarie de me repousser brutalement, lorsque je fais un pas vers elle. Il n'y a qu'un
instant qu'ayant osé m'en approcher malgré leurs
menaces, ils ont eu l'insolence de lever contre moi le
bout du fusil. Je suis obligé, pour satisfaire leur avarice
et pour me mettre en état de continuer la route à pied,
de vendre ici un mauvais cheval qui m'a servi jusqu'à
présent de monture.

Quoiqu'il parût faire assez tranquillement ce récit, il
laissa tomber quelques larmes en le finissant. Cette
aventure me parut des plus extraordinaires et des plus
touchantes. Je ne vous presse pas, lui dis-je, de me
découvrir le secret de vos affaires ; mais si je puis vous
être utile à quelque chose, je m'offre volontiers à vous
rendre service. Hélas ! reprit-il, je ne vois pas le
moindre jour à l'espérance. Il faut que je me soumette
à toute la rigueur de mon sort. J'irai en Amérique. J'y
serai du moins libre avec ce que j'aime. J'ai écrit à un
de mes amis, qui me fera tenir quelque secours au
Havre-de-Grâce. Je ne suis embarrassé que pour m'y
conduire, et pour procurer à cette pauvre créature,
ajouta-t-il en regardant tristement sa maîtresse,
quelque soulagement sur la route. Hé bien, lui dis-je,
je vais finir votre embarras. Voici quelque argent que
je vous prie d'accepter. Je suis fâché de ne pouvoir
vous servir autrement. Je lui donnai quatre louis
d'or [8], sans que les gardes s'en aperçussent, car je
jugeais bien que, s'ils lui savaient cette somme, ils lui
vendraient plus chèrement leurs secours. Il me vint
même à l'esprit de faire marché avec eux, pour obtenir
au jeune amant la liberté de parler continuellement à
sa maîtresse jusqu'au Havre. Je fis signe au chef de
s'approcher, et je lui en fis la proposition. Il en parut

honteux, malgré son effronterie. Ce n'est pas, Monsieur, répondit-il d'un air embarrassé, que nous refusions de le laisser parler à cette fille ; mais il voudrait être sans cesse auprès d'elle ; cela nous est incommode ; il est bien juste qu'il paie pour l'incommodité. Voyons donc, lui dis-je, ce qu'il faudrait pour vous empêcher de la sentir. Il eut l'audace de me demander deux louis. Je les lui donnai sur-le-champ. Mais prenez garde, lui dis-je, qu'il ne vous échappe quelque friponnerie ; car je vais laisser mon adresse à ce jeune homme, afin qu'il puisse m'en informer, et comptez que j'aurai le pouvoir de vous faire punir. Il m'en coûta six louis d'or. La bonne grâce et la vive reconnaissance avec laquelle ce jeune inconnu me remercia, achevèrent de me persuader qu'il était né quelque chose, et qu'il méritait ma libéralité. Je dis quelques mots à sa maîtresse, avant que de sortir. Elle me répondit avec une modestie si douce et si charmante, que je ne pus m'empêcher de faire, en sortant, mille réflexions sur le caractère incompréhensible des femmes.

Etant retourné à ma solitude, je ne fus point informé de la suite de cette aventure. Il se passa près de deux ans, qui me la firent oublier tout à fait, jusqu'à ce que le hasard me fît renaître l'occasion d'en apprendre à fond toutes les circonstances. J'arrivais de Londres à Calais, avec le Marquis de... mon élève. Nous logeâmes, si je m'en souviens bien, au *Lion d'Or* [9], où quelques raisons nous obligèrent de passer le jour entier et la nuit suivante. En marchant l'après-midi dans les rues, je crus apercevoir ce même jeune homme dont j'avais fait la rencontre à Pacy. Il était en fort mauvais équipage, et beaucoup plus pâle que je ne l'avais vu la première fois. Il portait sur le bras un vieux portemanteau [10], ne faisant qu'arriver dans la ville. Cependant, comme il avait la physionomie trop belle pour n'être pas reconnu facilement, je le remis aussitôt. Il faut, dis-je au Marquis, que nous abordions ce jeune homme. Sa joie fut plus vive que toute expression, lorsqu'il m'eut remis à son tour.

Ah ! monsieur, s'écria-t-il en me baisant la main, je
puis donc encore une fois vous marquer mon immor-
telle reconnaissance ! Je lui demandai d'où il venait.
Il me répondit qu'il arrivait par mer du Havre-de-
Grâce, où il était revenu de l'Amérique peu auparavant. Vous ne me paraissez pas fort bien en argent, lui
dis-je ; allez-vous-en au *Lion d'Or* où je suis logé, je
vous rejoindrai dans un moment. J'y retournai en
effet, plein d'impatience d'apprendre le détail de son
infortune et les circonstances de son voyage d'Amérique. Je lui fis mille caresses, et j'ordonnai qu'on ne
le laissât manquer de rien. Il n'attendit point que je
le pressasse de me raconter l'histoire de sa vie. Monsieur, me dit-il, vous en usez si noblement avec
moi, que je me reprocherais comme une basse ingratitude d'avoir quelque chose de réservé pour vous. Je
veux vous apprendre, non seulement mes malheurs et
mes peines, mais encore mes désordres et mes plus
honteuses faiblesses. Je suis sûr qu'en me condamnant, vous ne pourrez pas vous empêcher de me
plaindre.

Je dois avertir ici le lecteur que j'écrivis son histoire
presque aussitôt après l'avoir entendue, et qu'on peut
s'assurer, par conséquent, que rien n'est plus exact et
plus fidèle que cette narration. Je dis fidèle jusque
dans la relation des réflexions et des sentiments, que le
jeune aventurier [11] exprimait de la meilleure grâce du
monde. Voici donc son récit, auquel je ne mêlerai,
jusqu'à la fin, rien qui ne soit de lui.

J'avais dix-sept ans, et j'achevais mes études de philosophie à Amiens, où mes parents, qui sont d'une
des meilleurs maisons de P... [12], m'avaient envoyé. Je
menais une vie si sage et si réglée, que mes maîtres
me proposaient pour l'exemple du collège. Non que
je fisse des efforts extraordinaires pour mériter cet
éloge ; mais j'ai l'humeur naturellement douce et
tranquille : je m'appliquais à l'étude par inclination,
et l'on me comptait pour des vertus quelques marques
d'aversion naturelle pour le vice. Ma naissance, le
succès de mes études et quelques agréments exté-

rieurs m'avaient fait connaître et estimer de tous les
honnêtes gens de la ville. J'achevai mes exercices
publics avec une approbation si générale, que Monsieur l'Evêque, qui y assistait, me proposa d'entrer
dans l'état ecclésiastique, où je ne manquerais pas,
disait-il, de m'attirer plus de distinction que dans
l'ordre de Malte [13], auquel mes parents me desti-
naient. Ils me faisaient déjà porter la croix, avec le
nom de Chevalier Des Grieux. Les vacances arrivant,
je me préparais à retourner chez mon père, qui
m'avait promis de m'envoyer bientôt à l'Académie [14].
Mon seul regret, en quittant Amiens, était d'y laisser
un ami, avec lequel j'avais toujours été tendrement
uni. Il était de quelques années plus âgé que moi.
Nous avions été élevés ensemble, mais le bien de sa
maison étant des plus médiocres, il était obligé de
prendre l'état ecclésiastique, et de demeurer à Amiens
après moi, pour y faire les études qui conviennent à
cette profession [15]. Il avait mille bonnes qualités. Vous
le connaîtrez par les meilleures dans la suite de mon
histoire, et surtout par un zèle et une générosité en
amitié, qui surpassent les plus célèbres exemples de
l'antiquité. Si j'eusse alors suivi ses conseils, j'aurais
toujours été sage et heureux. Si j'avais du moins profité de ses reproches dans le précipice où mes passions
m'ont entraîné, j'aurais sauvé quelque chose du nau-
frage de ma fortune et de ma réputation. Mais il n'a
point recueilli d'autre fruit de ses soins, que le chagrin
de les voir inutiles, et quelquefois durement récom-
pensés, par un ingrat qui s'en offensait et qui les trai-
tait d'importunités.

J'avais marqué le temps de mon départ d'Amiens.
Hélas ! que ne le marquais-je un jour plus tôt ! j'aurais
porté chez mon père toute mon innocence. La veille
même de celui que je devais quitter cette ville, étant à
me promener avec mon ami, qui s'appelait Tiberge,
nous vîmes arriver le coche d'Arras, et nous le sui-
vîmes jusqu'à l'hôtellerie où ces voitures descendent.
Nous n'avions pas d'autre motif que la curiosité. Il en
sortit quelques femmes, qui se retirèrent aussitôt.

Mais il en resta une, fort jeune, qui s'arrêta seule dans
la cour, pendant qu'un homme d'un âge avancé, qui
paraissait lui servir de conducteur, s'empressait pour
faire tirer son équipage des paniers [16]. Elle me parut si
charmante, que moi, qui n'avais jamais pensé à la différence des sexes, ni regardé une fille avec un peu
d'attention, moi, dis-je, dont tout le monde admirait
la sagesse et la retenue, je me trouvai enflammé tout
d'un coup jusqu'au transport [17]. J'avais le défaut
d'être excessivement timide et facile à déconcerter ;
mais loin d'être arrêté alors par cette faiblesse, je
m'avançai vers la maîtresse de mon cœur. Quoiqu'elle
fût encore moins âgée que moi, elle reçut mes politesses sans paraître embarrassée. Je lui demandai ce
qui l'amenait à Amiens, et si elle y avait quelques
personnes de connaissance. Elle me répondit ingénument, qu'elle y était envoyée par ses parents, pour être
religieuse. L'amour me rendait déjà si éclairé, depuis
un moment qu'il était dans mon cœur, que je regardai
ce dessein comme un coup mortel pour mes désirs. Je
lui parlai d'une manière qui lui fit comprendre mes
sentiments, car elle était bien plus expérimentée que
moi : c'était malgré elle qu'on l'envoyait au couvent,
pour arrêter sans doute son penchant au plaisir, qui
s'était déjà déclaré, et qui a causé dans la suite tous ses
malheurs et les miens. Je combattis la cruelle intention
de ses parents, par toutes les raisons que mon amour
naissant et mon éloquence scolastique purent me sug-
gérer. Elle n'affecta ni rigueur ni dédain. Elle me dit,
après un moment de silence, qu'elle ne prévoyait que
trop qu'elle allait être malheureuse, mais que c'était
apparemment la volonté du Ciel, puisqu'il ne lui laissait nul moyen de l'éviter. La douceur de ses regards,
un air charmant de tristesse en prononçant ces
paroles, ou plutôt l'ascendant de ma destinée, qui
m'entraînait à ma perte [18], ne me permirent pas de
balancer un moment sur ma réponse. Je l'assurai que
si elle voulait faire quelque fond sur mon honneur, et
sur la tendresse infinie qu'elle m'inspirait déjà,
j'emploierais ma vie pour la délivrer de la tyrannie de

ses parents et pour la rendre heureuse. Je me suis
étonné mille fois, en y réfléchissant, d'où me venait
alors tant de hardiesse et de facilité à m'exprimer ;
mais on ne ferait pas une divinité de l'Amour, s'il
n'opérait souvent des prodiges. J'ajoutai mille choses
pressantes. Ma belle inconnue savait bien qu'on n'est
point trompeur à mon âge ; elle me confessa que si je
voyais quelque jour à la pouvoir mettre en liberté, elle
croirait m'être redevable de quelque chose de plus
cher que la vie. Je lui répétai que j'étais prêt à tout
entreprendre ; mais n'ayant point assez d'expérience
pour imaginer tout d'un coup les moyens de la servir,
je m'en tenais à cette assurance générale, qui ne pouvait être d'un grand secours pour elle et pour moi.
Son vieil Argus étant venu nous rejoindre, mes espérances allaient échouer, si elle n'eût eu assez d'esprit
pour suppléer à la stérilité du mien. Je fus surpris, à
l'arrivée de son conducteur, qu'elle m'appelât son
cousin, et que sans paraître déconcertée le moins du
monde, elle me dît que puisqu'elle était assez heureuse pour me rencontrer à Amiens, elle remettait au
lendemain son entrée dans le couvent, afin de se procurer le plaisir de souper avec moi. J'entrai fort bien
dans le sens de cette ruse : je lui proposai de se loger
dans une hôtellerie dont le maître, qui s'était établi à
Amiens, après avoir été longtemps cocher de mon
père, était dévoué entièrement à mes ordres. Je l'y
conduisis moi-même, tandis que le vieux conducteur
paraissait un peu murmurer, et que mon ami Tiberge,
qui ne comprenait rien à cette scène, me suivait sans
prononcer une parole. Il n'avait point entendu notre
entretien. Il était demeuré à se promener dans la cour,
pendant que je parlais d'amour à ma belle maîtresse.
Comme je redoutais sa sagesse, je me défis de lui par
une commission dont je le priai de se charger. Ainsi
j'eus le plaisir, en arrivant à l'auberge, d'entretenir
seul la souveraine de mon cœur. Je reconnus bientôt
que j'étais moins enfant que je ne le croyais. Mon
cœur s'ouvrit à mille sentiments de plaisir, dont je
n'avais jamais eu l'idée. Une douce chaleur se

répandit dans toutes mes veines. J'étais dans une espèce de transport, qui m'ôta pour quelque temps la liberté de la voix, et qui ne s'exprimait que par mes yeux. Mademoiselle Manon Lescaut, c'est ainsi qu'elle me dit qu'on la nommait, parut fort satisfaite de cet effet de ses charmes. Je crus apercevoir qu'elle n'était pas moins émue que moi. Elle me confessa qu'elle me trouvait aimable, et qu'elle serait ravie de m'avoir obligation de sa liberté. Elle voulut savoir qui j'étais, et cette connaissance augmenta son affection, parce qu'étant d'une naissance commune [19], elle se trouva flattée d'avoir fait la conquête d'un amant tel que moi. Nous nous entretînmes des moyens d'être l'un à l'autre. Après quantité de réflexions, nous ne trouvâmes point d'autre voie que celle de la fuite. Il fallait tromper la vigilance du conducteur, qui était un homme à ménager, quoiqu'il ne fût qu'un domestique. Nous réglâmes que je ferais préparer pendant la nuit une chaise de poste, et que je reviendrais de grand matin à l'auberge, avant qu'il fût éveillé ; que nous nous déroberions secrètement, et que nous irions droit à Paris, où nous nous ferions marier en arrivant. J'avais environ cinquante écus, qui étaient le fruit de mes petites épargnes ; elle en avait à peu près le double. Nous nous imaginâmes, comme des enfants sans expérience, que cette somme ne finirait jamais, et nous ne comptâmes pas moins sur le succès de nos autres mesures.

Après avoir soupé avec plus de satisfaction que je n'en avais jamais ressenti, je me retirai pour exécuter notre projet. Mes arrangements furent d'autant plus faciles, qu'ayant eu dessein de retourner le lendemain chez mon père, mon petit équipage était déjà préparé. Je n'eus donc nulle peine à faire transporter ma malle, et à faire tenir une chaise prête pour cinq heures du matin, qui étaient le temps où les portes de la ville devaient être ouvertes ; mais je trouvai un obstacle dont je ne me défiais point, et qui faillit de rompre entièrement mon dessein.

Tiberge, quoique âgé seulement de trois ans plus

que moi, était un garçon d'un sens mûr et d'une
conduite fort réglée. Il m'aimait avec une tendresse
extraordinaire. La vue d'une aussi jolie fille que
Mademoiselle Manon, mon empressement à la
conduire, et le soin que j'avais eu de me défaire de lui
en l'éloignant, lui firent naître quelques soupçons de
mon amour. Il n'avait osé revenir à l'auberge où il
m'avait laissé, de peur de m'offenser par son retour ;
mais il était allé m'attendre à mon logis, où je le
trouvai en arrivant quoiqu'il fût dix heures du soir. Sa
présence me chagrina. Il s'aperçut facilement de la
contrainte qu'elle me causait. Je suis sûr, me dit-il
sans déguisement, que vous méditez quelque dessein
que vous me voulez cacher ; je le vois à votre air. Je lui
répondis assez brusquement que je n'étais pas obligé
de lui rendre compte de tous mes desseins. Non,
reprit-il, mais vous m'avez toujours traité en ami, et
cette qualité suppose un peu de confiance et d'ouverture. Il me pressa si fort et si longtemps de lui découvrir mon secret, que n'ayant jamais eu de réserve avec
lui, je lui fis l'entière confidence de ma passion. Il la
reçut avec une apparence de mécontentement qui me
fit frémir. Je me repentis surtout de l'indiscrétion avec
laquelle je lui avais découvert le dessein de ma fuite. Il
me dit qu'il était trop parfaitement mon ami pour ne
pas s'y opposer de tout son pouvoir ; qu'il voulait me
représenter d'abord tout ce qu'il croyait capable de
m'en détourner, mais que si je ne renonçais pas
ensuite à cette misérable résolution, il avertirait des
personnes qui pourraient l'arrêter à coup sûr. Il me
tint là-dessus un discours sérieux, qui dura plus d'un
quart d'heure, et qui finit encore par la menace de me
dénoncer, si je ne lui donnais ma parole de me
conduire avec plus de sagesse et de raison. J'étais au
désespoir de m'être trahi si mal à propos. Cependant,
l'amour m'ayant ouvert extrêmement l'esprit depuis
deux ou trois heures, je fis attention que je ne lui avais
pas découvert que mon dessein devait s'exécuter le
lendemain, et je résolus de le tromper à la faveur
d'une équivoque : Tiberge, lui dis-je, j'ai cru jusqu'à

présent que vous étiez mon ami, et j'ai voulu vous éprouver par cette confidence. Il est vrai que j'aime, je ne vous ai pas trompé ; mais pour ce qui regarde ma fuite, ce n'est point une entreprise à former au hasard. Venez me prendre demain à neuf heures ; je vous ferai voir, s'il se peut, ma maîtresse, et vous jugerez si elle mérite que je fasse cette démarche pour elle. Il me laissa seul, après mille protestations d'amitié. J'employai la nuit à mettre ordre à mes affaires, et m'étant rendu à l'hôtellerie de Mademoiselle Manon vers la pointe du jour, je la trouvai qui m'attendait. Elle était à sa fenêtre, qui donnait sur la rue, de sorte que, m'ayant aperçu, elle vint m'ouvrir elle-même. Nous sortîmes sans bruit. Elle n'avait point d'autre équipage que son linge, dont je me chargeai moi-même. La chaise était en état de partir ; nous nous éloignâmes aussitôt de la ville. Je rapporterai dans la suite quelle fut la conduite de Tiberge, lorsqu'il s'aperçut que je l'avais trompé. Son zèle n'en devint pas moins ardent. Vous verrez à quel excès il le porta, et combien je devrais verser de larmes, en songeant quelle en a toujours été la récompense.

Nous nous hâtâmes tellement d'avancer, que nous arrivâmes à Saint-Denis avant la nuit [20]. J'avais couru à cheval, à côté de la chaise, ce qui ne nous avait guère permis de nous entretenir qu'en changeant de chevaux ; mais lorsque nous nous vîmes si proche de Paris, c'est-à-dire presque en sûreté, nous prîmes le temps de nous rafraîchir, n'ayant rien mangé depuis notre départ d'Amiens. Quelque passionné que je fusse pour Manon, elle sut me persuader qu'elle ne l'était pas moins pour moi. Nous étions si peu réservés dans nos caresses, que nous n'avions pas la patience d'attendre que nous fussions seuls. Nos postillons et nos hôtes nous regardaient avec admiration ; et je remarquais qu'ils étaient surpris de voir deux enfants de notre âge, qui paraissaient s'aimer jusqu'à la fureur. Nos projets de mariage furent oubliés à Saint-Denis ; nous fraudâmes les droits de l'Eglise, et nous nous trouvâmes époux sans y avoir fait réflexion. Il est

sûr que du naturel tendre et constant dont je suis,
j'étais heureux pour toute ma vie, si Manon m'eût été
fidèle. Plus je la connaissais, plus je découvrais en elle
de nouvelles qualités aimables. Son esprit, son cœur,
sa douceur et sa beauté formaient une chaîne si forte
et si charmante, que j'aurais mis tout mon bonheur à
n'en sortir jamais. Terrible changement ! Ce qui fait
mon désespoir a pu faire ma félicité [21]. Je me trouve le
plus malheureux de tous les hommes, par cette même
constance dont je devais attendre le plus doux de tous
les sorts, et les plus parfaites récompenses de l'amour.

Nous prîmes un appartement meublé à Paris. Ce
fut dans la rue V..., et pour mon malheur, auprès de la
maison de M. de B..., célèbre fermier général [22]. Trois
semaines se passèrent, pendant lesquelles j'avais été si
rempli de ma passion, que j'avais peu songé à ma
famille, et au chagrin que mon père avait dû ressentir
de mon absence. Cependant, comme la débauche
n'avait nulle part à ma conduite, et que Manon se
comportait aussi avec beaucoup de retenue, la tranquillité où nous vivions servit à me faire rappeler peu
à peu l'idée de mon devoir. Je résolus de me réconcilier, s'il était possible, avec mon père. Ma maîtresse
était si aimable, que je ne doutai point qu'elle ne pût
lui plaire, si je trouvais moyen de lui faire connaître sa
sagesse et son mérite : en un mot, je me flattai
d'obtenir de lui la liberté de l'épouser, ayant été désa-
busé de l'espérance de le pouvoir sans son consentement. Je communiquai ce projet à Manon ; et je lui fis
entendre qu'outre les motifs de l'amour et du devoir,
celui de la nécessité pouvait y entrer aussi pour
quelque chose, car nos fonds étaient extrêmement
altérés, et je commençais à revenir de l'opinion qu'ils
étaient inépuisables. Manon reçut froidement cette
proposition. Cependant, les difficultés qu'elle y
opposa n'étant prises que de sa tendresse même, et de
la crainte de me perdre si mon père n'entrait point
dans notre dessein, après avoir connu le lieu de notre
retraite, je n'eus pas le moindre soupçon du coup
cruel qu'on se préparait à me porter. A l'objection de

la nécessité, elle répondit qu'il nous restait encore de quoi vivre quelques semaines, et qu'elle trouverait après cela des ressources dans l'affection de quelques parents, à qui elle écrirait en province. Elle adoucit son refus par des caresses si tendres et si passionnées, que moi qui ne vivais que dans elle, et qui n'avais pas la moindre défiance de son cœur, j'applaudis à toutes ses réponses et à toutes ses résolutions. Je lui avais laissé la disposition de notre bourse et le soin de payer notre dépense ordinaire. Je m'aperçus, peu après, que notre table était mieux servie, et qu'elle s'était donné quelques ajustements d'un prix considérable. Comme je n'ignorais pas qu'il devait nous rester à peine douze ou quinze pistoles, je lui marquai mon étonnement de cette augmentation apparente de notre opulence. Elle me pria, en riant, d'être sans embarras. Ne vous ai-je pas promis, me dit-elle, que je trouverais des ressources ? Je l'aimais avec trop de simplicité pour m'alarmer facilement.

Un jour que j'étais sorti l'après-midi, et que je l'avais avertie que je serais dehors plus longtemps qu'à l'ordinaire, je fus étonné qu'à mon retour on me fît attendre deux ou trois minutes à la porte. Nous n'étions servis que par une petite fille, qui était à peu près de notre âge. Etant venue m'ouvrir, je lui demandai pourquoi elle avait tardé si longtemps. Elle me répondit, d'un air embarrassé, qu'elle ne m'avait point entendu frapper. Je n'avais frappé qu'une fois ; je lui dis : mais si vous ne m'avez pas entendu, pourquoi êtes-vous donc venue m'ouvrir ? Cette question la déconcerta si fort que, n'ayant point assez de présence d'esprit pour y répondre, elle se mit à pleurer, en m'assurant que ce n'était point sa faute, et que Madame lui avait défendu d'ouvrir la porte jusqu'à ce que M. de B... fût sorti par l'autre escalier, qui répondait au cabinet. Je demeurai si confus, que je n'eus point la force d'entrer dans l'appartement. Je pris le parti de descendre sous prétexte d'une affaire, et j'ordonnai à cet enfant de dire à sa maîtresse que je retournerais dans le moment, mais de ne pas faire connaître qu'elle m'eût parlé de M. de B...

Ma consternation fut si grande, que je versais des larmes en descendant l'escalier, sans savoir encore de quel sentiment elles partaient. J'entrai dans le premier café ; et m'y étant assis près d'une table, j'appuyai la tête sur mes deux mains, pour y développer [23] ce qui se passait dans mon cœur. Je n'osais rappeler ce que je venais d'entendre. Je voulais le considérer comme une illusion, et je fus prêt deux ou trois fois de retourner au logis, sans marquer que j'y eusse fait attention. Il me paraissait si impossible que Manon m'eût trahi, que je craignais de lui faire injure en la soupçonnant. Je l'adorais, cela était sûr ; je ne lui avais pas donné plus de preuves d'amour que je n'en avais reçu d'elle ; pourquoi l'aurais-je accusée d'être moins sincère et moins constante que moi ? Quelle raison aurait-elle eue de me tromper ? Il n'y avait que trois heures qu'elle m'avait accablé de ses plus tendres caresses, et qu'elle avait reçu les miennes avec transport ; je ne connaissais pas mieux mon cœur que le sien. Non, non, repris-je, il n'est pas possible que Manon me trahisse. Elle n'ignore pas que je ne vis que pour elle. Elle sait trop bien que je l'adore. Ce n'est pas là un sujet de me haïr.

Cependant la visite et la sortie furtive de M. de B... me causaient de l'embarras. Je rappelais aussi les petites acquisitions de Manon, qui me semblaient surpasser nos richesses présentes. Cela paraissait sentir les libéralités d'un nouvel amant. Et cette confiance qu'elle m'avait marquée pour des ressources qui m'étaient inconnues ; j'avais peine à donner à tant d'énigmes un sens aussi favorable que mon cœur le souhaitait. D'un autre côté, je ne l'avais presque pas perdue de vue depuis que nous étions à Paris. Occupations, promenades, divertissements, nous avions toujours été l'un à côté de l'autre : mon Dieu ! un instant de séparation nous aurait trop affligés. Il fallait nous dire sans cesse que nous nous aimions ; nous serions morts d'inquiétude sans cela. Je ne pouvais donc m'imaginer presque un seul moment où Manon pût s'être occupée d'un autre que moi. A la fin, je crus avoir trouvé le dénouement de ce mystère. M. de B...,

dis-je en moi-même, est un homme qui fait de grosses
affaires, et qui a de grandes relations ; les parents de
Manon se seront servis de cet homme pour lui faire
tenir quelque argent. Elle en a peut-être déjà reçu de
lui ; il est venu aujourd'hui lui en apporter encore.
Elle s'est fait sans doute un jeu de me le cacher, pour
me surprendre agréablement. Peut-être m'en aurait-
elle parlé si j'étais rentré à l'ordinaire, au lieu de venir
ici m'affliger ; elle ne me le cachera pas du moins,
lorsque je lui en parlerai moi-même.

Je me remplis si fortement de cette opinion, qu'elle
eut la force de diminuer beaucoup ma tristesse. Je
retournai sur-le-champ au logis. J'embrassai Manon
avec ma tendresse ordinaire. Elle me reçut fort bien.
J'étais tenté d'abord de lui découvrir mes conjectures,
que je regardais plus que jamais comme certaines ; je
me retins, dans l'espérance qu'il lui arriverait peut-
être de me prévenir, en m'apprenant tout ce qui s'était
passé. On nous servit à souper. Je me mis à table d'un
air fort gai ; mais à la lumière de la chandelle qui était
entre elle et moi, je crus apercevoir de la tristesse sur
le visage et dans les yeux de ma chère maîtresse. Cette
pensée m'en inspira aussi. Je remarquai que ses
regards s'attachaient sur moi, d'une autre façon qu'ils
n'avaient accoutumé. Je ne pouvais démêler si c'était
de l'amour ou de la compassion, quoiqu'il me parût
que c'était un sentiment doux et languissant. Je la
regardai avec la même attention ; et peut-être n'avait-
elle pas moins de peine à juger de la situation de mon
cœur par mes regards. Nous ne pensions ni à parler, ni
à manger. Enfin, je vis tomber des larmes de ses beaux
yeux : perfides larmes ! Ah Dieux ! m'écriai-je, vous
pleurez, ma chère Manon ; vous êtes affligée jusqu'à
pleurer, et vous ne me dites pas un seul mot de vos
peines. Elle ne me répondit que par quelques soupirs,
qui augmentèrent mon inquiétude. Je me levai en
tremblant ; je la conjurai, avec tous les empressements
de l'amour, de me découvrir le sujet de ses pleurs ;
j'en versai moi-même en essuyant les siens ; j'étais
plus mort que vif. Un barbare aurait été attendri des

témoignages de ma douleur et de ma crainte. Dans le temps que j'étais ainsi tout occupé d'elle, j'entendis le bruit de plusieurs personnes qui montaient l'escalier. On frappa doucement à la porte. Manon me donna un baiser ; et s'échappant de mes bras, elle entra rapidement dans le cabinet, qu'elle ferma aussitôt sur elle. Je me figurai qu'étant un peu en désordre, elle voulait se cacher aux yeux des étrangers qui avaient frappé. J'allai leur ouvrir moi-même. A peine avais-je ouvert, que je me vis saisir par trois hommes, que je reconnus pour les laquais de mon père. Ils ne me firent point de violence ; mais deux d'entre eux m'ayant pris par les bras, le troisième visita mes poches, dont il tira un petit couteau, qui était le seul fer que j'eusse sur moi. Ils me demandèrent pardon de la nécessité où ils étaient de me manquer de respect ; ils me dirent naturellement qu'ils agissaient par l'ordre de mon père, et que mon frère aîné m'attendait en bas dans un carrosse. J'étais si troublé, que je me laissai conduire sans résister et sans répondre. Mon frère était effectivement à m'attendre. On me mit dans le carrosse, auprès de lui, et le cocher, qui avait ses ordres, nous conduisit à grand train jusqu'à Saint-Denis. Mon frère m'embrassa tendrement, mais il ne me parla point, de sorte que j'eus tout le loisir dont j'avais besoin, pour rêver à mon infortune.

J'y trouvai d'abord tant d'obscurité, que je ne voyais pas de jour à la moindre conjecture. J'étais trahi cruellement ; mais par qui ? Tiberge fut le premier qui me vint à l'esprit. Traître ! disais-je, c'est fait de ta vie si mes soupçons se trouvent justes. Cependant je fis réflexion qu'il ignorait le lieu de ma demeure, et qu'on ne pouvait par conséquent l'avoir appris de lui. Accuser Manon, c'est de quoi mon cœur n'osait se rendre coupable. Cette tristesse extraordinaire dont je l'avais vue comme accablée, ses larmes, le tendre baiser qu'elle m'avait donné en se retirant, me paraissaient bien une énigme ; mais je me sentais porté à l'expliquer comme un pressentiment de notre malheur commun ; et dans le temps que je me désespérais de l'accident qui m'arrachait à elle, j'avais la crédulité de m'imaginer qu'elle était encore plus à plaindre que moi. Le résultat de ma méditation fut de me persuader que j'avais été aperçu dans les rues de Paris par quelques personnes de connaissance, qui en avaient donné avis à mon père. Cette pensée me consola. Je comptais d'en être quitte pour des reproches, ou pour quelques mauvais traitements qu'il me faudrait essuyer de l'autorité paternelle. Je résolus de les souffrir avec patience, et de promettre tout ce qu'on exigerait de moi, pour me faciliter l'occasion de retourner plus promptement à Paris, et d'aller rendre la vie et la joie à ma chère Manon.

Nous arrivâmes, en peu de temps, à Saint-Denis. Mon frère, surpris de mon silence, s'imagina que c'était un effet de ma crainte. Il entreprit de me consoler, en m'assurant que je n'avais rien à redouter de la sévérité de mon père, pourvu que je fusse disposé à rentrer doucement dans le devoir, et à mériter l'affection qu'il avait pour moi. Il me fit passer la nuit à Saint-Denis, avec la précaution de faire coucher les trois laquais dans ma chambre. Ce qui me causa une peine sensible, fut de me voir dans la même hôtellerie où je m'étais arrêté avec Manon, en venant d'Amiens à Paris. L'hôte et les domestiques me reconnurent, et devinèrent en même temps la vérité de mon histoire. J'entendis dire à l'hôte : Ah ! c'est ce joli monsieur qui passait, il y a six semaines [24], avec une petite demoiselle qu'il aimait si fort. Qu'elle était charmante ! Les pauvres enfants, comme ils se caressaient ! Pardi, c'est dommage qu'on les ait séparés. Je feignais de ne rien entendre, et je me laissais voir le moins qu'il m'était possible. Mon frère avait, à Saint-Denis, une chaise à deux, dans laquelle nous partîmes de grand matin, et nous arrivâmes chez nous le lendemain au soir. Il vit mon père avant moi, pour le prévenir en ma faveur en lui apprenant avec quelle douceur je m'étais laissé conduire, de sorte que j'en fus reçu moins durement que je ne m'y étais attendu. Il se contenta de me faire quelques reproches généraux sur la faute que j'avais

commise en m'absentant sans sa permission. Pour ce
qui regardait ma maîtresse, il me dit que j'avais bien
mérité ce qui venait de m'arriver, en me livrant à une
inconnue ; qu'il avait eu meilleure opinion de ma prudence ; mais qu'il espérait que cette petite aventure
me rendrait plus sage. Je ne pris ce discours que dans
le sens qui s'accordait avec mes idées. Je remerciai
mon père de la bonté qu'il avait de me pardonner, et
je lui promis de prendre une conduite plus soumise et
plus réglée. Je triomphais au fond du cœur, car de la
manière dont les choses s'arrangeaient, je ne doutais
point que je n'eusse la liberté de me dérober de la
maison, même avant la fin de la nuit.

On se mit à table pour souper ; on me railla sur ma
conquête d'Amiens, et sur ma fuite avec cette fidèle
maîtresse. Je reçus les coups de bonne grâce. J'étais
même charmé qu'il me fût permis de m'entretenir de
ce qui m'occupait continuellement l'esprit. Mais quelques mots lâchés par mon père me firent prêter
l'oreille avec la dernière attention : il parla de perfidie,
et de service intéressé, rendu par Monsieur B... [25]. Je
demeurai interdit en lui entendant prononcer ce nom,
et je le priai humblement de s'expliquer davantage. Il
se tourna vers mon frère, pour lui demander s'il ne
m'avait pas raconté toute l'histoire. Mon frère lui
répondit que je lui avais paru si tranquille sur la route,
qu'il n'avait pas cru que j'eusse besoin de ce remède
pour me guérir de ma folie. Je remarquai que mon
père balançait s'il achèverait de s'expliquer. Je l'en
suppliai si instamment, qu'il me satisfit, ou plutôt,
qu'il m'assassina cruellement par le plus horrible de
tous les récits.

Il me demanda d'abord si j'avais toujours eu la simplicité de croire que je fusse aimé de ma maîtresse. Je
lui dis hardiment que j'en étais si sûr, que rien ne
pouvait m'en donner la moindre défiance. Ha, ha, ha,
s'écria-t-il en riant de toute sa force, cela est excellent ! Tu es une jolie dupe, et j'aime à te voir dans ces
sentiments là. C'est grand dommage, mon pauvre
Chevalier, de te faire entrer dans l'ordre de Malte,

puisque tu as tant de disposition à faire un mari patient et commode. Il ajouta mille railleries de cette force, sur ce qu'il appelait ma sottise et ma crédulité. Enfin, comme je demeurais dans le silence, il continua de me dire que suivant le calcul qu'il pouvait faire du temps, depuis mon départ d'Amiens, Manon m'avait aimé environ douze jours : car, ajouta-t-il, je sais que tu partis d'Amiens le 28 de l'autre mois ; nous sommes au 29 du présent ; il y en a onze que Monsieur B... m'a écrit ; je suppose qu'il lui en ait fallu huit pour lier une parfaite connaissance avec ta maîtresse ; ainsi, qui ôte onze et huit de trente et un jours qu'il y a depuis le 28 d'un mois jusqu'au 29 de l'autre, reste douze, un peu plus ou moins. Là-dessus, les éclats de rire recommencèrent. J'écoutais tout avec un saisissement de cœur auquel j'appréhendais de ne pouvoir résister jusqu'à la fin de cette triste comédie. Tu sauras donc, reprit mon père, puisque tu l'ignores, que Monsieur B... a gagné le cœur de ta princesse ; car il se moque de moi, de prétendre me persuader que c'est par un zèle désintéressé pour mon service, qu'il a voulu te l'enlever. C'est bien d'un homme tel que lui, de qui d'ailleurs je ne suis pas connu, qu'il faut attendre des sentiments si nobles. Il a su d'elle que tu es mon fils ; et pour se délivrer de tes importunités, il m'a écrit le lieu de ta demeure et le désordre où tu vivais, en me faisant entendre qu'il fallait main-forte pour s'assurer de toi. Il s'est offert de me faciliter les moyens de te saisir au collet, et c'est par sa direction et celle de ta maîtresse même, que ton frère a trouvé le moment de te prendre sans vert [26]. Félicite-toi maintenant de la durée de ton triomphe. Tu sais vaincre assez rapidement, Chevalier, mais tu ne sais pas conserver tes conquêtes.

Je n'eus pas la force de soutenir plus longtemps un discours dont chaque mot m'avait percé le cœur. Je me levai de table, et je n'avais pas fait quatre pas pour sortir de la salle, que je tombai sur le plancher, sans sentiment et sans connaissance. On me les rappela par de prompts secours. J'ouvris les yeux pour verser un

torrent de pleurs, et la bouche pour proférer les
plaintes les plus tristes et les plus touchantes. Mon
père, qui m'a toujours aimé tendrement, s'employa
avec toute son affection pour me consoler. Je l'écoutais, mais sans l'entendre. Je me jetais à ses genoux ; je
le conjurai, en joignant les mains, de me laisser
retourner à Paris pour aller poignarder B... Non,
disais-je, il n'a pas gagné le cœur de Manon ; il lui a
fait violence ; il l'a séduite par un charme ou par un
poison ; il l'a peut-être forcée brutalement. Manon
m'aime. Ne le sais-je pas bien ? Il l'aura menacée, le
poignard à la main, pour la contraindre de m'abandonner. Que n'aura-t-il pas fait pour me ravir une si
charmante maîtresse ? O Dieux ! Dieux ! serait-il possible que Manon m'eût trahi et qu'elle eût cessé de
m'aimer !

Comme je parlais toujours de retourner promptement à Paris, et que je me levais même à tous
moments pour cela, mon père vit bien que dans le
transport où j'étais, rien ne serait capable de m'arrêter. Il me conduisit dans une chambre haute, où il
laissa deux domestiques avec moi pour me garder à
vue. Je ne me possédais point. J'aurais donné mille
vies, pour être seulement un quart d'heure à Paris. Je
compris que m'étant déclaré si ouvertement, on ne me
permettrait pas aisément de sortir de ma chambre. Je
mesurai des yeux la hauteur des fenêtres ; ne voyant
nulle possibilité de m'échapper par cette voie, je
m'adressai doucement à mes deux domestiques. Je
m'engageai, par mille serments, à faire un jour leur
fortune, s'ils voulaient consentir à mon évasion. Je les
pressai, je les caressai, je les menaçai ; mais cette tentative fut encore inutile.

Je perdis alors toute espérance. Je résolus de
mourir, et je me jetai sur un lit, avec le dessein de ne
le quitter qu'avec la vie. Je passai la nuit et le jour
suivant dans cette situation. Je refusai la nourriture
qu'on m'apporta le lendemain. Mon père vint me voir
l'après-midi. Il eut la bonté de flatter mes peines par
les plus douces consolations. Il m'ordonna si absolu-

ment de manger quelque chose, que je le fis par respect pour ses ordres. Quelques jours se passèrent,
pendant lesquels je ne pris rien qu'en sa présence et
pour lui obéir. Il continuait toujours de m'apporter les
raisons qui pouvaient me ramener au bon sens et
m'inspirer du mépris pour l'infidèle Manon. Il est certain que je ne l'estimais plus : comment aurais-je
estimé la plus volage et la plus perfide de toutes les
créatures ? Mais son image, les traits charmants que je
portais au fond du cœur, y subsistaient toujours. Je le
sentais bien [27]. Je puis mourir, disais-je ; je le devrais
même, après tant de honte et de douleur ; mais je
souffrirais mille morts sans pouvoir oublier l'ingrate
Manon.

Mon père était surpris de me voir toujours si fortement touché. Il me connaissait des principes d'honneur ; et ne pouvant douter que sa trahison ne me la
fît mépriser, il s'imagina que ma constance venait
moins de cette passion en particulier, que d'un penchant général pour les femmes. Il s'attacha tellement à
cette pensée, que ne consultant que sa tendre affection, il vint un jour m'en faire l'ouverture. Chevalier,
me dit-il, j'ai eu dessein, jusqu'à présent, de te faire
porter la croix de Malte ; mais je vois que tes inclinations ne sont point tournées de ce côté-là. Tu aimes
les jolies femmes. Je suis d'avis de t'en chercher une
qui te plaise. Explique-moi naturellement ce que tu
penses là-dessus. Je lui répondis que je ne mettais plus
de distinction entre les femmes, et qu'après le malheur
qui venait de m'arriver, je les détestais toutes également. Je t'en chercherai une, reprit mon père en sou-
riant, qui ressemblera à Manon, et qui sera plus fidèle.
Ah ! si vous avez quelque bonté pour moi, lui dis-je,
c'est elle qu'il faut me rendre. Soyez sûr, mon cher
père, qu'elle ne m'a point trahie ; elle n'est pas
capable d'une si noire et si cruelle lâcheté. C'est le
perfide B... qui nous trompe, vous, elle et moi. Si vous
saviez combien elle est tendre et sincère, si vous la
connaissiez, vous l'aimeriez vous-même. Vous êtes un
enfant, repartit mon père. Comment pouvez-vous

vous aveugler jusqu'à ce point, après ce que je vous ai
raconté d'elle ? C'est elle-même qui vous a livré à
votre frère. Vous devriez oublier jusqu'à son nom, et
profiter, si vous êtes sage, de l'indulgence que j'ai
pour vous. Je reconnaissais trop clairement qu'il avait
raison. C'était un mouvement involontaire qui me faisait prendre ainsi le parti de mon infidèle. Hélas !
repris-je, après un moment de silence, il n'est que trop
vrai que je suis le malheureux objet de la plus lâche de
toutes les perfidies. Oui, continuai-je, en versant des
larmes de dépit, je vois bien que je ne suis qu'un
enfant. Ma crédulité ne leur coûtait guère à tromper.
Mais je sais bien ce que j'ai à faire pour me venger.
Mon père voulut savoir quel était mon dessein. J'irai à
Paris, lui dis-je, je mettrai le feu à la maison de B..., et
je le brûlerai tout vif avec la perfide Manon. Cet
emportement fit rire mon père, et ne servit qu'à me
faire garder plus étroitement dans ma prison.

J'y passai six mois entiers, pendant le premier desquels il y eut peu de changement dans mes dispositions. Tous mes sentiments n'étaient qu'une alternative perpétuelle de haine et d'amour, d'espérance ou
de désespoir, selon l'idée sous laquelle Manon s'offrait
à mon esprit. Tantôt je ne considérais en elle que la
plus aimable de toutes les filles, et je languissais du
désir de la revoir ; tantôt je n'y apercevais qu'une
lâche et perfide maîtresse, et je faisais mille serments
de ne la chercher que pour la punir. On me donna des
livres, qui servirent à rendre un peu de tranquillité à
mon âme. Je relus tous mes auteurs. J'acquis de nouvelles connaissances. Je repris un goût infini pour
l'étude. Vous verrez de quelle utilité il me fut dans la
suite. Les lumières que je devais à l'amour me firent
trouver de la clarté dans quantité d'endroits d'Horace
et de Virgile, qui m'avaient paru obscurs auparavant.
Je fis un commentaire amoureux sur le quatrième
Livre de l'*Enéide* [28] ; je le destine à voir le jour, et je
me flatte que le public en sera satisfait. Hélas !
disais-je en le faisant, c'était un cœur tel que le mien
qu'il fallait à la fidèle Didon.

Tiberge vint me voir un jour dans ma prison. Je fus surpris du transport avec lequel il m'embrassa. Je n'avais point encore eu de preuves de son affection, qui pussent me la faire regarder autrement que comme une simple amitié de collège, telle qu'elle se forme entre deux jeunes gens qui sont à peu près du même âge. Je le trouvai si changé et si formé, depuis cinq ou six mois que j'avais passés sans le voir, que sa figure et le ton de son discours m'inspirèrent du respect. Il me parla en conseiller sage, plutôt qu'en ami d'école. Il plaignit l'égarement où j'étais tombé. Il me félicita de ma guérison, qu'il croyait avancée ; enfin il m'exhorta à profiter de cette erreur de jeunesse, pour ouvrir les yeux sur la vanité des plaisirs. Je le regardai avec étonnement. Il s'en aperçut. Mon cher Chevalier, me dit-il, je ne vous dis rien qui ne soit solidement vrai, et dont je ne me sois convaincu par un sérieux examen. J'avais autant de penchant que vous vers la volupté ; mais le Ciel m'avait donné, en même temps, du goût pour la vertu. Je me suis servi de ma raison pour comparer les fruits de l'une et de l'autre et je n'ai pas tardé longtemps à découvrir leurs différences. Le secours du Ciel s'est joint à mes réflexions. J'ai conçu pour le monde un mépris auquel il n'y a rien d'égal [29]. Devineriez-vous ce qui m'y retient, ajouta-t-il, et ce qui m'empêche de courir à la solitude ? C'est uniquement la tendre amitié que j'ai pour vous. Je connais l'excellence de votre cœur et de votre esprit ; il n'y a rien de bon dont vous ne puissiez vous rendre capable. Le poison du plaisir vous a fait écarter du chemin. Quelle perte pour la vertu ! Votre fuite d'Amiens m'a causé tant de douleur, que je n'ai pas goûté, depuis, un seul moment de satisfaction. Jugez-en par les démarches qu'elle m'a fait faire. Il me raconta qu'après s'être aperçu que je l'avais trompé, et que j'étais parti avec ma maîtresse, il était monté à cheval pour me suivre ; mais qu'ayant sur lui quatre ou cinq heures d'avance, il lui avait été impossible de me joindre ; qu'il était arrivé néanmoins à Saint-Denis une demi-heure après mon départ ; qu'étant bien certain que je me serais arrêté à Paris, il y avait passé six semaines à me chercher inutilement ; qu'il allait dans tous les lieux où il se flattait de pouvoir me trouver, et qu'un jour enfin il avait reconnu ma maîtresse à la Comédie ; qu'elle y était dans une parure si éclatante qu'il s'était imaginé qu'elle devait cette fortune à un nouvel amant ; qu'il avait suivi son carrosse jusqu'à sa maison, et qu'il avait appris d'un domestique qu'elle était entretenue par les libéralités de Monsieur B... Je ne m'arrêtai point là, continua-t-il. J'y retournai le lendemain, pour apprendre d'elle-même ce que vous étiez devenu ; elle me quitta brusquement, lorsqu'elle m'entendit parler de vous, et je fus obligé de revenir en province sans aucun autre éclaircissement. J'y appris votre aventure et la consternation extrême qu'elle vous a causée ; mais je n'ai pas voulu vous voir, sans être assuré de vous trouver plus tranquille.

Vous avez donc vu Manon, lui répondis-je en soupirant. Hélas ! vous êtes plus heureux que moi, qui suis condamné à ne la revoir jamais. Il me fit des reproches de ce soupir, qui marquait encore de la faiblesse pour elle. Il me flatta si adroitement sur la bonté de mon caractère et sur mes inclinations, qu'il me fit naître dès cette première visite, une forte envie de renoncer comme lui à tous les plaisirs du siècle pour entrer dans l'état ecclésiastique.

Je goûtai tellement cette idée, que lorsque je me trouvai seul, je ne m'occupai plus d'autre chose. Je me rappelai les discours de M. l'Evêque d'Amiens, qui m'avait donné le même conseil, et les présages heureux qu'il avait formés en ma faveur, s'il m'arrivait d'embrasser ce parti. La piété se mêla aussi dans mes considérations. Je mènerai une vie sage et chrétienne, disais-je ; je m'occuperai de l'étude et de la religion, qui ne me permettront point de penser aux dangereux plaisirs de l'amour. Je mépriserai ce que le commun des hommes admire ; et comme je sens assez que mon cœur ne désirera que ce qu'il estime, j'aurai aussi peu d'inquiétudes que de désirs. Je formai là-dessus, d'avance, un système de vie paisible et solitaire. J'y faisais entrer une maison écartée, avec un petit bois et un ruisseau d'eau douce au bout du jardin, une bibliothèque composée de livres choisis, un petit nombre d'amis vertueux et de bon sens, une table propre, mais frugale et modérée. J'y joignais un commerce de lettres avec un ami qui ferait son séjour à Paris, et qui m'informerait des nouvelles publiques, moins pour satisfaire ma curiosité que pour me faire un divertissement des folles agitations des hommes [30]. Ne serai-je pas heureux ? ajoutais-je ; toutes mes prétentions ne seront-elles point remplies ? Il est certain que ce projet flattait extrêmement mes inclinations. Mais, à la fin d'un si sage arrangement, je sentais que mon cœur attendait encore quelque chose ; et que pour n'avoir rien à désirer dans la plus charmante solitude, il y fallait être avec Manon.

Cependant, Tiberge continuant de me rendre de fréquentes visites, dans le dessein qu'il m'avait inspiré, je pris l'occasion d'en faire l'ouverture à mon père. Il me déclara que son intention était de laisser ses enfants libres dans le choix de leur condition et que, de quelque manière que je voulusse disposer de moi, il ne se réserverait que le droit de m'aider de ses conseils. Il m'en donna de fort sages, qui tendaient moins à me dégoûter de mon projet, qu'à me le faire embrasser avec connaissance. Le renouvellement de l'année scolastique approchait. Je convins avec Tiberge de nous mettre ensemble au séminaire de Saint-Sulpice [31], lui pour achever ses études de théologie, et moi pour commencer les miennes. Son mérite, qui était connu de l'évêque du diocèse, lui fit obtenir de ce prélat un bénéfice considérable avant notre départ.

Mon père, me croyant tout à fait revenu de ma passion, ne fit aucune difficulté de me laisser partir. Nous arrivâmes à Paris. L'habit ecclésiastique prit la place de la croix de Malte, et le nom d'Abbé Des Grieux celle de Chevalier. Je m'attachai à l'étude avec tant d'application, que je fis des progrès extraordinaires en peu de mois. J'y employais une partie de la nuit, et je ne perdais pas un moment du jour. Ma réputation eut tant d'éclat, qu'on me félicitait déjà sur les dignités que je ne pouvais manquer d'obtenir ; et sans l'avoir sollicité, mon nom fut couché sur la feuille des bénéfices. La piété n'était pas plus négligée ; j'avais de la ferveur pour tous les exercices. Tiberge était charmé de ce qu'il regardait comme son ouvrage, et je l'ai vu plusieurs fois répandre des larmes, en s'applaudissant de ce qu'il nommait ma conversion. Que les résolutions humaines soient sujettes à changer, c'est ce qui ne m'a jamais causé d'étonnement ; une passion les fait naître, une autre passion peut les détruire ; mais quand je pense à la sainteté de celles qui m'avaient conduit à Saint-Sulpice, et à la joie intérieure que le Ciel m'y faisait goûter en les exécutant, je suis effrayé de la facilité avec laquelle j'ai pu les rompre. S'il est vrai que les secours célestes sont à tous moments d'une force égale à celle des passions, qu'on m'explique donc par quel funeste ascendant on se trouve emporté tout d'un coup loin de son devoir, sans se trouver capable de la moindre résistance et sans ressentir le moindre remords. Je me croyais absolument délivré des faiblesses de l'amour. Il me semblait que j'aurais préféré la lecture d'une page de saint Augustin, ou un quart d'heure de méditation chrétienne [32] à tous les plaisirs des sens ; sans excepter ceux qui m'auraient été offerts par Manon. Cependant un instant malheureux me fit retomber dans le précipice ; et ma chute fut d'autant plus irréparable, que me trouvant tout d'un coup au même degré de profondeur d'où j'étais sorti, les nouveaux désordres où je tombai me portèrent bien plus loin vers le fond de l'abîme.

J'avais passé près d'un an à Paris, sans m'informer des affaires de Manon. Il m'en avait d'abord coûté beaucoup pour me faire cette violence ; mais les conseils toujours présents de Tiberge, et mes propres réflexions, m'avaient fait obtenir la victoire. Les derniers mois s'étaient écoulés si tranquillement que je me croyais sur le point d'oublier éternellement cette charmante et perfide créature. Le temps arriva auquel je devais soutenir un exercice public dans l'Ecole de Théologie [33] ; je fis prier plusieurs personnes de considération de m'honorer de leur présence. Mon nom fut ainsi répandu dans tous les quartiers de Paris ; il alla jusqu'aux oreilles de mon infidèle. Elle ne le reconnut pas avec certitude, sous le titre d'abbé ; mais un reste de curiosité, ou peut-être quelque repentir de m'avoir trahi (je n'ai jamais pu démêler lequel de ces deux sentiments), lui fit prendre intérêt à un nom si semblable au mien ; elle vint en Sorbonne avec quelques autres dames. Elle fut présente à mon exercice, et sans doute qu'elle eut peu de peine à me remettre.

Je n'eus pas la moindre connaissance de cette visite. On sait qu'il y a, dans ces lieux, des cabinets particuliers pour les dames, où elles sont cachées derrière une jalousie. Je retournai à Saint-Sulpice, couvert de gloire et chargé de compliments. Il était six heures du soir. On vint m'avertir, un moment après mon retour, qu'une dame demandait à me voir. J'allai au parloir sur-le-champ. Dieux ! quelle apparition surprenante ! j'y trouvai Manon. C'était elle, mais plus aimable et plus brillante que je ne l'avais jamais vue. Elle était dans sa dix-huitième année. Ses charmes surpassaient tout ce qu'on peut décrire. C'était un air si fin, si doux, si engageant ! l'air de l'Amour même. Toute sa figure me parut un enchantement.

Je demeurai interdit à sa vue ; et ne pouvant conjecturer quel était le dessein de cette visite, j'attendais, les yeux baissés et avec tremblement, qu'elle s'expliquât. Son embarras fut pendant quelque temps égal au mien ; mais voyant que mon silence continuait, elle mit la main devant ses yeux, pour cacher quelques larmes. Elle me dit, d'un ton timide, qu'elle confessait que son infidélité méritait ma haine ; mais que s'il était vrai que j'eusse jamais eu quelque tendresse pour elle, il y avait eu, aussi, bien de la dureté à laisser passer deux ans [34] sans prendre soin de m'informer de son sort, et qu'il y en avait beaucoup encore à la voir dans l'état où elle était en ma présence, sans lui dire

H. Gravelot inv.                    P. Le Bas sc.

une parole. Le désordre de mon âme, en l'écoutant, ne saurait être exprimé.

Elle s'assit. Je demeurai debout, le corps à demi tourné, n'osant l'envisager directement. Je commençai plusieurs fois une réponse, que je n'eus pas la force d'achever. Enfin, je fis un effort pour m'écrier douloureusement : Perfide Manon ! Ah ! perfide ! perfide ! Elle me répéta, en pleurant à chaudes larmes, qu'elle ne prétendait point justifier sa perfidie. Que prétendez-vous donc ? m'écriai-je encore. Je prétends mourir, répondit-elle, si vous ne me rendez votre cœur, sans lequel il est impossible que je vive. Demande donc ma vie, infidèle ! repris-je en versant moi-même des pleurs, que je m'efforçai en vain de retenir ; demande ma vie, qui est l'unique chose qui me reste à te sacrifier ; car mon cœur n'a jamais cessé d'être à toi. A peine eus-je achevé ces derniers mots, qu'elle se leva avec transport, pour venir m'embrasser. Elle m'accabla de mille caresses passionnées. Elle m'appela par tous les noms que l'amour invente pour exprimer ses plus vives tendresses. Je n'y répondais encore qu'avec langueur. Quel passage, en effet, de la situation tranquille où j'avais été, aux mouvements tumultueux que je sentais renaître ! J'en étais épouvanté. Je frémissais, comme il arrive lorsqu'on se trouve la nuit dans une campagne écartée : on se croit transporté dans un nouvel ordre de choses ; on y est saisi d'une horreur secrète, dont on ne se remet qu'après avoir considéré longtemps tous les environs.

Nous nous assîmes, l'un près de l'autre. Je pris ses mains dans les miennes. Ah ! Manon, lui dis-je en la regardant d'un œil triste, je ne m'étais pas attendu à la noire trahison dont vous avez payé mon amour. Il vous était bien facile de tromper un cœur dont vous étiez la souveraine absolue, et qui mettait toute sa félicité à vous plaire et à vous obéir. Dites-moi maintenant si vous en avez trouvé d'aussi tendres et d'aussi soumis. Non, non, la Nature n'en fait guère de la même trempe que le mien. Dites-moi du moins si vous l'avez quelquefois regretté. Quel fond dois-je faire sur ce retour de bonté qui vous ramène aujourd'hui pour le consoler ? Je ne vois que trop que vous êtes plus charmante que jamais ; mais au nom de toutes les peines que j'ai souffertes pour vous, belle Manon, dites-moi si vous serez plus fidèle.

Elle me répondit des choses si touchantes sur son repentir, et elle s'engagea à la fidélité par tant de protestations et de serments, qu'elle m'attendrit à un degré inexprimable. Chère Manon ! lui dis-je, avec un mélange profane d'expressions amoureuses et théologiques, tu es trop adorable pour une créature. Je me sens le cœur emporté par une délectation victorieuse [35]. Tout ce qu'on dit de la liberté, à Saint-Sulpice, est une chimère. Je vais perdre ma fortune et ma réputation pour toi, je le prévois bien ; je lis ma destinée dans tes beaux yeux ; mais de quelles pertes ne serai-je pas consolé par ton amour ! Les faveurs de la fortune ne me touchent point ; la gloire me paraît une fumée ; tous mes projets de vie ecclésiastique étaient de folles imaginations ; enfin tous les biens différents de ceux que j'espère avec toi sont des biens méprisables, puisqu'ils ne sauraient tenir un moment, dans mon cœur, contre un seul de tes regards.

En lui promettant néanmoins un oubli général de ses fautes, je voulus être informé de quelle manière elle s'était laissé séduire par B... Elle m'apprit que, l'ayant vue à sa fenêtre, il était devenu passionné pour elle ; qu'il avait fait sa déclaration en fermier général, c'est-à-dire en lui marquant dans une lettre que le paiement serait proportionné aux faveurs ; qu'elle avait capitulé d'abord, mais sans autre dessein que de tirer de lui quelque somme considérable, qui pût servir à nous faire vivre commodément ; qu'il l'avait éblouie par de si magnifiques promesses, qu'elle s'était laissé ébranler par degrés ; que je devais juger pourtant de ses remords par la douleur dont elle m'avait laissé voir des témoignages, la veille de notre séparation ; que malgré l'opulence dans laquelle il l'avait entretenue, elle n'avait jamais goûté de bonheur avec lui, non seulement parce qu'elle n'y trouvait point, me dit-elle, la délicatesse de mes sentiments et l'agrément de mes manières ; mais parce qu'au milieu même des plaisirs qu'il lui procurait sans cesse, elle portait au fond du cœur le souvenir de mon amour et le remords de son infidélité. Elle me parla de Tiberge et de la confusion extrême que sa visite lui avait causée. Un coup d'épée dans le cœur, ajouta-t-elle, m'aurait moins ému le sang. Je lui tournai le dos, sans pouvoir soutenir un moment sa présence. Elle continua de me raconter par quels moyens elle avait été instruite de mon séjour à Paris, du changement de ma condition, et de mes exercices de Sorbonne. Elle m'assura qu'elle avait été si agitée pendant la dispute, qu'elle avait eu beaucoup de peine, non seulement à retenir ses larmes, mais ses gémissements mêmes et ses cris, qui avaient été plus d'une fois sur le point d'éclater. Enfin, elle me dit qu'elle était sortie de ce lieu la dernière, pour cacher son désordre, et que ne suivant que le mouvement de son cœur et l'impétuosité de ses désirs, elle était venue droit au séminaire, avec la résolution d'y mourir, si elle ne me trouvait pas disposé à lui pardonner.

Où trouver un barbare qu'un repentir si vif et si tendre n'eût pas touché ? Pour moi, je sentis dans ce moment que j'aurais sacrifié pour Manon tous les évêchés du monde chrétien. Je lui demandai quel nouvel ordre elle jugeait à propos de mettre dans nos affaires. Elle me dit qu'il fallait sur-le-champ sortir du séminaire, et remettre à nous arranger dans un lieu plus sûr. Je consentis à toutes ses volontés sans réplique. Elle entra dans son carrosse, pour aller m'attendre au coin de la rue. Je m'échappai un moment après, sans être aperçu du portier. Je montai avec elle. Nous passâmes à la friperie. Je repris les galons et l'épée. Manon fournit aux frais, car j'étais sans un sou ; et dans la crainte que je ne trouvasse de l'obstacle à ma sortie de Saint-Sulpice, elle n'avait pas voulu que je retournasse un moment à ma chambre pour y prendre mon argent. Mon trésor d'ailleurs était médiocre, et elle assez riche des libéralités de B... pour mépriser ce qu'elle me faisait abandonner. Nous conférâmes, chez le fripier même, sur le parti que nous allions prendre. Pour me faire valoir davantage le sacrifice qu'elle me faisait de B..., elle résolut de ne pas garder avec lui le moindre ménagement. Je veux lui laisser ses meubles, dit-elle, ils sont à lui ; mais j'emporterai, comme de justice, les bijoux et près de soixante mille francs que j'ai tirés de lui depuis deux ans. Je ne lui ai donné nul pouvoir sur moi, ajouta-t-elle ; ainsi nous pouvons demeurer sans crainte à Paris, en prenant une maison commode, où nous vivrons heureusement. Je lui représentai que, s'il n'y avait point de péril pour elle, il y en avait beaucoup pour moi, qui ne manquerais point tôt ou tard d'être reconnu, et qui serais continuellement exposé au malheur que j'avais déjà essuyé. Elle me fit entendre qu'elle aurait du regret à quitter Paris. Je craignais tant de la chagriner, qu'il n'y avait point de hasards que je ne méprisasse pour lui plaire ; cependant nous trouvâmes un tempérament raisonnable, qui fut de louer une maison dans quelque village voisin de Paris, d'où il nous serait aisé d'aller à la ville, lorsque le plaisir ou le besoin nous y appellerait. Nous choisîmes Chaillot, qui n'en est pas éloigné. Manon retourna sur-le-champ chez elle. J'allai l'attendre à la petite porte du jardin des Tuileries. Elle revint une heure après, dans un carrosse de louage, avec une fille qui la servait, et quelques malles où ses habits et tout ce qu'elle avait de précieux était renfermé.

Nous ne tardâmes point à gagner Chaillot. Nous logeâmes la première nuit à l'auberge, pour nous donner le temps de chercher une maison, ou du moins un appartement commode. Nous en trouvâmes, dès le lendemain, un de notre goût.

Mon bonheur me parut d'abord établi d'une manière inébranlable. Manon était la douceur et la complaisance même. Elle avait pour moi des attentions si délicates, que je me crus trop parfaitement dédommagé de toutes mes peines. Comme nous avions acquis tous deux un peu d'expérience, nous raisonnâmes sur la solidité de notre fortune.

Soixante mille francs, qui faisaient le fond de nos
richesses, n'étaient pas une somme qui pût s'étendre
autant que le cours d'une longue vie. Nous n'étions
pas disposés d'ailleurs à resserrer trop notre dépense.
La première vertu de Manon, non plus que la mienne,
n'était pas l'économie. Voici le plan que je me proposai : Soixante-mille francs, lui dis-je, peuvent nous
soutenir pendant dix ans. Deux mille écus nous suffi-
ront chaque année, si nous continuons de vivre à
Chaillot. Nous y mènerons une vie honnête, mais
simple. Notre unique dépense sera pour l'entretien
d'un carrosse, et pour les spectacles. Nous nous régle-
rons. Vous aimez l'opéra : nous irons deux fois la
semaine. Pour le jeu, nous nous bornerons tellement
que nos pertes ne passeront jamais deux pistoles [36]. Il
est impossible que dans l'espace de dix ans, il n'arrive
point de changement dans ma famille ; mon père est
âgé, il peut mourir. Je me trouverai du bien, et nous
serons alors au-dessus de toutes nos autres craintes.

Cet arrangement n'eût pas été la plus folle action de
ma vie, si nous eussions été assez sages pour nous y
assujettir constamment. Mais nos résolutions ne durè-
rent guère plus d'un mois. Manon était passionnée
pour le plaisir. Je l'étais pour elle. Il nous naissait, à
tous moments, de nouvelles occasions de dépense ; et
loin de regretter les sommes qu'elle employait quelquefois avec profusion, je fus le premier à lui procurer
tout ce que je croyais propre à lui plaire. Notre
demeure de Chaillot commença même à lui devenir à
charge. L'hiver approchait ; tout le monde retournait à
la ville, et la campagne devenait déserte [37]. Elle me
proposa de reprendre une maison à Paris. Je n'y
consentis point ; mais pour la satisfaire en quelque
chose, je lui dis que nous pouvions y louer un appartement meublé, et que nous y passerions la nuit
lorsqu'il nous arriverait de quitter trop tard l'assemblée [38] où nous allions plusieurs fois la semaine ; car
l'incommodité de revenir si tard à Chaillot était le
prétexte qu'elle apportait pour le vouloir quitter. Nous
nous donnâmes ainsi deux logements, l'un à la ville, et

l'autre à la campagne. Ce changement mit bientôt le
dernier désordre dans nos affaires, en faisant naître
deux aventures qui causèrent notre ruine.

Manon avait un frère, qui était garde du corps [39]. Il
se trouva malheureusement logé, à Paris, dans la
même rue que nous. Il reconnut sa sœur, en la voyant
le matin à sa fenêtre. Il accourut aussitôt chez nous.
C'était un homme brutal, et sans principes d'honneur.
Il entra dans notre chambre en jurant horriblement ;
et comme il savait une partie des aventures de sa
sœur, il l'accabla d'injures et de reproches. J'étais sorti
un moment auparavant, ce qui fut sans doute un bonheur pour lui ou pour moi, qui n'étais rien moins que
disposé à souffrir une insulte. Je ne retournai au logis
qu'après son départ. La tristesse de Manon me fit
juger qu'il s'était passé quelque chose d'extraordinaire. Elle me raconta la scène fâcheuse qu'elle venait
d'essuyer, et les menaces brutales de son frère. J'en
eus tant de ressentiment, que j'eusse couru sur-le-
champ à la vengeance si elle ne m'eût arrêté par ses
larmes. Pendant que je m'entretenais avec elle de cette
aventure, le garde du corps rentra dans la chambre où
nous étions, sans s'être fait annoncer. Je ne l'aurais
pas reçu aussi civilement que je fis, si je l'eusse
connu ; mais nous ayant salués d'un air riant, il eut le
temps de dire à Manon qu'il venait lui faire des
excuses de son emportement ; qu'il l'avait crue dans le
désordre, et que cette opinion avait allumé sa colère ;
mais que s'étant informé qui j'étais, d'un de nos
domestiques, il avait appris de moi des choses si avan-
tageuses, qu'elles lui faisaient désirer de bien vivre
avec nous. Quoique cette information, qui lui venait
d'un de mes laquais, eût quelque chose de bizarre et
de choquant, je reçus son compliment avec honnêteté.
Je crus faire plaisir à Manon. Elle paraissait charmée
de le voir porté à se réconcilier. Nous le retînmes à
dîner. Il se rendit en peu de moments si familier, que
nous ayant entendus parler de notre retour à Chaillot,
il voulut absolument nous tenir compagnie. Il fallut lui
donner une place dans notre carrosse. Ce fut une prise

de possession, car il s'accoutuma bientôt à nous voir
avec tant de plaisir, qu'il fit sa maison de la nôtre et
qu'il se rendit le maître, en quelque sorte, de tout ce
qui nous appartenait. Il m'appelait son frère ; et sous
prétexte de la liberté fraternelle, il se mit sur le pied
d'amener tous ses amis dans notre maison de Chaillot,
et de les y traiter à nos dépens. Il se fit habiller magnifiquement à nos frais. Il nous engagea même à payer
toutes ses dettes. Je fermais les yeux sur cette tyrannie,
pour ne pas déplaire à Manon ; jusqu'à feindre de ne
pas m'apercevoir qu'il tirait d'elle, de temps en temps,
des sommes considérables. Il est vrai qu'étant grand
joueur, il avait la fidélité de lui en remettre une partie
lorsque la fortune le favorisait ; mais la nôtre était trop
médiocre pour fournir longtemps à des dépenses si
peu modérées. J'étais sur le point de m'expliquer fortement avec lui, pour nous délivrer de ses importunités, lorsqu'un funeste accident m'épargna cette
peine, en nous en causant une autre qui nous abîma
sans ressource.

Nous étions demeurés un jour à Paris, pour y coucher, comme il nous arrivait fort souvent. La servante,
qui restait seule à Chaillot dans ces occasions, vint
m'avertir le matin que le feu avait pris pendant la nuit
dans ma maison, et qu'on avait eu beaucoup de difficulté à l'éteindre. Je lui demandai si nos meubles
avaient souffert quelque dommage ; elle me répondit
qu'il y avait eu une si grande confusion, causée par la
multitude d'étrangers qui étaient venus au secours,
qu'elle ne pouvait être assurée de rien. Je tremblai
pour notre argent, qui était renfermé dans une petite
caisse. Je me rendis promptement à Chaillot. Diligence inutile, la caisse avait disparu. J'éprouvai alors
qu'on peut aimer l'argent sans être avare. Cette perte
me pénétra d'une si vive douleur, que j'en pensai
perdre la raison. Je compris tout d'un coup à quels
nouveaux malheurs j'allais me trouver exposé ; l'indigence était le moindre. Je connaissais Manon ; je
n'avais déjà que trop éprouvé que quelque fidèle et
quelque attachée qu'elle me fût dans la bonne fortune,

il ne fallait pas compter sur elle dans la misère. Elle aimait trop l'abondance et les plaisirs pour me les sacrifier. Je la perdrai, m'écriai-je. Malheureux Chevalier ! tu vas donc perdre encore tout ce que tu aimes ! Cette pensée me jeta dans un trouble si affreux, que je balançai, pendant quelques moments, si je ne ferais pas mieux de finir tous mes maux par la mort. Cependant je conservai assez de présence d'esprit pour vouloir examiner auparavant s'il ne me restait nulle ressource. Le Ciel me fit naître une idée, qui arrêta mon désespoir. Je crus qu'il ne me serait pas impossible de cacher notre perte à Manon, et que par industrie, ou par quelque faveur du hasard, je pourrais fournir assez honnêtement à son entretien, pour l'empêcher de sentir la nécessité. J'ai compté, disais-je pour me consoler, que vingt mille écus nous suffiraient pendant dix ans : supposons que les dix ans soient écoulés, et que nul des changements que j'espérais ne soit arrivé dans ma famille. Quel parti prendrais-je ? Je ne le sais pas trop bien, mais ce que je ferais alors, qui m'empêche de le faire aujourd'hui ? Combien de personnes vivent à Paris, qui n'ont ni mon esprit, ni mes qualités naturelles, et qui doivent néanmoins leur entretien à leurs talents, tels qu'ils les ont ! La Providence, ajoutais-je, en réfléchissant sur les différents états de la vie, n'a-t-elle pas arrangé les choses fort sagement ? La plupart des grands et des riches sont des sots : cela est clair à qui connaît un peu le monde. Or il y a là-dedans une justice admirable. S'ils joignaient l'esprit aux richesses, ils seraient trop heureux, et le reste des hommes trop misérable. Les qualités du corps et de l'âme sont accordées à ceux-ci, comme des moyens pour se tirer de la misère et de la pauvreté. Les uns prennent part aux richesses des grands, en servant à leurs plaisirs ; ils en font des dupes ; d'autres servent à leur instruction, ils tâchent d'en faire d'honnêtes gens ; il est rare, à la vérité, qu'ils y réussissent, mais ce n'est pas là le but de la divine Sagesse [40] : ils tirent toujours un fruit de leurs soins, qui est de vivre aux dépens de ceux qu'ils instruisent ; et de quelque façon qu'on le prenne, c'est un fond excellent de revenu pour les petits, que la sottise des riches et des grands.

Ces pensées me remirent un peu le cœur et la tête. Je résolus d'abord d'aller consulter M. Lescaut, frère de Manon. Il connaissait parfaitement Paris ; et je n'avais eu que trop d'occasions de reconnaître que ce n'était ni de son bien, ni de la paye du roi qu'il tirait son plus clair revenu. Il me restait à peine vingt pistoles, qui s'étaient trouvées heureusement dans ma poche. Je lui montrai ma bourse, en lui expliquant mon malheur et mes craintes ; et je lui demandai s'il y avait pour moi un parti à choisir, entre celui de mourir de faim, ou de me casser la tête de désespoir. Il me répondit que se casser la tête était la ressource des sots ; pour mourir de faim, qu'il y avait quantité de gens d'esprit qui s'y voyaient réduits, quand ils ne voulaient pas faire usage de leurs talents ; que c'était à moi d'examiner de quoi j'étais capable ; qu'il m'assurait de son secours et de ses conseils, dans toutes mes entreprises.

Cela est bien vague, M. Lescaut, lui dis-je ; mes besoins demanderaient un remède plus présent ; car que voulez-vous que je dise à Manon ? A propos de Manon, reprit-il, qu'est-ce qui vous embarrasse ? N'avez-vous pas toujours avec elle, de quoi finir vos inquiétudes quand vous le voudrez ? Une fille comme elle devrait nous entretenir, vous, elle et moi. Il me coupa la réponse que cette impertinence méritait, pour continuer de me dire qu'il me garantissait avant le soir mille écus à partager entre nous, si je voulais suivre son conseil ; qu'il connaissait un seigneur, si libéral sur le chapitre des plaisirs, qu'il était sûr que mille écus ne lui coûteraient rien pour obtenir les faveurs d'une fille telle que Manon. Je l'arrêtai. J'avais meilleure opinion de vous, lui répondis-je ; je m'étais figuré que le motif que vous aviez eu pour m'accorder votre amitié, était un sentiment tout opposé à celui où vous êtes maintenant. Il me confessa impudemment qu'il avait toujours pensé de même, et que sa sœur ayant une fois violé les lois de son sexe, quoique en faveur de l'homme qu'il aimait le plus, il ne s'était

réconcilié avec elle que dans l'espérance de tirer parti
de sa mauvaise conduite. Il me fut aisé de juger que
jusqu'alors, nous avions été ses dupes. Quelque émotion néanmoins que ce discours m'eût causée, le
besoin que j'avais de lui m'obligea de répondre en
riant, que son conseil était une dernière ressource,
qu'il fallait remettre à l'extrémité. Je le priai de
m'ouvrir quelque autre voie. Il me proposa de profiter
de ma jeunesse et de la figure avantageuse que j'avais
reçue de la nature, pour me mettre en liaison avec
quelque dame vieille et libérale. Je ne goûtai pas non
plus ce parti, qui m'aurait rendu infidèle à Manon ; je
lui parlai du jeu, comme du moyen le plus facile, et le
plus convenable à ma situation. Il me dit que le jeu, à
la vérité, était une ressource ; mais que cela demandait
d'être expliqué ; qu'entreprendre de jouer simplement, avec les espérances communes, c'était le vrai
moyen d'achever ma perte ; que de prétendre exercer
seul, et sans être soutenu, les petits moyens qu'un
habile homme emploie pour corriger la fortune, était
un métier trop dangereux ; qu'il y avait une troisième
voie, qui était celle de l'Association, mais que ma jeunesse lui faisait craindre que Messieurs les Confédérés
ne me jugeassent point encore les qualités propres à la
Ligue [41]. Il me promit néanmoins ses bons offices
auprès d'eux ; et ce que je n'aurais pas attendu de lui,
il m'offrit quelque argent, lorsque je me trouverais
pressé du besoin. L'unique grâce que je lui demandai,
dans les circonstances, fut de ne rien apprendre à
Manon de la perte que j'avais faite, et du sujet de
notre conversation.

Je sortis de chez lui, moins satisfait encore que je
n'y étais entré. Je me repentis même de lui avoir
confié mon secret. Il n'avait rien fait, pour moi, que je
n'eusse pu obtenir de même sans cette ouverture, et je
craignais mortellement qu'il ne manquât à la promesse qu'il m'avait faite de ne rien découvrir à
Manon. J'avais lieu d'appréhender aussi, par la déclaration de ses sentiments, qu'il ne formât le dessein de
tirer parti d'elle, suivant ses propres termes, en l'enle-

vant de mes mains ; ou du moins, en lui conseillant de
me quitter, pour s'attacher à quelque amant plus riche
et plus heureux. Je fis là-dessus mille réflexions, qui
n'aboutirent qu'à me tourmenter et à renouveler le
désespoir où j'avais été le matin. Il me vint plusieurs
fois à l'esprit d'écrire à mon père, et de feindre une
nouvelle conversion, pour obtenir de lui quelque
secours d'argent ; mais je me rappelai aussitôt que
malgré toute sa bonté, il m'avait resserré six mois dans
une étroite prison, pour ma première faute ; j'étais
bien sûr qu'après un éclat tel que l'avait dû causer ma
fuite de Saint-Sulpice, il me traiterait beaucoup plus
rigoureusement. Enfin, cette confusion de pensées en
produisit une qui remit le calme tout d'un coup dans
mon esprit, et que je m'étonnai de n'avoir pas eue
plus tôt. Ce fut de recourir à mon ami Tiberge, dans
lequel j'étais bien certain de retrouver toujours le
même fond de zèle et d'amitié. Rien n'est plus admirable et ne fait plus d'honneur à la vertu, que la
confiance avec laquelle on s'adresse aux personnes
dont on connaît parfaitement la probité. On sent qu'il
n'y a point de risque à courir. Si elles ne sont pas
toujours en état d'offrir du secours, on est sûr qu'on
en obtiendra du moins de la bonté et de la compassion. Le cœur, qui se ferme avec tant de soin au reste
des hommes, s'ouvre naturellement en leur présence,
comme une fleur s'épanouit à la lumière du soleil,
dont elle n'attend qu'une douce influence.

Je regardai comme un effet de la protection du Ciel
de m'être souvenu si à propos de Tiberge, et je résolus
de chercher les moyens de le voir avant la fin du jour.
Je retournai sur-le-champ au logis, pour lui écrire un
mot, et lui marquer un lieu propre à notre entretien.
Je lui recommandais le silence et la discrétion, comme
un des plus importants services qu'il pût me rendre,
dans la situation de mes affaires. La joie que l'espérance de le voir m'inspirait, effaça les traces du chagrin que Manon n'aurait pas manqué d'apercevoir sur
mon visage. Je lui parlai de notre malheur de Chaillot
comme d'une bagatelle qui ne devait pas l'alarmer ; et

Paris étant le lieu du monde où elle se voyait avec le plus de plaisir, elle ne fut pas fâchée de m'entendre dire qu'il était à propos d'y demeurer, jusqu'à ce qu'on eût réparé, à Chaillot, quelques légers effets de l'incendie. Une heure après, je reçus la réponse de Tiberge, qui me promettait de se rendre au lieu de l'assignation. J'y courus avec impatience. Je sentais néanmoins quelque honte d'aller paraître aux yeux d'un ami, dont la seule présence devait être un reproche de mes désordres ; mais l'opinion que j'avais de la bonté de son cœur, et l'intérêt de Manon, soutinrent ma hardiesse.

Je l'avais prié de se trouver au jardin du Palais-Royal. Il y était avant moi. Il vint m'embrasser, aussitôt qu'il m'eut aperçu. Il me tint serré longtemps entre ses bras, et je sentis mon visage mouillé de ses larmes. Je lui dis que je ne me présentais à lui qu'avec confusion, et que je portais dans le cœur un vif sentiment de mon ingratitude ; que la première chose dont je le conjurais était de m'apprendre s'il m'était encore permis de le regarder comme mon ami, après avoir mérité si justement de perdre son estime et son affection. Il me répondit, du ton le plus tendre, que rien n'était capable de le faire renoncer à cette qualité ; que mes malheurs mêmes, et si je lui permettais de le dire, mes fautes et mes désordres, avaient redoublé sa tendresse pour moi ; mais que c'était une tendresse mêlée de la plus vive douleur, telle qu'on la sent pour une personne chère, qu'on voit toucher à sa perte sans pouvoir la secourir.

Nous nous assîmes sur un banc. Hélas ! lui dis-je, avec un soupir parti du fond du cœur, votre compassion doit être excessive, mon cher Tiberge, si vous m'assurez qu'elle est égale à mes peines. J'ai honte de vous les laisser voir, car je confesse que la cause n'en est pas glorieuse, mais l'effet en est si triste, qu'il n'est pas besoin de m'aimer autant que vous faites pour en être attendri. Il me demanda, comme une marque d'amitié, de lui raconter sans déguisement ce qui m'était arrivé depuis mon départ de Saint-Sulpice. Je le satisfis ; et loin d'altérer quelque chose à la vérité, ou de diminuer mes fautes pour les faire trouver plus excusables, je lui parlai de ma passion avec toute la force qu'elle m'inspirait. Je la lui représentai comme un de ces coups particuliers du destin, qui s'attache à la ruine d'un misérable, et dont il est aussi impossible à la vertu de se défendre, qu'il l'a été à la sagesse de les prévoir. Je lui fis une vive peinture de mes agitations, de mes craintes, du désespoir où j'étais deux heures avant que de le voir, et de celui dans lequel j'allais retomber, si j'étais abandonné par mes amis aussi impitoyablement que par la fortune [42] ; enfin, j'attendris tellement le bon Tiberge, que je le vis aussi affligé par la compassion, que je l'étais par le sentiment de mes peines. Il ne se lassait point de m'embrasser, et de m'exhorter à prendre du courage et de la consolation ; mais comme il supposait toujours qu'il fallait me séparer de Manon, je lui fis entendre nettement que c'était cette séparation même que je regardais comme la plus grande de mes infortunes ; et que j'étais disposé à souffrir, non seulement le dernier excès de la misère, mais la mort la plus cruelle, avant que de recevoir un remède plus insupportable que tous mes maux ensembles.

Expliquez-vous donc, me dit-il : quelle espèce de secours suis-je capable de vous donner, si vous vous révoltez contre toutes mes propositions ? Je n'osais lui déclarer que c'était de sa bourse que j'avais besoin. Il le comprit pourtant à la fin ; et m'ayant confessé qu'il croyait m'entendre, il demeura quelque temps suspendu, avec l'air d'une personne qui balance. Ne croyez pas, reprit-il bientôt, que ma rêverie vienne d'un refroidissement de zèle et d'amitié. Mais à quelle alternative me réduisez-vous, s'il faut que je vous refuse le seul secours que vous voulez accepter, ou que je blesse mon devoir en vous l'accordant ? car n'est-ce pas prendre part à votre désordre, que de vous y faire persévérer ? Cependant, continua-t-il après avoir réfléchi un moment, je m'imagine que c'est peut-être l'état violent où l'indigence vous jette,

qui ne vous laisse pas assez de liberté pour choisir le
meilleur parti ; il faut un esprit tranquille pour goûter
la sagesse et la vérité. Je trouverai le moyen de vous
faire avoir quelque argent. Permettez-moi, mon cher
Chevalier, ajouta-t-il en m'embrassant, d'y mettre
seulement une condition : c'est que vous m'apprendrez le lieu de votre demeure, et que vous souffrirez
que je fasse du moins mes efforts pour vous ramener à
la vertu, que je sais que vous aimez, et dont il n'y a
que la violence de vos passions qui vous écarte. Je lui
accordai sincèrement tout ce qu'il souhaitait, et je le
priai de plaindre la malignité de mon sort, qui me
faisait profiter si mal des conseils d'un ami si vertueux.
Il me mena aussitôt chez un banquier de sa connaissance, qui m'avança cent pistoles sur son billet, car il
n'était rien moins qu'en argent comptant. J'ai déjà dit
qu'il n'était pas riche. Son bénéfice valait mille écus,
mais comme c'était la première année qu'il le possé-
dait, il n'avait encore rien touché du revenu : c'était
sur les fruits futurs qu'il me faisait cette avance [43].

Je sentis tout le prix de sa générosité. J'en fus
touché, jusqu'au point de déplorer l'aveuglement d'un
amour fatal, qui me faisait violer tous les devoirs. La
vertu eut assez de force, pendant quelques moments,
pour s'élever dans mon cœur contre ma passion, et
j'aperçus du moins, dans cet instant de lumière, la
honte et l'indignité de mes chaînes. Mais ce combat
fut léger et dura peu. La vue de Manon m'aurait fait
précipiter du ciel, et je m'étonnai, en me retrouvant
près d'elle, que j'eusse pu traiter un moment de honteuse, une tendresse si juste pour un objet si charmant.

Manon était une créature d'un caractère extraordinaire. Jamais fille n'eut moins d'attachement qu'elle
pour l'argent, mais elle ne pouvait être tranquille un
moment avec la crainte d'en manquer. C'était du
plaisir et des passe-temps qu'il lui fallait. Elle n'eût
jamais voulu toucher un sou, si l'on pouvait se divertir
sans qu'il en coûte. Elle ne s'informait pas même quel
était le fonds de nos richesses, pourvu qu'elle pût

passer agréablement la journée ; de sorte que n'étant, ni excessivement livrée au jeu, ni capable d'être éblouie par le faste des grandes dépenses, rien n'était plus facile que de la satisfaire, en lui faisant naître tous les jours des amusements de son goût. Mais c'était une chose si nécessaire pour elle d'être ainsi occupée par le plaisir, qu'il n'y avait pas le moindre fond à faire, sans cela, sur son humeur et sur ses inclinations. Quoiqu'elle m'aimât tendrement, et que je fusse le seul, comme elle en convenait volontiers, qui pût lui faire goûter parfaitement les douceurs de l'amour, j'étais presque certain que sa tendresse ne tiendrait point contre de certaines craintes. Elle m'aurait préféré à toute la terre avec une fortune médiocre ; mais je ne doutais nullement qu'elle ne m'abandonnât pour quelque nouveau B... lorsqu'il ne me resterait que de la constance et de la fidélité à lui offrir. Je résolus donc de régler si bien ma dépense particulière, que je fusse toujours en état de fournir aux siennes, et de me priver plutôt de mille choses nécessaires que de la borner même pour le superflu. Le carrosse m'effrayait plus que tout le reste, car il n'y avait point d'apparence de pouvoir entretenir des chevaux et un cocher. Je découvris ma peine à M. Lescaut. Je ne lui avais point caché que j'eusse reçu cent pistoles d'un ami. Il me répéta que si je voulais tenter le hasard du jeu, il ne désespérait point qu'en sacrifiant de bonne grâce une centaine de francs pour traiter ses associés, je ne pusse être admis, à sa recommandation, dans la Ligue de l'Industrie. Quelque répugnance que j'eusse à tromper, je me laissai entraîner par une cruelle nécessité.

M. Lescaut me présenta le soir même comme un de ses parents. Il ajouta que j'étais d'autant mieux disposé à réussir, que j'avais besoin des plus grandes faveurs de la fortune. Cependant, pour faire connaître que ma misère n'était pas celle d'un homme de néant, il leur dit que j'étais dans le dessein de leur donner à souper. L'offre fut acceptée. Je les traitai magnifiquement. On s'entretint longtemps de la gentillesse de ma

figure et de mes heureuses dispositions. On prétendit
qu'il y avait beaucoup à espérer de moi, parce
qu'ayant quelque chose dans la physionomie qui sentait l'honnête homme, personne ne se défierait de mes
artifices. Enfin, on rendit grâces à M. Lescaut d'avoir
procuré à l'Ordre un novice de mon mérite, et l'on
chargea un des chevaliers de me donner, pendant
quelques jours, les instructions nécessaires. Le principal théâtre de mes exploits devait être l'hôtel de
Transylvanie, où il y avait une table de pharaon dans
une salle et divers autres jeux de cartes et de dés dans
la galerie. Cette académie se tenait au profit de
M. le prince de R..., qui demeurait alors à Clagny [44],
et la plupart de ses officiers étaient de notre société.
Le dirai-je à ma honte ? Je profitai en peu de temps
des leçons de mon maître. J'acquis surtout beaucoup
d'habileté à faire une volte-face, à filer la carte ; et
m'aidant fort bien d'une longue paire de manchettes,
j'escamotais [45] assez légèrement pour tromper les yeux
des plus habiles, et ruiner sans affectation quantité
d'honnêtes joueurs. Cette adresse extraordinaire hâta
si fort les progrès de ma fortune, que je me trouvai en
peu de semaines des sommes considérables, outre
celles que je partageais de bonne foi avec mes associés. Je ne craignis plus, alors, de découvrir à Manon
notre perte de Chaillot ; et pour la consoler en lui
apprenant cette fâcheuse nouvelle, je louai une maison
garnie, où nous nous établîmes avec un air d'opulence
et de sécurité.

Tiberge n'avait pas manqué, pendant ce temps-là,
de me rendre de fréquentes visites. Sa morale ne finissait point. Il recommençait sans cesse à me représenter le tort que je faisais à ma conscience, à mon
honneur et à ma fortune. Je recevais ses avis avec
amitié ; et quoique je n'eusse pas la moindre disposition à les suivre, je lui savais bon gré de son zèle, parce
que j'en connaissais la source. Quelquefois je le raillais
agréablement, dans la présence même de Manon, et je
l'exhortais à n'être pas plus scrupuleux qu'un grand
nombre d'évêques et d'autres prêtres [46], qui savent

accorder fort bien une maîtresse avec un bénéfice.
Voyez, lui disais-je, en lui montrant les yeux de la
mienne ; et dites-moi s'il y a des fautes qui ne soient
pas justifiées par une si belle cause. Il prenait patience.
Il la poussa même assez loin ; mais lorsqu'il vit que
mes richesses augmentaient, et que non seulement je
lui avais restitué ses cent pistoles, mais qu'ayant loué
une nouvelle maison et doublé ma dépense, j'allais me
replonger plus que jamais dans les plaisirs, il changea
entièrement de ton et de manières. Il se plaignit de
mon endurcissement ; il me menaça des châtiments
du Ciel, et il me prédit une partie des malheurs qui ne
tardèrent guère à m'arriver. Il est impossible, me
dit-il, que les richesses qui servent à l'entretien de vos
désordres, vous soient venues par des voies légitimes.
Vous les avez acquises injustement ; elles vous seront
ravies de même. La plus terrible punition de Dieu
serait de vous en laisser jouir tranquillement. Tous
mes conseils, ajouta-t-il, vous ont été inutiles ; je ne
prévois que trop qu'ils vous seraient bientôt importuns. Adieu, ingrat et faible ami. Puissent vos criminels plaisirs s'évanouir comme une ombre ! Puissent
votre fortune et votre argent périr sans ressource, et
vous rester seul et nu, pour sentir la vanité des biens
qui vous ont follement enivré ! C'est alors que vous
me trouverez disposé à vous aimer et à vous servir,
mais je romps aujourd'hui tout commerce avec vous,
et je déteste [47] la vie que vous menez. Ce fut dans ma
chambre, aux yeux de Manon, qu'il me fit cette
harangue apostolique. Il se leva pour se retirer. Je
voulus le retenir ; mais je fus arrêté par Manon, qui
me dit que c'était un fou qu'il fallait laisser sortir.

Son discours ne laissa pas de faire quelque impression sur moi. Je remarque ainsi les diverses occasions
où mon cœur sentit un retour vers le bien, parce que
c'est à ce souvenir que j'ai dû ensuite une partie de ma
force, dans les plus malheureuses circonstances de ma
vie. Les caresses de Manon dissipèrent en un moment
le chagrin que cette scène m'avait causé. Nous conti-
nuâmes de mener une vie toute composée de plaisir et

d'amour. L'augmentation de nos richesses redoubla
notre affection ; Vénus et la Fortune n'avaient point
d'esclaves plus heureux et plus tendres. Dieux ! pourquoi nommer le monde un lieu de misères, puisqu'on
y peut goûter de si charmantes délices ! Mais, hélas !
leur faible est de passer trop vite. Quelle autre félicité
voudrait-on se proposer, si elles étaient de nature à
durer toujours ? Les nôtres eurent le sort commun,
c'est-à-dire de durer peu, et d'être suivies par des
regrets amers. J'avais fait au jeu des gains si considérables, que je pensais à placer une partie de mon
argent. Mes domestiques n'ignoraient pas mes succès,
surtout mon valet de chambre et la suivante de
Manon, devant lesquels nous nous entretenions souvent sans défiance. Cette fille était jolie. Mon valet en
était amoureux. Ils avaient à faire à des maîtres jeunes
et faciles, qu'ils s'imaginèrent pouvoir tromper aisément. Ils en conçurent le dessein, et ils l'exécutèrent si
malheureusement pour nous, qu'ils nous mirent dans
un état dont il ne nous a jamais été possible de nous
relever [48].

M. Lescaut nous ayant un jour donné à souper, il
était environ minuit, lorsque nous retournâmes au
logis. J'appelai mon valet, et Manon sa femme de
chambre ; ni l'un ni l'autre ne parurent. On nous dit
qu'ils n'avaient point été vus dans la maison depuis
huit heures, et qu'ils étaient sortis après avoir fait
transporter quelques caisses, suivant les ordres qu'ils
disaient avoir reçus de moi. Je pressentis une partie de
la vérité ; mais je ne formai point de soupçons qui ne
fussent surpassés par ce que j'aperçus en entrant dans
ma chambre. La serrure de mon cabinet avait été
forcée, et mon argent enlevé, avec tous mes habits.
Dans le temps que je réfléchissais seul sur cet accident, Manon vint, toute effrayée, m'apprendre qu'on
avait fait le même ravage dans son appartement. Le
coup me parut si cruel, qu'il n'y eut qu'un effort
extraordinaire de raison qui m'empêcha de me livrer
aux cris et aux pleurs. La crainte de communiquer
mon désespoir à Manon me fit affecter de prendre un

visage tranquille. Je lui dis, en badinant, que je me vengerais sur quelque dupe, à l'hôtel de Transylvanie. Cependant elle me sembla si sensible à notre malheur, que sa tristesse eut bien plus de force pour m'affliger, que ma joie feinte n'en avait eu pour l'empêcher d'être trop abattue. Nous sommes perdus ! me dit-elle, les larmes aux yeux. Je m'efforçai en vain de la consoler par mes caresses ; mes propres pleurs trahissaient mon désespoir et ma consternation. En effet nous étions ruinés si absolument, qu'il ne nous restait pas une chemise.

Je pris le parti d'envoyer chercher sur-le-champ M. Lescaut. Il me conseilla d'aller à l'heure même chez M. le Lieutenant de Police et M. le Grand Prévôt de Paris. J'y allai ; mais ce fut pour mon plus grand malheur ; car outre que cette démarche et celles que je fis faire à ces deux officiers de justice ne produisirent rien, je donnai le temps à Lescaut d'entretenir sa sœur, et de lui inspirer pendant mon absence une horrible résolution. Il lui parla de M. de G... M..., vieux voluptueux, qui payait prodiguement les plaisirs, et il lui fit envisager tant d'avantages à se mettre à sa solde, que troublée comme elle était par notre disgrâce, elle entra dans tout ce qu'il entreprit de lui persuader. Cet honorable marché fut conclu avant mon retour, et l'exécution remise au lendemain, après que Lescaut aurait prévenu M. de G... M... Je le trouvai qui m'attendait au logis ; mais Manon était couchée dans son appartement, et elle avait donné ordre à son laquais de me dire qu'ayant besoin d'un peu de repos, elle me priait de la laisser seule pendant cette nuit. Lescaut me quitta, après m'avoir offert quelques pistoles que j'acceptai. Il était près de quatre heures, lorsque je me mis au lit ; et m'y étant encore occupé longtemps des moyens de rétablir ma fortune, je m'endormis si tard, que je ne pus me réveiller que vers onze heures ou midi. Je me levai promptement pour aller m'informer de la santé de Manon ; on me dit qu'elle était sortie une heure auparavant avec son frère, qui l'était venu prendre dans un carrosse de

louage. Quoiqu'une telle partie, faite avec Lescaut, me
parût mystérieuse, je me fis violence pour suspendre
mes soupçons. Je laissai couler quelques heures, que je
passai à lire. Enfin, n'étant plus le maître de mon
inquiétude, je me promenai à grands pas dans nos
appartements. J'aperçus, dans celui de Manon, une
lettre cachetée qui était sur sa table. L'adresse était à
moi, et l'écriture de sa main. Je l'ouvris avec un
frisson mortel ; elle était dans ces termes :

Je te jure, mon cher Chevalier, que tu es l'idole de
mon cœur, et qu'il n'y a que toi au monde que je
puisse aimer de la façon dont je t'aime ; mais ne
vois-tu pas, ma pauvre chère âme, que dans l'état où
nous sommes réduits, c'est une sotte vertu que la fidélité ? Crois-tu qu'on puisse être bien tendre lorsqu'on
manque de pain ? La faim me causerait quelque
méprise fatale ; je rendrais quelque jour le dernier
soupir, en croyant en pousser un d'amour. Je t'adore,
compte là-dessus ; mais laisse-moi, pour quelque
temps, le ménagement de notre fortune. Malheur à
qui va tomber dans mes filets ! Je travaille pour rendre
mon Chevalier riche et heureux. Mon frère t'apprendra des nouvelles de ta Manon, et qu'elle a pleuré de
la nécessité de te quitter.

Je demeurai, après cette lecture, dans un état qui
me serait difficile à décrire ; car j'ignore encore
aujourd'hui par quelle espèce de sentiments je fus
alors agité. Ce fut une de ces situations uniques auxquelles on n'a rien éprouvé qui soit semblable. On ne
saurait les expliquer aux autres, parce qu'ils n'en ont
pas l'idée ; et l'on a peine à se les bien démêler à
soi-même, parce qu'étant seules de leur espèce, cela
ne se lie à rien dans la mémoire, et ne peut même être
rapproché d'aucun sentiment connu. Cependant de
quelque nature que fussent les miens, il est certain
qu'il devait y entrer de la douleur, du dépit, de la
jalousie et de la honte. Heureux s'il n'y fût pas entré
encore plus d'amour ! Elle m'aime, je le veux croire ;
mais ne faudrait-il pas, m'écriai-je, qu'elle fût un
monstre pour me haïr ? Quels droits eut-on jamais sur

un cœur que je n'aie pas sur le sien ? Que me reste-t-il à faire pour elle, après tout ce que je lui ai sacrifié ? Cependant elle m'abandonne ! et l'ingrate se croit à couvert de mes reproches, en me disant qu'elle ne cesse pas de m'aimer ! Elle appréhende la faim. Dieu d'amour ! quelle grossièreté de sentiments ! et que c'est répondre mal à ma délicatesse ! Je ne l'ai pas appréhendée, moi qui m'y expose si volontiers pour elle, en renonçant à ma fortune et aux douceurs de la maison de mon père ; moi qui me suis retranché jusqu'au nécessaire, pour satisfaire ses petites humeurs et ses caprices. Elle m'adore, dit-elle. Si tu m'adorais, ingrate, je sais bien de qui tu aurais pris des conseils ; tu ne m'aurais pas quitté, du moins sans me dire adieu. C'est à moi qu'il faut demander quelles peines cruelles on sent à se séparer de ce qu'on adore. Il faudrait avoir perdu l'esprit pour s'y exposer volontairement.

Mes plaintes furent interrompues par une visite à laquelle je ne m'attendais pas. Ce fut celle de Lescaut. Bourreau ! lui dis-je en mettant l'épée à la main, où est Manon ? qu'en as-tu fait ? Ce mouvement l'effraya ; il me répondit que si c'était ainsi que je le recevais, lorsqu'il venait me rendre compte du service le plus considérable qu'il eût pu me rendre, il allait se retirer, et ne remettrait jamais le pied chez moi. Je courus à la porte de la chambre, que je fermai soigneusement. Ne t'imagine pas, lui dis-je en me tournant vers lui, que tu puisses me prendre encore une fois pour dupe et me tromper par des fables. Il faut défendre ta vie, ou me faire retrouver Manon. Là ! que vous êtes vif ! repartit-il ; c'est l'unique sujet qui m'amène. Je viens vous annoncer un bonheur auquel vous ne pensez pas, et pour lequel vous reconnaîtrez peut-être que vous m'avez quelque obligation. Je voulus être éclairci sur-le-champ.

Il me raconta que Manon, ne pouvant soutenir la crainte de la misère, et surtout l'idée d'être obligée tout d'un coup à la réforme de notre équipage, l'avait prié de lui procurer la connaissance de M. de G...

M..., qui passait pour un homme généreux. Il n'eut garde de me dire que le conseil était venu de lui, ni qu'il eût préparé les voies, avant que de l'y conduire. Je l'y ai menée ce matin, continua-t-il, et cet honnête homme a été si charmé de son mérite, qu'il l'a invitée d'abord à lui tenir compagnie à sa maison de campagne, où il est allé passer quelques jours. Moi, ajouta Lescaut, qui ai pénétré tout d'un coup de quel avantage cela pouvait être pour vous, je lui ai fait entendre adroitement que Manon avait essuyé des pertes considérables, et j'ai tellement piqué sa générosité, qu'il a commencé par lui faire un présent de deux cents pistoles. Je lui ai dit que cela était honnête pour le présent, mais que l'avenir amènerait à ma sœur de grands besoins ; qu'elle s'était chargée d'ailleurs du soin d'un jeune frère, qui nous était resté sur les bras après la mort de nos père et mère, et que s'il la croyait digne de son estime, il ne la laisserait pas souffrir dans ce pauvre enfant, qu'elle regardait comme la moitié d'elle-même. Ce récit n'a pas manqué de l'attendrir. Il s'est engagé à louer une maison commode, pour vous et pour Manon ; car c'est vous-même qui êtes ce pauvre petit frère orphelin. Il a promis de vous meubler proprement, et de vous fournir tous les mois quatre cents bonnes livres qui en feront, si je compte bien, quatre mille huit cents à la fin de chaque année. Il a laissé l'ordre à son intendant, avant que de partir pour sa campagne, de chercher une maison, et de la tenir prête pour son retour. Vous reverrez alors Manon, qui m'a chargé de vous embrasser mille fois pour elle, et de vous assurer qu'elle vous aime plus que jamais.

Je m'assis, en rêvant à cette bizarre disposition de mon sort. Je me trouvai dans un partage de sentiments, et par conséquent dans une incertitude si difficile à terminer, que je demeurai longtemps sans répondre à quantité de questions que Lescaut me faisait l'une sur l'autre. Ce fut dans ce moment que l'honneur et la vertu me firent sentir encore les pointes du remords, et que je jetai les yeux en soupi-

rant vers Amiens, vers la maison de mon père, vers
Saint-Sulpice et vers tous les lieux où j'avais vécu dans
l'innocence. Par quel immense espace n'étais-je pas
séparé de cet heureux état ! Je ne le voyais plus que de
loin, comme une ombre qui s'attirait encore mes
regrets et mes désirs, mais trop faible pour exciter mes
efforts. Par quelle fatalité, disais-je, suis-je devenu si
criminel ? L'amour est une passion innocente ; comment s'est-il changé, pour moi, en une source de
misères et de désordres ? Qui m'empêchait de vivre
tranquille et vertueux avec Manon ? Pourquoi ne
l'épousais-je point avant que d'obtenir rien de son
amour ? Mon père, qui m'aimait si tendrement, n'y
aurait-il pas consenti, si je l'en eusse pressé avec des
instances légitimes ? Ah ! mon père l'aurait chérie lui-
même, comme une fille charmante, trop digne d'être
la femme de son fils ; je serais heureux avec l'amour
de Manon, avec l'affection de mon père, avec l'estime
des honnêtes gens, avec les biens de la fortune et la
tranquillité de la vertu. Revers funeste ! Quel est
l'infâme personnage qu'on vient ici me proposer ?
Quoi ! j'irai partager... Mais y a-t-il à balancer, si c'est
Manon qui l'a réglé, et si je la perds sans cette complaisance ? Monsieur Lescaut, m'écriai-je en fermant
les yeux, comme pour écarter de si chagrinantes
réflexions, si vous avez eu dessein de me servir, je vous
rends grâces. Vous auriez pu prendre une voie plus
honnête ; mais c'est une chose finie, n'est-ce pas ? Ne
pensons donc plus qu'à profiter de vos soins et à remplir votre projet. Lescaut, à qui ma colère, suivie d'un
fort long silence, avait causé de l'embarras, fut ravi de
me voir prendre un parti tout différent de celui qu'il
avait appréhendé sans doute ; il n'était rien moins que
brave, et j'en eus de meilleures preuves dans la suite.
Oui, oui, se hâta-t-il de me répondre, c'est un fort bon
service que je vous ai rendu, et vous verrez que nous
en tirerons plus d'avantage que vous ne vous y
attendez. Nous concertâmes de quelle manière nous
pourrions prévenir les défiances que M. de G... M...
pouvait concevoir de notre fraternité, en me voyant

plus grand et un peu plus âgé peut-être qu'il ne se
l'imaginait. Nous ne trouvâmes point d'autre moyen,
que de prendre devant lui un air simple et provincial,
et de lui faire croire que j'étais dans le dessein d'entrer
dans l'état ecclésiastique, et que j'allais pour cela tous
les jours au collège. Nous résolûmes aussi que je me
mettrais fort mal, la première fois que je serais admis à
l'honneur de le saluer. Il revint à la ville trois ou
quatre jours après ; il conduisit lui-même Manon dans
la maison que son intendant avait eu soin de préparer.
Elle fit avertir aussitôt Lescaut de son retour ; et
celui-ci m'en ayant donné avis, nous nous rendîmes
tous deux chez elle. Le vieil amant en était déjà sorti.
Malgré la résignation avec laquelle je m'étais soumis à
ses volontés, je ne pus réprimer le murmure de mon
cœur en la revoyant. Je lui parus triste et languissant.
La joie de la retrouver ne l'emportait pas tout à fait
sur le chagrin de son infidélité. Elle, au contraire,
paraissait transportée du plaisir de me revoir. Elle me
fit des reproches de ma froideur. Je ne pus m'empêcher de laisser échapper les noms de perfide et d'infidèle, que j'accompagnai d'autant de soupirs. Elle me
railla d'abord de ma simplicité ; mais, lorsqu'elle vit
mes regards s'attacher toujours tristement sur elle, et
la peine que j'avais à digérer un changement si
contraire à mon humeur et à mes désirs, elle passa
seule dans son cabinet. Je la suivis un moment après.
Je l'y trouvai toute en pleurs. Je lui demandai ce qui
les causait. Il t'est bien aisé de le voir, me dit-elle ;
comment veux-tu que je vive, si ma vue n'est plus
propre qu'à te causer un air sombre et chagrin ? Tu ne
m'as pas fait une seule caresse, depuis une heure que
tu es ici, et tu as reçu les miennes avec la majesté du
Grand Turc au Sérail.

Ecoutez, Manon, lui répondis-je en l'embrassant, je
ne puis vous cacher que j'ai le cœur mortellement
affligé. Je ne parle point à présent des alarmes où votre
fuite imprévue m'a jeté, ni de la cruauté que vous avez
eue de m'abandonner sans un mot de consolation,
après avoir passé la nuit dans un autre lit que moi. Le

charme de votre présence m'en ferait bien oublier
davantage. Mais croyez-vous que je puisse penser sans
soupirs, et même sans larmes, continuai-je en en versant quelques-unes, à la triste et malheureuse vie que
vous voulez que je mène dans cette maison ? Laissons
ma naissance et mon honneur à part : ce ne sont plus
des raisons si faibles qui doivent entrer en concur-
rence avec un amour tel que le mien ; mais cet amour
même, ne vous imaginez-vous pas qu'il gémit de se
voir si mal récompensé, ou plutôt traité si cruellement
par une ingrate et dure maîtresse... Elle m'interrompit : Tenez, dit-elle, mon Chevalier, il est inutile
de me tourmenter par des reproches qui me percent le
cœur, lorsqu'ils viennent de vous. Je vois ce qui vous
blesse. J'avais espéré que vous consentiriez au projet
que j'avais fait pour rétablir un peu notre fortune, et
c'était pour ménager votre délicatesse que j'avais commencé à l'exécuter sans votre participation ; mais j'y
renonce, puisque vous ne l'approuvez pas. Elle ajouta
qu'elle ne me demandait qu'un peu de complaisance,
pour le reste du jour ; qu'elle avait déjà reçu deux
cents pistoles de son vieil amant, et qu'il lui avait
promis de lui apporter le soir un beau collier de perles
avec d'autres bijoux, et par-dessus cela la moitié de la
pension annuelle qu'il lui avait promise. Laissez-moi
seulement le temps, me dit-elle, de recevoir ses présents ; je vous jure qu'il ne pourra se vanter des avantages que je lui ai donnés sur moi, car je l'ai remis
jusqu'à présent à la ville. Il est vrai qu'il m'a baisé plus
d'un million de fois les mains ; il est juste qu'il paie ce
plaisir, et ce ne sera point trop que cinq ou six mille
francs, en proportionnant le prix à ses richesses et à
son âge.

Sa résolution me fut beaucoup plus agréable que
l'espérance des cinq mille livres. J'eus lieu de reconnaître que mon cœur n'avait point encore perdu
tout sentiment d'honneur, puisqu'il était satisfait
d'échapper à l'infamie. Mais j'étais né pour les courtes
joies et les longues douleurs. La Fortune ne me délivra
d'un précipice que pour me faire tomber dans un

H. Gravelot inv.                              J. P. Lebas sc.

autre. Lorsque j'eus marqué à Manon, par mille caresses, combien je me croyais heureux de son changement, je lui dis qu'il fallait en instruire M. Lescaut, afin que nos mesures se prissent de concert. Il en murmura d'abord ; mais les quatre ou cinq mille livres d'argent comptant le firent entrer gaiement dans nos vues. Il fut donc réglé que nous nous trouverions tous à souper avec M. de G... M..., et cela pour deux raisons : l'une, pour nous donner le plaisir d'une scène agréable, en me faisant passer pour un écolier, frère de Manon ; l'autre, pour empêcher ce vieux libertin de s'émanciper trop avec ma maîtresse, par le droit qu'il croirait s'être acquis en payant si libéralement d'avance. Nous devions nous retirer, Lescaut et moi, lorsqu'il monterait à la chambre où il comptait de passer la nuit ; et Manon, au lieu de le suivre, nous promit de sortir, et de la venir passer avec moi. Lescaut se chargea du soin d'avoir exactement un carrosse à la porte.

L'heure du souper étant venue, M. de G... M... ne se fit pas attendre longtemps. Lescaut était avec sa sœur dans la salle. Le premier compliment du vieillard fut d'offrir à sa belle un collier, des bracelets et des pendants de perles, qui valaient au moins mille écus. Il lui compta ensuite, en beaux louis d'or, la somme de deux mille quatre cents livres, qui faisaient la moitié de la pension. Il assaisonna son présent de quantité de douceurs, dans le goût de la vieille cour. Manon ne put lui refuser quelques baisers ; c'était autant de droits qu'elle acquérait sur l'argent qu'il lui mettait entre les mains. J'étais à la porte, où je prêtais l'oreille, en attendant que Lescaut m'avertît d'entrer.

Il vint me prendre par la main, lorsque Manon eut serré l'argent et les bijoux, et me conduisant vers M. de G... M..., il m'ordonna de lui faire la révérence. J'en fis deux ou trois des plus profondes. Excusez Monsieur, lui dit Lescaut, c'est un enfant fort neuf. Il est bien éloigné, comme vous voyez, d'avoir les airs de Paris ; mais nous espérons qu'un peu d'usage le façonnera. Vous aurez l'honneur de voir ici souvent Mon-

sieur, ajouta-t-il en se tournant vers moi ; faites bien
votre profit d'un si bon modèle. Le vieil amant parut
prendre plaisir à me voir. Il me donna deux ou trois
petits coups sur la joue, en me disant que j'étais un
joli garçon, mais qu'il fallait être sur mes gardes à
Paris, où les jeunes gens se laissent aller facilement à
la débauche. Lescaut l'assura que j'étais naturellement
si sage, que je ne parlais que de me faire prêtre, et que
tout mon plaisir était à faire de petites chapelles. Je lui
trouve l'air de Manon, reprit le vieillard en me haus-
sant le menton avec la main. Je répondis d'un air
niais : Monsieur, c'est que nos deux chairs se touchent
de bien proche ; aussi j'aime ma sœur Manon comme
un autre moi-même. L'entendez-vous ? dit-il à Lescaut. Il a de l'esprit. C'est dommage que cet enfant-là
n'ait pas un peu plus de monde. Ho, Monsieur,
repris-je, j'en ai vu beaucoup chez nous dans les
églises, et je crois bien que j'en trouverai à Paris de
plus sots que moi. Voyez, ajouta-t-il, cela est admirable pour un enfant de province. Toute notre conversation fut à peu près du même goût pendant le souper.
Manon, qui était badine, fut sur le point, plusieurs
fois, de gâter tout par ses éclats de rire. Je trouvai
l'occasion, en soupant, de lui raconter sa propre histoire, et le mauvais sort qui le menaçait. Lescaut
et Manon tremblaient pendant mon récit, surtout lorsque je faisais son portrait au naturel ; mais
l'amour-propre l'empêcha de s'y reconnaître, et je
l'achevai si adroitement qu'il fut le premier à le
trouver fort risible. Vous verrez que ce n'est pas sans
raison que je me suis étendu sur cette ridicule scène.
Enfin l'heure du sommeil étant arrivée, il parla
d'amour et d'impatience. Nous nous retirâmes, Lescaut et moi ; on le conduisit à sa chambre ; et Manon,
étant sortie sous prétexte d'un besoin, nous vint
joindre à la porte. Le carrosse, qui nous attendait trois
ou quatre maisons plus bas, s'avança pour nous recevoir. Nous nous éloignâmes en un instant du quartier.

Quoiqu'à mes propres yeux, cette action fût une
véritable friponnerie, ce n'était pas la plus injuste que

je crusse avoir à me reprocher. J'avais plus de scrupule sur l'argent que j'avais acquis au jeu. Cependant nous profitâmes aussi peu de l'un que de l'autre, et le Ciel permit que la plus légère de ces deux injustices fût la plus rigoureusement punie.

M. de G... M... ne tarda pas longtemps à s'apercevoir qu'il était dupé. Je ne sais s'il fit, dès le soir même, quelques démarches pour nous découvrir, mais il eut assez de crédit pour n'en pas faire longtemps d'inutiles, et nous assez d'imprudence pour compter trop sur la grandeur de Paris, et sur l'éloignement qu'il y avait de notre quartier au sien. Non seulement il fut informé de notre demeure et de nos affaires présentes, mais il apprit aussi qui j'étais, la vie que j'avais menée à Paris, l'ancienne liaison de Manon avec B..., la tromperie qu'elle lui avait faite ; en un mot, toutes les parties scandaleuses de notre histoire. Il prit là-dessus la résolution de nous faire arrêter, et de nous traiter moins comme des criminels que comme de fieffés libertins. Nous étions encore au lit, lorsqu'un exempt de police entra dans notre chambre avec une demi-douzaine de gardes. Ils se saisirent d'abord de notre argent, ou plutôt de celui de M. de G... M..., et nous ayant fait lever brusquement, ils nous conduisirent à la porte, où nous trouvâmes deux carrosses, dans l'un desquels la pauvre Manon fut enlevée sans explication, et moi traîné dans l'autre à Saint-Lazare. Il faut avoir éprouvé de tels revers, pour juger du désespoir qu'ils peuvent causer. Nos gardes eurent la dureté de ne me pas permettre d'embrasser Manon, ni de lui dire une parole. J'ignorai longtemps ce qu'elle était devenue. Ce fut sans doute un bonheur pour moi de ne l'avoir pas su d'abord, car une catastrophe si terrible m'aurait fait perdre le sens, et peut-être la vie.

Ma malheureuse maîtresse fut donc enlevée, à mes yeux, et menée dans une retraite que j'ai horreur de nommer [49]. Quel sort pour une créature toute charmante, qui eût occupé le premier trône du monde, si tous les hommes eussent eu mes yeux et mon cœur ! On ne l'y traita pas barbarement ; mais elle fut res-

serrée dans une étroite prison, seule, et condamnée à
remplir tous les jours une certaine tâche de travail,
comme une condition nécessaire pour obtenir quelque
dégoûtante nourriture. Je n'appris ce triste détail que
longtemps après, lorsque j'eus essuyé moi-même plusieurs mois d'une rude et ennuyeuse pénitence. Mes
gardes ne m'ayant point averti non plus du lieu où ils
avaient ordre de me conduire, je ne connus mon
destin qu'à la porte de Saint-Lazare. J'aurais préféré la
mort, dans ce moment, à l'état où je me crus prêt de
tomber. J'avais de terribles idées de cette maison [50].
Ma frayeur augmenta, lorsqu'en entrant, les gardes
visitèrent une seconde fois mes poches, pour s'assurer
qu'il ne me restait ni armes, ni moyen de défense. Le
Supérieur parut à l'instant ; il était prévenu sur
mon arrivée. Il me salua avec beaucoup de douceur.
Mon Père, lui dis-je, point d'indignités. Je perdrai
mille vies, avant que d'en souffrir une. Non, non,
Monsieur, me répondit-il ; vous prendrez une
conduite sage, et nous serons contents l'un de l'autre.
Il me pria de monter dans une chambre haute. Je le
suivis sans résistance. Les archers nous accompagnè-
rent jusqu'à la porte ; et le Supérieur, y étant entré
avec moi, leur fit signe de se retirer. Je suis donc votre
prisonnier ! lui dis-je. Eh bien, mon Père, que prétendez-vous faire de moi ? Il me dit qu'il était charmé de
me voir prendre un ton raisonnable ; que son devoir
serait de travailler à m'inspirer le goût de la vertu et de
la religion, et le mien, de profiter de ses exhortations
et de ses conseils ; que pour peu que je voulusse
répondre aux attentions qu'il aurait pour moi, je ne
trouverais que du plaisir dans ma solitude. Ah ! du
plaisir, repris-je ; vous ne savez pas, mon Père,
l'unique chose qui est capable de m'en faire goûter ! Je
le sais, reprit-il ; mais j'espère que votre inclination
changera. Sa réponse me fit comprendre qu'il était
instruit de mes aventures, et peut-être de mon nom. Je
le priai de m'éclaircir. Il me dit naturellement qu'on
l'avait informé de tout.

Cette connaissance fut le plus rude de tous mes

châtiments. Je me mis à verser un ruisseau de larmes, avec toutes les marques d'un affreux désespoir. Je ne pouvais me consoler d'une humiliation qui allait me rendre la fable de toutes les personnes de ma connaissance, et la honte de ma famille. Je passai ainsi huit jours dans le plus profond abattement, sans être capable de rien entendre, ni de m'occuper d'autre chose que de mon opprobre. Le souvenir même de Manon n'ajoutait rien à ma douleur. Il n'y entrait, du moins, que comme un sentiment qui avait précédé cette nouvelle peine, et la passion dominante de mon âme était la honte et la confusion. Il y a peu de personnes qui connaissent la force de ces mouvements particuliers du cœur. Le commun des hommes n'est sensible qu'à cinq ou six passions, dans le cercle desquelles leur vie se passe, et où toutes leurs agitations se réduisent. Otez-leur l'amour et la haine, le plaisir et la douleur, l'espérance et la crainte, ils ne sentent plus rien. Mais les personnes d'un caractère plus noble peuvent être remuées de mille façons différentes ; il semble qu'elles aient plus de cinq sens, et qu'elles puissent recevoir des idées et des sensations qui passent les bornes ordinaires de la nature. Et comme elles ont un sentiment de cette grandeur qui les élève au-dessus du vulgaire, il n'y a rien dont elles soient plus jalouses. De là vient qu'elles souffrent si impatiemment le mépris et la risée, et que la honte est une de leurs plus violentes passions [51].

J'avais ce triste avantage à Saint-Lazare. Ma tristesse parut si excessive au Supérieur, qu'en appréhendant les suites, il crut devoir me traiter avec beaucoup de douceur et d'indulgence. Il me visitait deux ou trois fois le jour. Il me prenait souvent avec lui, pour faire un tour de jardin, et son zèle s'épuisait en exhortations et en avis salutaires. Je les recevais avec douceur. Je lui marquais même de la reconnaissance. Il en tirait l'espoir de ma conversion. Vous êtes d'un naturel si doux et si aimable, me dit-il un jour, que je ne puis comprendre les désordres dont on vous accuse. Deux choses m'étonnent : l'une, comment, avec de si bonnes qualités, vous avez

pu vous livrer à l'excès du libertinage ; et l'autre, que
j'admire encore plus, comment vous recevez si volontiers mes conseils et mes instructions, après avoir vécu
plusieurs années dans l'habitude du désordre. Si c'est
repentir, vous êtes un exemple signalé des miséricordes
du Ciel ; si c'est bonté naturelle, vous avez du moins un
excellent fond de caractère, qui me fait espérer que nous
n'aurons pas besoin de vous retenir ici longtemps, pour
vous ramener à une vie honnête et réglée. Je fus ravi de
lui voir cette opinion de moi. Je résolus de l'augmenter
par une conduite qui pût le satisfaire entièrement, persuadé que c'était le plus sûr moyen d'abréger ma prison.
Je lui demandai des livres. Il fut surpris que m'ayant
laissé le choix de ceux que je voulais lire, je me déter-
minai pour quelques auteurs sérieux. Je feignis de
m'appliquer à l'étude avec le dernier attachement, et je
lui donnai ainsi, dans toutes les occasions, des preuves
du changement qu'il désirait.

Cependant il n'était qu'extérieur. Je dois le
confesser à ma honte, je jouai, à Saint-Lazare, un personnage d'hypocrite [52]. Au lieu d'étudier, quand
j'étais seul, je ne m'occupais qu'à gémir de ma destinée. Je maudissais ma prison et la tyrannie qui m'y
retenait. Je n'eus pas plus tôt quelque relâche du côté
de cet accablement où m'avait jeté la confusion, que je
retombai dans les tourments de l'amour. L'absence de
Manon, l'incertitude de son sort, la crainte de ne la
revoir jamais étaient l'unique objet de mes tristes
méditations. Je me la figurais dans les bras de G...
M... ; car c'était la pensée que j'avais eue d'abord ; et
loin de m'imaginer qu'il lui eût fait le même traitement qu'à moi, j'étais persuadé qu'il ne m'avait fait
éloigner que pour la posséder tranquillement. Je pas-
sais ainsi des jours et des nuits, dont la longueur me
paraissait éternelle. Je n'avais d'espérance que dans le
succès de mon hypocrisie. J'observais soigneusement
le visage et les discours du Supérieur, pour m'assurer
de ce qu'il pensait de moi ; et je me faisais une étude
de lui plaire, comme à l'arbitre de ma destinée. Il me
fut aisé de reconnaître que j'étais parfaitement dans

ses bonnes grâces. Je ne doutai plus qu'il ne fût disposé à me rendre service. Je pris un jour la hardiesse de lui demander si c'était de lui que mon élargissement dépendait. Il me dit qu'il n'en était pas absolument le maître, mais que sur son témoignage, il espérait que M. de G... M..., à la sollicitation duquel M. le Lieutenant général de Police m'avait fait renfermer, consentirait à me rendre la liberté. Puis-je me flatter, repris-je doucement, que deux mois de prison, que j'ai déjà essuyés, lui paraîtront une expiation suffisante ? Il me promit de lui en parler, si je le souhaitais. Je le priai instamment de me rendre ce bon office. Il m'apprit, deux jours après, que G... M... avait été si touché du bien qu'il avait entendu de moi, que non seulement il paraissait être dans le dessein de me laisser voir le jour, mais qu'il avait même marqué beaucoup d'envie de me connaître plus particulièrement, et qu'il se proposait de me rendre une visite dans ma prison. Quoique sa présence ne pût m'être agréable, je la regardai comme un acheminement prochain à ma liberté.

Il vint effectivement à Saint-Lazare. Je lui trouvai l'air plus grave et moins sot qu'il ne l'avait eu dans la maison de Manon. Il me tint quelques discours de bon sens sur ma mauvaise conduite. Il ajouta, pour justifier apparemment ses propres désordres, qu'il était permis à la faiblesse des hommes de se procurer certains plaisirs que la nature exige, mais que la friponnerie et les artifices honteux méritaient d'être punis. Je l'écoutai avec un air de soumission dont il parut satisfait. Je ne m'offensai pas même de lui entendre lâcher quelques railleries sur ma fraternité avec Lescaut et Manon, et sur les petites chapelles dont il supposait, me dit-il, que j'avais dû faire un grand nombre à Saint-Lazare, puisque je trouvais tant de plaisir à cette pieuse occupation. Mais il lui échappa, malheureusement pour lui et pour moi-même, de me dire que Manon en aurait fait aussi, sans doute, de fort jolies à l'Hôpital. Malgré le frémissement que le nom d'Hôpital me causa, j'eus encore

le pouvoir de le prier, avec douceur, de s'expliquer.
Hé oui ! reprit-il, il y a deux mois qu'elle apprend la
sagesse à l'Hôpital général, et je souhaite qu'elle en ait
tiré autant de profit que vous à Saint-Lazare.

Quand j'aurais eu une prison éternelle, ou la mort
même présente à mes yeux, je n'aurais pas été le
maître de mon transport, à cette affreuse nouvelle. Je
me jetai sur lui avec une si furieuse rage, que j'en
perdis la moitié de mes forces. J'en eus assez néanmoins pour le renverser par terre, et pour le prendre à
la gorge. Je l'étranglais, lorsque le bruit de sa chute, et
quelques cris aigus, que je lui laissais à peine la liberté
de pousser, attirèrent le Supérieur et plusieurs religieux dans ma chambre. On le délivra de mes mains.
J'avais presque perdu moi-même la force et la respiration. O Dieu ! m'écriai-je, en poussant mille soupirs ;
justice du Ciel ! faut-il que je vive un moment, après
une telle infamie ? Je voulus me jeter encore sur le
barbare qui venait de m'assassiner. On m'arrêta. Mon
désespoir, mes cris et mes larmes passaient toute imagination. Je fis des choses si étonnantes que tous les
assistants, qui en ignoraient la cause, se regardaient les
uns les autres avec autant de frayeur que de surprise [53]. M. de G... M... rajustait pendant ce temps-là
sa perruque et sa cravate ; et dans le dépit d'avoir été
si maltraité, il ordonnait au Supérieur de me resserrer
plus étroitement que jamais, et de me punir par tous
les châtiments qu'on sait être propres à Saint-Lazare.
Non, Monsieur, lui dit le Supérieur ; ce n'est point
avec une personne de la naissance de M. le Chevalier,
que nous en usons de cette manière. Il est si doux,
d'ailleurs, et si honnête, que j'ai peine à comprendre
qu'il se soit porté à cet excès sans de fortes raisons.
Cette réponse acheva de déconcerter M. de G... M...
Il sortit en disant qu'il saurait faire plier et le Supérieur et moi, et tous ceux qui oseraient lui résister.

Le Supérieur, ayant ordonné à ses religieux de le
conduire, demeura seul avec moi. Il me conjura de lui
apprendre promptement d'où venait ce désordre. O
mon Père, lui dis-je, en continuant de pleurer com-

me un enfant, figurez-vous la plus horrible cruauté, imaginez-vous la plus détestable de toutes les barbaries : c'est l'action que l'indigne G... M... a eu la lâcheté de commettre. Oh ! il m'a percé le cœur. Je n'en reviendrai jamais. Je veux vous raconter tout, ajoutai-je en sanglotant. Vous êtes bon, vous aurez pitié de moi. Je lui fis un récit abrégé de la longue et insurmontable passion que j'avais pour Manon, de la situation florissante de notre fortune avant que nous eussions été dépouillés par nos propres domestiques, des offres que G.... M... avait faites à ma maîtresse, de la conclusion de leur marché et de la manière dont il avait été rompu. Je lui représentai les choses, à la vérité, du côté le plus favorable pour nous : Voilà, continuai-je, de quelle source est venu le zèle de M. de G... M... pour ma conversion. Il a eu le crédit de me faire ici renfermer par un pur motif de vengeance. Je lui pardonne ; mais, mon Père, ce n'est pas tout ; il a fait enlever cruellement la plus chère moitié de moi-même ; il l'a fait mettre honteusement à l'Hôpital ; il a eu l'impudence de me l'annoncer aujourd'hui de sa propre bouche. A l'Hôpital, mon Père ! O Ciel ! ma charmante maîtresse, ma chère reine à l'Hôpital, comme la plus infâme de toutes les créatures ! Où trouverai-je assez de force pour ne pas mourir de douleur et de honte ? Le bon Père, me voyant dans cet excès d'affliction, entreprit de me consoler. Il me dit qu'il n'avait jamais compris mon aventure de la manière dont je la racontais ; qu'il avait su, à la vérité, que je vivais dans le désordre, mais qu'il s'était figuré que ce qui avait obligé M. de G... M... d'y prendre intérêt, était quelque liaison d'estime et d'amitié avec ma famille ; qu'il ne s'en était expliqué à lui-même que sur ce pied ; que ce que je venais de lui apprendre mettrait beaucoup de changement dans mes affaires, et qu'il ne doutait point que le récit fidèle qu'il avait dessein d'en faire à M. le Lieutenant général de Police ne pût contribuer à ma liberté. Il me demanda ensuite pourquoi je n'avais pas encore pensé à donner de mes nouvelles à ma famille, puisqu'elle n'avait point eu de part à ma captivité. Je satisfis à cette objection par quelques raisons prises de la douleur que j'avais appréhendé de causer à mon père, et de la honte que j'en aurais ressentie moi-même. Enfin il me promit d'aller de ce pas chez le Lieutenant de Police, ne serait-ce, ajouta-t-il, que pour prévenir quelque chose de pis, de la part de M. de G... M..., qui est sorti de cette maison fort mal satisfait, et qui est assez considéré pour se faire redouter.

J'attendis le retour du Père avec toutes les agitations d'un malheureux qui touche au moment de sa sentence. C'était pour moi un supplice inexprimable, de me représenter Manon à l'Hôpital. Outre l'infamie de cette demeure, j'ignorais de quelle manière elle y était traitée ; et le souvenir de quelques particularités que j'avais entendues de cette maison d'horreur, renouvelait à tous moments mes transports. J'étais tellement résolu de la secourir, à quelque prix et par quelque moyen que ce pût être, que j'aurais mis le feu à Saint-Lazare, s'il m'eût été impossible d'en sortir autrement. Je réfléchis donc sur les voies que j'avais à prendre, s'il arrivait que le Lieutenant général de Police continuât de m'y retenir malgré moi. Je mis mon industrie à toutes les épreuves ; je parcourus toutes les possibilités. Je ne vis rien qui pût m'assurer d'une évasion certaine, et je craignis d'être renfermé plus étroitement, si je faisais une tentative malheureuse. Je me rappelai le nom de quelques amis, de qui je pouvais espérer du secours ; mais quel moyen de leur faire savoir ma situation ? Enfin, je crus avoir formé un plan si adroit qu'il pourrait réussir ; et je remis à l'arranger encore mieux après le retour du Père Supérieur, si l'inutilité de sa démarche me le rendait nécessaire. Il ne tarda point à revenir. Je ne vis pas, sur son visage, les marques de joie qui accompagnent une bonne nouvelle. J'ai parlé, me dit-il, à M. le Lieutenant général de Police, mais je lui ai parlé trop tard. M. de G... M... l'est allé voir en sortant d'ici, et l'a si fort prévenu contre vous, qu'il était sur le point de m'envoyer de nouveaux ordres, pour vous resserrer davantage.

Cependant lorsque je lui ai appris le fond de vos affaires, il a paru s'adoucir beaucoup, et riant un peu de l'incontinence du vieux M. de G... M..., il m'a dit qu'il fallait vous laisser ici six mois pour le satisfaire ; d'autant mieux, a-t-il dit, que cette demeure ne saurait vous être inutile. Il m'a recommandé de vous traiter honnêtement, et je vous réponds que vous ne vous plaindrez point de mes manières.

Cette explication du bon Supérieur fut assez longue pour me donner le temps de faire une sage réflexion. Je conçus que je m'exposerais à renverser mes desseins, si je lui marquais trop d'empressement pour ma liberté. Je lui témoignai au contraire que, dans la nécessité de demeurer, c'était une douce consolation pour moi d'avoir quelque part à son estime. Je le priai ensuite, sans affectation, de m'accorder une grâce, qui n'était de nulle importance pour personne, et qui servirait beaucoup à ma tranquillité : c'était de faire avertir un de mes amis, un saint ecclésiastique qui demeurait à Saint-Sulpice, que j'étais à Saint-Lazare, et de permettre que je reçusse quelquefois sa visite. Cette faveur me fut accordée sans délibérer. C'était mon ami Tiberge dont il était question ; non que j'espérasse de lui les secours nécessaires pour ma liberté ; mais je voulais l'y faire servir comme un instrument éloigné, sans qu'il en eût même connaissance. En un mot voici mon projet : je voulais écrire à Lescaut et le charger, lui et nos amis communs, du soin de me délivrer. La première difficulté était de lui faire tenir ma lettre ; ce devait être l'office de Tiberge. Cependant, comme il le connaissait pour le frère de ma maîtresse, je craignais qu'il n'eût peine à se charger de cette commission. Mon dessein était de renfermer ma lettre à Lescaut dans une autre lettre, que je devais adresser à un honnête homme de ma connaissance, en le priant de rendre promptement la première à son adresse ; et comme il était nécessaire que je visse Lescaut pour nous accorder dans nos mesures, je voulais lui marquer de venir à Saint-Lazare, et de demander à me voir sous le nom de mon

frère aîné, qui était venu exprès à Paris pour prendre
connaissance de mes affaires. Je remettais à convenir,
avec lui, des moyens qui nous paraîtraient les plus
expéditifs et les plus sûrs. Le Père Supérieur fit avertir
Tiberge du désir que j'avais de l'entretenir. Ce fidèle
ami ne m'avait pas tellement perdu de vue, qu'il
ignorât mon aventure ; il savait que j'étais à Saint-
Lazare, et peut-être n'avait-il pas été fâché de cette
disgrâce qu'il croyait capable de me ramener au
devoir. Il accourut aussitôt à ma chambre.

Notre entretien fut plein d'amitié. Il voulut être
informé de mes dispositions. Je lui ouvris mon cœur
sans réserve, excepté sur le dessein de ma fuite. Ce
n'est pas à vos yeux, cher ami, lui dis-je, que je veux
paraître ce que je ne suis point. Si vous avez cru
trouver ici un ami sage et réglé dans ses désirs, un
libertin réveillé par les châtiments du Ciel, en un mot
un cœur dégagé de l'amour et revenu des charmes de
sa Manon, vous avez jugé trop favorablement de moi.
Vous me revoyez tel que vous me laissâtes il y a quatre
mois : toujours tendre, et toujours malheureux par
cette fatale tendresse dans laquelle je ne me lasse
point de chercher mon bonheur.

Il me répondit que l'aveu que je faisais me rendait
inexcusable ; qu'on voyait bien des pécheurs qui s'eni-
vraient du faux bonheur du vice jusqu'à le préférer
hautement à celui de la vertu ; mais que c'était du
moins à des images de bonheur qu'ils s'attachaient, et
qu'ils étaient les dupes de l'apparence ; mais que de
reconnaître, comme je le faisais, que l'objet de mes
attachements n'était propre qu'à me rendre coupable
et malheureux, et de continuer à me précipiter volontairement dans l'infortune et dans le crime, c'était une
contradiction d'idées et de conduite qui ne faisait pas
honneur à ma raison.

Tiberge, repris-je, qu'il vous est aisé de vaincre,
lorsqu'on n'oppose rien à vos armes ! Laissez-moi raisonner à mon tour. Pouvez-vous prétendre que ce que
vous appelez le bonheur de la vertu soit exempt de
peines, de traverses et d'inquiétudes ? Quel nom don-

nerez-vous à la prison, aux croix, aux supplices et aux tortures des tyrans ? Direz-vous, comme font les mystiques, que ce qui tourmente le corps est un bonheur pour l'âme ? Vous n'oseriez le dire ; c'est un paradoxe insoutenable. Ce bonheur que vous relevez tant, est donc mêlé de mille peines ; ou pour parler plus juste, ce n'est qu'un tissu de malheurs, au travers desquels on tend à la félicité. Or, si la force de l'imagination fait trouver du plaisir dans ces maux mêmes, parce qu'ils peuvent conduire à un terme heureux qu'on espère, pourquoi traitez-vous de contradictoire et d'insensée, dans ma conduite, une disposition toute semblable ? J'aime Manon ; je tends au travers de mille douleurs à vivre heureux et tranquille auprès d'elle. La voie par où je marche est malheureuse ; mais l'espérance d'arriver à mon terme y répand toujours de la douceur ; et je me croirai trop bien payé, par un moment passé avec elle, de tous les chagrins que j'essuie pour l'obtenir. Toutes choses me paraissent donc égales de votre côté et du mien ; ou s'il y a quelque différence, elle est encore à mon avantage, car le bonheur que j'espère est proche, et l'autre est éloigné ; le mien est de la nature des peines, c'est-à-dire sensible au corps, et l'autre est d'une nature inconnue, qui n'est certaine que par la foi.

Tiberge parut effrayé de ce raisonnement. Il recula de deux pas, en me disant, de l'air le plus sérieux, que non seulement ce que je venais de dire blessait le bon sens, mais que c'était un malheureux sophisme d'impiété et d'irréligion : car cette comparaison, ajouta-t-il, du terme de vos peines avec celui qui est proposé par la religion, est une idée des plus libertines et des plus monstrueuses.

J'avoue, repris-je, qu'elle n'est pas juste ; mais prenez-y garde, ce n'est pas sur elle que porte mon raisonnement. J'ai eu dessein d'expliquer ce que vous regardez comme une contradiction dans la persévérance d'un amour malheureux ; et je crois avoir fort bien prouvé que si c'en est une, vous ne sauriez vous en sauver plus que moi. C'est à cet égard seulement que j'ai traité les choses d'égales, et je soutiens encore

qu'elles le sont. Répondrez-vous que le terme de la
vertu est infiniment supérieur à celui de l'amour ? Qui
refuse d'en convenir ? Mais est-ce de quoi il est question ? Ne s'agit-il pas de la force qu'ils ont, l'un et
l'autre, pour faire supporter les peines ? Jugeons-en
par l'effet. Combien trouve-t-on de déserteurs de la
sévère vertu, et combien en trouverez-vous peu de
l'amour ? Répondrez-vous encore que, s'il y a des
peines dans l'exercice du bien, elles ne sont pas
infaillibles et nécessaires ; qu'on ne trouve plus de
tyrans ni de croix, et qu'on voit quantité de personnes
vertueuses mener une vie douce et tranquille ? Je vous
dirai de même qu'il y a des amours paisibles et fortu-
nés ; et ce qui fait encore une différence qui m'est
extrêmement avantageuse, j'ajouterai que l'amour,
quoiqu'il trompe assez souvent, ne promet du moins
que des satisfactions et des joies, au lieu que la religion veut qu'on s'attende à une pratique triste et mor-
tifiante. Ne vous alarmez pas, ajoutai-je en voyant son
zèle prêt à se chagriner. L'unique chose que je veux
conclure ici, c'est qu'il n'y a point de plus mauvaise
méthode pour dégoûter un cœur de l'amour, que de
lui en décrier les douceurs et de lui promettre plus de
bonheur dans l'exercice de la vertu. De la manière
dont nous sommes faits, il est certain que notre félicité
consiste dans le plaisir ; je défie qu'on s'en forme une
autre idée ; or le cœur n'a pas besoin de se consulter
longtemps pour sentir que, de tous les plaisirs, les plus
doux sont ceux de l'amour. Il s'aperçoit bientôt qu'on
le trompe lorsqu'on lui en promet ailleurs de plus
charmants ; et cette tromperie le dispose à se défier
des promesses les plus solides. Prédicateurs, qui
voulez me ramener à la vertu, dites-moi qu'elle est
indispensablement nécessaire ; mais ne me déguisez
pas qu'elle est sévère et pénible. Etablissez bien que
les délices de l'amour sont passagères, qu'elles sont
défendues, qu'elles seront suivies par d'éternelles peines ; et ce qui fera peut-être encore plus d'impression
sur moi, que plus elles sont douces et charmantes,
plus le Ciel sera magnifique à récompenser un si

grand sacrifice ; mais confessez qu'avec des cœurs tels que nous les avons, elles sont ici-bas nos plus parfaites félicités [54].

Cette fin de mon discours rendit sa bonne humeur à Tiberge. Il convint qu'il y avait quelque chose de raisonnable dans mes pensées. La seule objection qu'il ajouta fut de me demander pourquoi je n'entrais pas du moins dans mes propres principes, en sacrifiant mon amour à l'espérance de cette rémunération dont je me faisais une si grande idée. O cher ami ! lui répondis-je, c'est ici que je reconnais ma misère et ma faiblesse. Hélas ! oui, c'est mon devoir d'agir comme je raisonne ! mais l'action est-elle en mon pouvoir ? De quels secours n'aurais-je pas besoin pour oublier les charmes de Manon ? Dieu me pardonne, reprit Tiberge, je pense que voici encore un de nos jansé-nistes. Je ne sais ce que je suis, répliquai-je, et je ne vois pas trop clairement ce qu'il faut être ; mais je n'éprouve que trop la vérité de ce qu'ils disent [55].

Cette conversation servit du moins à renouveler la pitié de mon ami. Il comprit qu'il y avait plus de faiblesse que de malignité dans mes désordres. Son amitié en fut plus disposée, dans la suite, à me donner des secours, sans lesquels j'aurais péri infailliblement de misère. Cependant je ne lui fis pas la moindre ouverture du dessein que j'avais de m'échapper de Saint-Lazare. Je le priai seulement de se charger de ma lettre. Je l'avais préparée, avant qu'il fût venu, et je ne manquai point de prétextes pour colorer la néces-sité où j'étais d'écrire. Il eut la fidélité de la porter exactement, et Lescaut reçut, avant la fin du jour, celle qui était pour lui.

Il me vint voir le lendemain, et il passa heureuse-ment sous le nom de mon frère. Ma joie fut extrême en l'apercevant dans ma chambre. J'en fermai la porte avec soin. Ne perdons pas un seul moment, lui dis-je ; apprenez-moi d'abord des nouvelles de Manon, et donnez-moi ensuite un bon conseil pour rompre mes fers. Il m'assura qu'il n'avait pas vu sa sœur depuis le jour qui avait précédé mon emprisonnement, qu'il

n'avait appris son sort et le mien qu'à force d'informations et de soins ; que s'étant présenté deux ou
trois fois à l'Hôpital, on lui avait refusé la liberté de lui
parler. Malheureux G... M... ! m'écriai-je, que tu me
le paieras cher !

Pour ce qui regarde votre délivrance, continua Lescaut, c'est une entreprise moins facile que vous ne
pensez. Nous passâmes hier la soirée, deux de mes
amis et moi, à observer toutes les parties extérieures
de cette maison, et nous jugeâmes que, vos fenêtres
étant sur une cour entourée de bâtiments, comme
vous nous l'aviez marqué, il y aurait bien de la difficulté à vous tirer de là. Vous êtes d'ailleurs au troisième étage, et nous ne pouvons introduire ici ni
cordes ni échelles. Je ne vois donc nulle ressource du
côté du dehors. C'est dans la maison même qu'il faudrait imaginer quelque artifice. Non, repris-je ; j'ai
tout examiné, surtout depuis que ma clôture est un
peu moins rigoureuse, par l'indulgence du Supérieur.
La porte de ma chambre ne se ferme plus avec la clef ;
j'ai la liberté de me promener dans les galeries des
religieux ; mais tous les escaliers sont bouchés par des
portes épaisses, qu'on a soin de tenir fermées la nuit et
le jour, de sorte qu'il est impossible que la seule
adresse puisse me sauver. Attendez, repris-je, après
avoir un peu réfléchi sur une idée qui me parut excel-
lente, pourriez-vous m'apporter un pistolet ? Aisément, me dit Lescaut ; mais voulez-vous tuer
quelqu'un ? Je l'assurai que j'avais si peu dessein de
tuer qu'il n'était pas même nécessaire que le pistolet
fût chargé. Apportez-le-moi demain, ajoutai-je, et ne
manquez pas de vous trouver le soir, à onze heures,
vis-à-vis de la porte de cette maison, avec deux ou
trois de nos amis. J'espère que je pourrai vous y
rejoindre. Il me pressa en vain de lui en apprendre
davantage. Je lui dis qu'une entreprise telle que je la
méditais, ne pouvait paraître raisonnable qu'après
avoir réussi. Je le priai d'abréger sa visite, afin qu'il
trouvât plus de facilité à me revoir le lendemain. Il fut
admis avec aussi peu de peine que la première fois.

Son air était grave. Il n'y a personne qui ne l'eût pris pour un homme d'honneur.

Lorsque je me trouvai muni de l'instrument de ma liberté, je ne doutai presque plus du succès de mon projet. Il était bizarre et hardi ; mais de quoi n'étais-je pas capable, avec les motifs qui m'animaient ? J'avais remarqué, depuis qu'il m'était permis de sortir de ma chambre et de me promener dans les galeries, que le portier apportait chaque jour au soir les clefs de toutes les portes au Supérieur, et qu'il régnait ensuite un profond silence dans la maison, qui marquait que tout le monde était retiré. Je pouvais aller sans obstacle, par une galerie de communication, de ma chambre à celle de ce Père. Ma résolution était de lui prendre ses clefs, en l'épouvantant avec mon pistolet s'il faisait difficulté de me les donner, et de m'en servir pour gagner la rue. J'en attendis le temps avec impatience. Le portier vint à l'heure ordinaire, c'est-à-dire un peu après neuf heures. J'en laissai passer encore une, pour m'assurer que tous les religieux et les domestiques étaient endormis. Je partis enfin, avec mon arme et une chandelle allumée. Je frappai d'abord doucement à la porte du Père, pour l'éveiller sans bruit. Il m'entendit au second coup ; et s'imaginant sans doute que c'était quelque religieux qui se trouvait mal et qui avait besoin de secours, il se leva pour m'ouvrir. Il eut néanmoins la précaution de demander, au travers de la porte, qui c'était et ce qu'on voulait de lui. Je fus obligé de me nommer ; mais j'affectai un ton plaintif, pour lui faire comprendre que je ne me trouvais pas bien. Ah ! c'est vous, mon cher fils, me dit-il, en ouvrant la porte. Qu'est-ce donc qui vous amène si tard ? J'entrai dans sa chambre, et l'ayant tiré à l'autre bout, opposé à la porte, je lui déclarai qu'il m'était impossible de demeurer plus longtemps à Saint-Lazare ; que la nuit était un temps commode pour sortir sans être aperçu, et que j'attendais de son amitié qu'il consentirait à m'ouvrir les portes, ou à me prêter ses clefs pour les ouvrir moi-même.

Ce compliment devait le surprendre. Il demeura

quelque temps à me considérer, sans me répondre.
Comme je n'en avais pas à perdre, je repris la parole
pour lui dire que j'étais fort touché de toutes ses
bontés, mais que la liberté étant le plus cher de tous
les biens, surtout pour moi à qui on la ravissait injustement, j'étais résolu de me la procurer cette nuit
même, à quelque prix que ce fût ; et de peur qu'il ne
lui prît envie d'élever la voix pour appeler du secours,
je lui fis voir une honnête raison de silence, que je
tenais sous mon juste-au-corps. Un pistolet ! me dit-il.
Quoi ! mon fils, vous voulez m'ôter la vie, pour reconnaître la considération que j'ai eue pour vous ? A Dieu
ne plaise, lui répondis-je. Vous avez trop d'esprit et de
raison pour me mettre dans cette nécessité ; mais je
veux être libre, et j'y suis si résolu que, si mon projet
manque par votre faute, c'est fait de vous absolument.
Mais, mon cher fils ! reprit-il d'un air pâle et effrayé,
que vous ai-je fait ? quelle raison avez-vous de vouloir
ma mort ? Eh non ! répliquai-je avec impatience. Je
n'ai pas dessein de vous tuer. Si vous voulez vivre,
ouvrez-moi la porte, et je suis le meilleur de vos amis.
J'aperçus les clefs, qui étaient sur la table. Je les pris,
et je le priai de me suivre, en faisant le moins de bruit
qu'il pourrait. Il fut obligé de s'y résoudre. A mesure
que nous avancions et qu'il ouvrait une porte, il me
répétait avec un soupir : Ah ! mon fils, ah ! qui l'aurait
cru ? Point de bruit, mon Père, répétais-je de mon
côté à tout moment. Enfin nous arrivâmes à une
espèce de barrière, qui est avant la grande porte de la
rue. Je me croyais déjà libre, et j'étais derrière le Père,
avec ma chandelle dans une main et mon pistolet dans
l'autre. Pendant qu'il s'empressait d'ouvrir, un
domestique, qui couchait dans une petite chambre
voisine, entendant le bruit de quelques verrous, se lève
et met la tête à sa porte. Le bon Père le crut apparemment capable de m'arrêter. Il lui ordonna, avec
beaucoup d'imprudence, de venir à son secours.
C'était un puissant coquin, qui s'élança sur moi sans
balancer. Je ne le marchandai point ; je lui lâchai le
coup au milieu de la poitrine. Voilà de quoi vous êtes

cause, mon Père, dis-je assez fièrement à mon guide.
Mais que cela ne vous empêche point d'achever, ajoutai-je en le poussant vers la dernière porte. Il n'osa
refuser de l'ouvrir. Je sortis heureusement et je
trouvai, à quatre pas, Lescaut qui m'attendait avec
deux amis, suivant sa promesse.

Nous nous éloignâmes. Lescaut me demanda s'il
n'avait pas entendu tirer un pistolet. C'est votre faute,
lui dis-je ; pourquoi me l'apportiez-vous chargé ?
Cependant je le remerciai d'avoir eu cette précaution,
sans laquelle j'étais sans doute à Saint-Lazare pour
longtemps. Nous allâmes passer la nuit chez un trai-
teur, où je me remis un peu de la mauvaise chère que
j'avais faite depuis près de trois mois. Je ne pus néanmoins m'y livrer au plaisir. Je souffrais mortellement
dans Manon. Il faut la délivrer, dis-je à mes trois amis.
Je n'ai souhaité la liberté que dans cette vue. Je vous
demande le secours de votre adresse ; pour moi, j'y
emploierai jusqu'à ma vie. Lescaut, qui ne manquait
pas d'esprit et de prudence, me représenta qu'il fallait
aller bride en main ; que mon évasion de Saint-
Lazare, et le malheur qui m'était arrivé en sortant,
causeraient infailliblement du bruit ; que le Lieutenant
général de Police me ferait chercher, et qu'il avait les
bras longs ; enfin, que si je ne voulais pas être exposé
à quelque chose de pis que Saint-Lazare, il était à
propos de me tenir couvert et renfermé pendant quelques jours pour laisser au premier feu de mes ennemis
le temps de s'éteindre. Son conseil était sage, mais il
aurait fallu l'être aussi pour le suivre. Tant de lenteur
et de ménagement ne s'accordait pas avec ma passion.
Toute ma complaisance se réduisit à lui promettre que
je passerais le jour suivant à dormir. Il m'enferma
dans sa chambre, où je demeurai jusqu'au soir.

J'employai une partie de ce temps à former des projets et des expédients pour secourir Manon. J'étais
bien persuadé que sa prison était encore plus impéné-
trable que n'avait été la mienne. Il n'était pas question
de force et de violence, il fallait de l'artifice ; mais la
déesse même de l'invention n'aurait pas su par où

commencer. J'y vis si peu jour, que je remis à considérer mieux les choses lorsque j'aurais pris quelques informations sur l'arrangement intérieur de
l'Hôpital.

Aussitôt que la nuit m'eut rendu la liberté, je priai
Lescaut de m'accompagner. Nous liâmes conversation
avec un des portiers, qui nous parut homme de bon
sens. Je feignis d'être un étranger qui avait entendu
parler avec admiration de l'Hôpital général, et de
l'ordre qui s'y observe. Je l'interrogeai sur les plus
minces détails, et de circonstances en circonstances,
nous tombâmes sur les administrateurs, dont je le
priai de m'apprendre les noms et les qualités [56]. Les
réponses qu'il me fit sur ce dernier article me firent
naître une pensée dont je m'applaudis aussitôt, et que
je ne tardai point à mettre en œuvre. Je lui demandai,
comme une chose essentielle à mon dessein, si ces
messieurs avaient des enfants. Il me dit qu'il ne pouvait pas m'en rendre un compte certain, mais que
pour M. de T., qui était un des principaux, il lui
connaissait un fils en âge d'être marié, qui était venu
plusieurs fois à l'Hôpital avec son père. Cette assurance me suffisait. Je rompis presque aussitôt notre
entretien, et je fis part à Lescaut, en retournant chez
lui, du dessein que j'avais conçu. Je m'imagine, lui
dis-je, que M. de T... le fils, qui est riche et de bonne
famille, est dans un certain goût de plaisirs, comme la
plupart des jeunes gens de son âge. Il ne saurait être
ennemi des femmes, ni ridicule au point de refuser ses
services pour une affaire d'amour. J'ai formé le dessein
de l'intéresser à la liberté de Manon. S'il est honnête
homme, et qu'il ait des sentiments, il nous accordera
son secours par générosité. S'il n'est point capable
d'être conduit par ce motif, il fera du moins quelque
chose pour une fille aimable, ne fût-ce que par l'espérance d'avoir part à ses faveurs. Je ne veux pas différer
de le voir, ajoutai-je, plus longtemps que jusqu'à
demain. Je me sens si consolé par ce projet, que j'en
tire un bon augure. Lescaut convint lui-même qu'il y
avait de la vraisemblance dans mes idées, et que nous

pouvions espérer quelque chose par cette voie. J'en passai la nuit moins tristement.

Le matin étant venu, je m'habillai le plus proprement qu'il me fût possible, dans l'état d'indigence où j'étais, et je me fis conduire dans un fiacre à la maison de M. de T... Il fut surpris de recevoir la visite d'un inconnu. J'augurai bien de sa physionomie et de ses civilités. Je m'expliquai naturellement avec lui, et pour échauffer ses sentiments naturels, je lui parlai de ma passion, et du mérite de ma maîtresse, comme de deux choses qui ne pouvaient être égalées que l'une par l'autre. Il me dit que quoiqu'il n'eût jamais vu Manon, il avait entendu parler d'elle, du moins s'il s'agissait de celle qui avait été la maîtresse du vieux G... M... Je ne doutai point qu'il ne fût informé de la part que j'avais eue à cette aventure, et pour le gagner de plus en plus, en me faisant un mérite de ma confiance, je lui racontai le détail de tout ce qui était arrivé à Manon et à moi. Vous voyez, Monsieur, continuai-je, que l'intérêt de ma vie et celui de mon cœur sont maintenant entre vos mains. L'un ne m'est pas plus cher que l'autre. Je n'ai point de réserve avec vous, parce que je suis informé de votre générosité, et que la ressemblance de nos âges me fait espérer qu'il s'en trouvera quelqu'une dans nos inclinations. Il parut fort sensible à cette marque d'ouverture et de candeur. Sa réponse fut celle d'un homme qui a du monde, et des sentiments ; ce que le monde ne donne pas toujours, et qu'il fait perdre souvent. Il me dit qu'il mettait ma visite au rang de ses bonnes fortunes, qu'il regarderait mon amitié comme une de ses plus heureuses acquisitions, et qu'il s'efforcerait de la mériter par l'ardeur de ses services. Il ne promit pas de me rendre Manon, parce qu'il n'avait, me dit-il, qu'un crédit médiocre et mal assuré ; mais il m'offrit de me procurer le plaisir de la voir, et de faire tout ce qui serait en sa puissance pour la remettre entre mes bras. Je fus plus satisfait de cette incertitude de son crédit, que je ne l'aurais été d'une pleine assurance de remplir tous mes désirs. Je trouvai, dans la modération

de ses offres, une marque de franchise dont je fus
charmé. En un mot, je me promis tout de ses bons
offices. La seule promesse de me faire voir Manon
m'aurait fait tout entreprendre pour lui. Je lui marquai
quelque chose de ces sentiments, d'une manière qui le
persuada aussi que je n'étais pas d'un mauvais naturel.
Nous nous embrassâmes avec tendresse, et nous
devînmes amis, sans autre raison que la bonté de nos
cœurs, et une simple disposition qui porte un homme
tendre et généreux à aimer un autre homme qui lui
ressemble. Il poussa les marques de son estime bien
plus loin ; car ayant combiné mes aventures, et
jugeant qu'en sortant de Saint-Lazare je ne devais pas
me trouver à mon aise, il m'offrit sa bourse, et il me
pressa de l'accepter. Je ne l'acceptai point ; mais je lui
dis : C'est trop, mon cher Monsieur. Si avec tant de
bonté et d'amitié, vous me faites revoir ma chère
Manon, je vous suis attaché pour toute ma vie. Si vous
me rendez tout à fait cette chère créature, je ne croirai
pas être quitte en versant tout mon sang pour vous
servir.

Nous ne nous séparâmes qu'après être convenus du
temps et du lieu où nous devions nous retrouver. Il
eut la complaisance de ne pas me remettre plus loin
que l'après-midi du même jour. Je l'attendis dans un
café, où il vint me rejoindre vers les quatre heures, et
nous prîmes ensemble le chemin de l'Hôpital. Mes
genoux étaient tremblants en traversant les cours.
Puissance d'amour ! disais-je, je reverrai donc l'idole
de mon cœur, l'objet de tant de pleurs et d'inquiétudes ! Ciel ! conservez-moi assez de vie pour aller
jusqu'à elle, et disposez après cela de ma fortune et de
mes jours ; je n'ai plus d'autre grâce à vous demander.

M. de T... parla à quelques concierges de la
maison, qui s'empressèrent de lui offrir tout ce qui
dépendait d'eux pour sa satisfaction. Il se fit montrer
le quartier où Manon avait sa chambre, et l'on nous y
conduisit avec une clef d'une grandeur effroyable, qui
servit à ouvrir sa porte. Je demandai au valet qui nous
menait, et qui était celui qu'on avait chargé du soin de

J. J. Pasquier inv. et Sc.

la servir, de quelle manière elle avait passé le temps dans cette demeure. Il nous dit que c'était une douceur angélique ; qu'il n'avait jamais reçu d'elle un mot de dureté ; qu'elle avait versé continuellement des larmes pendant les six premières semaines après son arrivée, mais que depuis quelque temps elle paraissait prendre son malheur avec plus de patience ; et qu'elle était occupée à coudre du matin jusqu'au soir, à la réserve de quelques heures qu'elle employait à la lecture [57]. Je lui demandai encore si elle avait été entretenue proprement. Il m'assura que le nécessaire du moins ne lui avait jamais manqué.

Nous approchâmes de sa porte. Mon cœur battait violemment. Je dis à M. de T... : Entrez seul et prévenez-la sur ma visite, car j'appréhende qu'elle ne soit trop saisie en me voyant tout d'un coup. La porte nous fut ouverte. Je demeurai dans la galerie. J'entendis néanmoins leur discours. Il lui dit qu'il venait lui apporter un peu de consolation ; qu'il était de mes amis, et qu'il prenait beaucoup d'intérêt à notre bonheur. Elle lui demanda, avec le plus vif empressement, si elle apprendrait de lui ce que j'étais devenu. Il lui promit de m'amener à ses pieds, aussi tendre, aussi fidèle qu'elle pouvait le désirer. Quand ? reprit-elle. Aujourd'hui même, lui dit-il ; ce bienheureux moment ne tardera point ; il va paraître à l'instant si vous le souhaitez. Elle comprit que j'étais à la porte. J'entrai, lorsqu'elle y accourait avec précipitation. Nous nous embrassâmes avec cette effusion de tendresse qu'une absence de trois mois fait trouver si charmante à de parfaits amants. Nos soupirs, nos exclamations interrompues, mille noms d'amour répétés languissamment de part et d'autre, formèrent, pendant un quart d'heure, une scène qui attendrissait M. de T... Je vous porte envie, me dit-il, en nous faisant asseoir ; il n'y a point de sort glorieux auquel je ne préférasse une maîtresse si belle et si passionnée. Aussi mépriserais-je tous les empires du monde, lui répondis-je, pour m'assurer le bonheur d'être aimé d'elle.

Tout le reste d'une conversation si désirée ne pou-

vait manquer d'être infiniment tendre. La pauvre
Manon me raconta ses aventures, et je lui appris les
miennes. Nous pleurâmes amèrement en nous entre-
tenant de l'état où elle était, et de celui d'où je ne
faisais que sortir. M. de T... nous consola, par de
nouvelles promesses de s'employer ardemment pour
finir nos misères. Il nous conseilla de ne pas rendre
cette première entrevue trop longue, pour lui donner
plus de facilité à nous en procurer d'autres. Il eut
beaucoup de peine à nous faire goûter ce conseil ;
Manon, surtout, ne pouvait se résoudre à me laisser
partir. Elle me fit remettre cent fois sur ma chaise ;
elle me retenait par les habits et par les mains. Hélas !
dans quel lieu me laissez-vous ! disait-elle. Qui peut
m'assurer de vous revoir ? M. de T... lui promit de la
venir voir souvent avec moi. Pour le lieu, ajouta-t-il
agréablement, il ne faut plus l'appeler l'Hôpital ; c'est
Versailles, depuis qu'une personne qui mérite l'empire
de tous les cœurs y est renfermée.

Je fis, en sortant, quelques libéralités au valet qui la
servait, pour l'engager à lui rendre ses soins avec zèle.
Ce garçon avait l'âme moins basse et moins dure que
ses pareils [58]. Il avait été témoin de notre entrevue ; ce
tendre spectacle l'avait touché. Un louis d'or, dont je
lui fis présent, acheva de me l'attacher. Il me prit à
l'écart en descendant dans les cours. Monsieur, me
dit-il, si vous me voulez prendre à votre service, ou me
donner une honnête récompense pour me dédommager de la perte de l'emploi que j'occupe ici, je crois
qu'il me sera facile de délivrer Mademoiselle Manon.
J'ouvris l'oreille à cette proposition ; et quoique je
fusse dépourvu de tout, je lui fis des promesses fort
au-dessus de ses désirs. Je comptais bien qu'il me
serait toujours aisé de récompenser un homme de
cette étoffe. Sois persuadé, lui dis-je, mon ami, qu'il
n'y a rien que je ne fasse pour toi, et que ta fortune est
aussi assurée que la mienne. Je voulus savoir quels
moyens il avait dessein d'employer. Nul autre, me
dit-il, que de lui ouvrir le soir la porte de sa chambre,
et de vous la conduire jusqu'à celle de la rue, où il

faudra que vous soyez prêt à la recevoir. Je lui demandai s'il n'était point à craindre qu'elle ne fût reconnue en traversant les galeries et les cours. Il confessa qu'il y avait quelque danger, mais il me dit qu'il fallait bien risquer quelque chose. Quoique je fusse ravi de le voir si résolu, j'appelai M. de T... pour lui communiquer ce projet, et la seule raison qui semblait pouvoir le rendre douteux. Il y trouva plus de difficulté que moi. Il convint qu'elle pouvait absolument s'échapper de cette manière ; mais si elle est reconnue, continua-t-il, si elle est arrêtée en fuyant, c'est peut-être fait d'elle pour toujours. D'ailleurs il vous faudrait donc quitter Paris sur-le-champ, car vous ne seriez jamais assez caché aux recherches. On les redoublerait, autant par rapport à vous qu'à elle. Un homme s'échappe aisément quand il est seul, mais il est presque impossible de demeurer inconnu avec une jolie femme. Quelque solide que me parût ce raisonnement, il ne put l'emporter, dans mon esprit, sur un espoir si proche de mettre Manon en liberté.

Je le dis à M. de T..., et je le priai de pardonner un peu d'imprudence et de témérité à l'amour. J'ajoutai que mon dessein était en effet de quitter Paris, pour m'arrêter, comme j'avais déjà fait, dans quelque village voisin. Nous convînmes donc, avec le valet, de ne pas remettre son entreprise plus loin qu'au jour suivant, et pour la rendre aussi certaine qu'il était en notre pouvoir, nous résolûmes d'apporter des habits d'homme, dans la vue de faciliter notre sortie. Il n'était pas aisé de les faire entrer, mais je ne manquai pas d'invention pour en trouver le moyen. Je priai seulement M. de T... de mettre le lendemain deux vestes légères l'une sur l'autre, et je me chargeai de tout le reste.

Nous retournâmes le matin à l'Hôpital. J'avais avec moi, pour Manon, du linge, des bas, etc., et par dessus mon juste-au-corps, un surtout qui ne laissait rien voir de trop enflé dans mes poches. Nous ne fûmes qu'un moment dans sa chambre. M. de T... lui laissa une de ses deux vestes ; je lui donnai mon juste-

au-corps, le surtout me suffisant pour sortir. Il ne se
trouva rien de manque à son ajustement, excepté la
culotte que j'avais malheureusement oubliée. L'oubli
de cette pièce nécessaire nous eût sans doute apprêtés
à rire si l'embarras où il nous mettait eût été moins
sérieux. J'étais au désespoir qu'une bagatelle de cette
nature fût capable de nous arrêter. Cependant je pris
mon parti, qui fut de sortir moi-même sans culotte. Je
laissai la mienne à Manon. Mon surtout était long, et
je me mis, à l'aide de quelques épingles, en état de
passer décemment à la porte. Le reste du jour me
parut d'une longueur insupportable. Enfin, la nuit
étant venue, nous nous rendîmes un peu au-dessous
de la porte de l'Hôpital, dans un carrosse. Nous n'y
fûmes pas longtemps sans voir Manon paraître avec
son conducteur. Notre portière étant ouverte, ils mon-
tèrent tous deux à l'instant. Je reçus ma chère maîtresse dans mes bras. Elle tremblait comme une
feuille. Le cocher me demanda où il fallait toucher.
Touche au bout du monde, lui dis-je, et mène-moi
quelque part où je ne puisse jamais être séparé de
Manon.

Ce transport, dont je ne fus pas le maître, faillit de
m'attirer un fâcheux embarras. Le cocher fit réflexion
à mon langage ; et lorsque je lui dis ensuite le nom de
la rue où nous voulions être conduits, il me répondit
qu'il craignait que je ne l'engageasse dans une mauvaise affaire, qu'il voyait bien que ce beau jeune
homme qui s'appelait Manon, était une fille que
j'enlevais de l'Hôpital, et qu'il n'était pas d'humeur à
se perdre pour l'amour de moi. La délicatesse de ce
coquin n'était qu'une envie de me faire payer la voiture plus cher. Nous étions trop près de l'Hôpital pour
ne pas filer doux. Tais-toi, lui dis-je, il y a un louis
d'or à gagner pour toi. Il m'aurait aidé, après cela, à
brûler l'Hôpital même. Nous gagnâmes la maison où
demeurait Lescaut. Comme il était tard, M. de T...
nous quitta en chemin, avec promesse de nous revoir
le lendemain. Le valet demeura seul avec nous.

Je tenais Manon si étroitement serrée entre mes

bras, que nous n'occupions qu'une place dans le carrosse. Elle pleurait de joie, et je sentais ses larmes qui
mouillaient mon visage. Mais lorsqu'il fallut descendre pour entrer chez Lescaut, j'eus avec le cocher
un nouveau démêlé, dont les suites furent funestes. Je
me repentis de lui avoir promis un louis, non seulement parce que le présent était excessif, mais par une
autre raison bien plus forte, qui était l'impuissance de
le payer. Je fis appeler Lescaut. Il descendit de sa
chambre pour venir à la porte. Je lui dis à l'oreille
dans quel embarras je me trouvais. Comme il était
d'une humeur brusque, et nullement accoutumé à
ménager un fiacre, il me répondit que je me moquais.
Un louis d'or ! ajouta-t-il. Vingt coups de canne à ce
coquin-là ! J'eus beau lui représenter doucement qu'il
allait nous perdre, il m'arracha ma canne, avec l'air
d'en vouloir maltraiter le cocher. Celui-ci, à qui il était
peut-être arrivé de tomber quelquefois sous la main
d'un garde du corps ou d'un mousquetaire, s'enfuit de
peur, avec son carrosse, en criant que je l'avais
trompé, mais que j'aurais de ses nouvelles. Je lui
répétai inutilement d'arrêter. Sa fuite me causa une
extrême inquiétude. Je ne doutai point qu'il n'avertît
le commissaire. Vous me perdez, dis-je à Lescaut. Je
ne serais pas en sûreté chez vous ; il faut nous éloigner
dans le moment. Je prêtai le bras à Manon pour marcher, et nous sortîmes promptement de cette dangereuse rue. Lescaut nous tint compagnie. C'est quelque
chose d'admirable que la manière dont la Providence
enchaîne les événements. A peine avions-nous marché
cinq ou six minutes, qu'un homme, dont je ne découvris point le visage, reconnut Lescaut. Il le cherchait
sans doute aux environs de chez lui, avec le malheureux dessein qu'il exécuta. C'est Lescaut, dit-il, en lui
lâchant un coup de pistolet ; il ira souper ce soir avec
les anges. Il se déroba aussitôt. Lescaut tomba, sans le
moindre mouvement de vie. Je pressai Manon de fuir,
car nos secours étaient inutiles à un cadavre, et je
craignais d'être arrêté par le guet, qui ne pouvait
tarder à paraître. J'enfilai, avec elle et le valet, la pre-

mière petite rue qui croisait. Elle était si éperdue, que j'avais de la peine à la soutenir. Enfin j'aperçus un fiacre au bout de la rue. Nous y montâmes, mais lorsque le cocher me demanda où il fallait nous conduire, je fus embarrassé à lui répondre. Je n'avais point d'asile assuré, ni d'ami de confiance à qui j'osasse avoir recours. J'étais sans argent, n'ayant guère plus d'une demi-pistole dans ma bourse. La frayeur et la fatigue avaient tellement incommodé Manon, qu'elle était à demi pâmée près de moi. J'avais d'ailleurs l'imagination remplie du meurtre de Lescaut, et je n'étais pas encore sans appréhension de la part du guet. Quel parti prendre ? Je me souvins heureusement de l'auberge de Chaillot, où j'avais passé quelques jours avec Manon, lorsque nous étions allés dans ce village pour y demeurer. J'espérai non seulement d'y être en sûreté, mais d'y pouvoir vivre quelque temps sans être pressé de payer. Mène-nous à Chaillot, dis-je au cocher. Il refusa d'y aller si tard, à moins d'une pistole : autre sujet d'embarras. Enfin nous convînmes de six francs ; c'était toute la somme qui restait dans ma bourse.

Je consolais Manon, en avançant ; mais au fond, j'avais le désespoir dans le cœur. Je me serais donné mille fois la mort, si je n'eusse pas eu dans mes bras le seul bien qui m'attachait à la vie. Cette seule pensée me remettait. Je la tiens du moins, disais-je ; elle m'aime, elle est à moi. Tiberge a beau dire, ce n'est pas là un fantôme de bonheur [59]. Je verrais périr tout l'univers sans y prendre intérêt. Pourquoi ? Parce que je n'ai plus d'affection de reste. Ce sentiment était vrai ; cependant, dans le temps que je faisais si peu de cas des biens du monde, je sentais que j'aurais eu besoin d'en avoir du moins une petite partie, pour mépriser encore plus souverainement tout le reste. L'amour est plus fort que l'abondance, plus fort que les trésors et les richesses, mais il a besoin de leur secours ; et rien n'est plus désespérant, pour un amant délicat, que de se voir ramené par là, malgré lui, à la grossièreté des âmes les plus basses.

Il était onze heures quand nous arrivâmes à Chaillot. Nous fûmes reçus à l'auberge comme des personnes de connaissance. On ne fut pas surpris de voir Manon en habit d'homme, parce qu'on est accoutumé, à Paris et aux environs, de voir prendre aux femmes toutes sortes de formes. Je la fis servir aussi proprement que si j'eusse été dans la meilleure fortune. Elle ignorait que je fusse mal en argent. Je me gardai bien de lui en rien apprendre, étant résolu de retourner seul à Paris le lendemain, pour chercher quelque remède à cette fâcheuse espèce de maladie.

Elle me parut pâle et maigrie en soupant. Je ne m'en étais point aperçu à l'Hôpital, parce que la chambre où je l'avais vue n'était pas des plus claires. Je lui demandai si ce n'était point encore un effet de la frayeur qu'elle avait eue en voyant assassiner son frère. Elle m'assura que quelque touchée qu'elle fût de cet accident, sa pâleur ne venait que d'avoir essuyé pendant trois mois mon absence. Tu m'aimes donc extrêmement ? lui répondis-je. Mille fois plus que je ne puis dire, reprit-elle. Tu ne me quitteras donc plus jamais ? ajoutai-je. Non, jamais, répliqua-t-elle ; et cette assurance fut confirmée par tant de caresses et de serments, qu'il me parut impossible, en effet, qu'elle pût jamais les oublier. J'ai toujours été persuadé qu'elle était sincère ; quelle raison aurait-elle eue de se contrefaire jusqu'à ce point ? Mais elle était encore plus volage, ou plutôt elle n'était plus rien, et elle ne se reconnaissait pas elle-même, lorsque ayant devant les yeux des femmes qui vivaient dans l'abondance, elle se trouvait dans la pauvreté et le besoin. J'étais à la veille d'en avoir une dernière preuve qui a surpassé toutes les autres, et qui a produit la plus étrange aventure qui soit jamais arrivée à un homme de ma naissance et de ma fortune.

Comme je la connaissais de cette humeur, je me hâtai le lendemain d'aller à Paris. La mort de son frère et la nécessité d'avoir du linge et des habits pour elle et pour moi, étaient de si bonnes raisons, que je n'eus pas besoin de prétextes. Je sortis de l'auberge avec le

dessein, dis-je à Manon et à mon hôte, de prendre un
carrosse de louage ; mais c'était une gasconnade. La
nécessité m'obligeant d'aller à pied, je marchai fort
vite jusqu'au Cours-la-Reine, où j'avais dessein de
m'arrêter. Il fallait bien prendre un moment de solitude et de tranquillité pour m'arranger et prévoir ce
que j'allais faire à Paris.

Je m'assis sur l'herbe. J'entrai dans une mer de raisonnements et de réflexions, qui se réduisirent peu à
peu à trois principaux articles. J'avais besoin d'un
secours présent, pour un nombre infini de nécessités
présentes. J'avais à chercher quelque voie qui pût du
moins m'ouvrir des espérances pour l'avenir ; et ce qui
n'était pas de moindre importance, j'avais des informations et des mesures à prendre, pour la sûreté de
Manon et pour la mienne. Après m'être épuisé en
projets et en combinaisons sur ces trois chefs, je jugeai
encore à propos d'en retrancher les deux derniers.
Nous n'étions pas mal à couvert, dans une chambre
de Chaillot ; et pour les besoins futurs, je crus qu'il
serait temps d'y penser lorsque j'aurais satisfait aux
présents.

Il était donc question de remplir actuellement ma
bourse. M. de T... m'avait offert généreusement la
sienne ; mais j'avais une extrême répugnance à le
remettre moi-même sur cette matière. Quel personnage, que d'aller exposer sa misère à un étranger, et
de le prier de nous faire part de son bien ! Il n'y a
qu'une âme lâche qui en soit capable, par une bas-
sesse qui l'empêche d'en sentir l'indignité ; ou un
chrétien humble, par un excès de générosité qui le
rend supérieur à cette honte. Je n'étais ni un homme
lâche, ni un bon chrétien ; j'aurais donné la moitié de
mon sang pour éviter cette humiliation. Tiberge,
disais-je, le bon Tiberge me refusera-t-il ce qu'il aura
le pouvoir de me donner ? Non, il sera touché de ma
misère ; mais il m'assassinera par sa morale. Il faudra
essuyer ses reproches, ses exhortations, ses menaces ;
il me fera acheter ses secours si cher, que je donnerais
encore une partie de mon sang plutôt que de

m'exposer à cette scène fâcheuse, qui me laissera du trouble et des remords. Bon, reprenais-je ; il faut donc renoncer à tout espoir, puisqu'il ne me reste point d'autre voie, et que je suis si éloigné de m'arrêter à ces deux-là, que je verserais plus volontiers la moitié de mon sang que d'en prendre une, c'est-à-dire tout mon sang plutôt que de les prendre toutes deux ? Oui, mon sang tout entier, ajoutai-je, après une réflexion d'un moment ; je le donnerais plus volontiers, sans doute, que de me réduire à de basses supplications. Mais il s'agit bien ici de mon sang ! Il s'agit de la vie et de l'entretien de Manon, il s'agit de son amour et de sa fidélité. Qu'ai-je à mettre en balance avec elle ? Je n'y ai rien mis jusqu'à présent. Elle me tient lieu de gloire, de bonheur et de fortune. Il y a bien des choses, sans doute, que je donnerais ma vie pour obtenir ou pour éviter ; mais estimer une chose plus que ma vie n'est pas une raison pour l'estimer autant que Manon. Je ne fus pas longtemps à me déterminer, après ce raisonnement. Je continuai mon chemin, résolu d'aller d'abord chez Tiberge, et de là chez M. de T...

En entrant à Paris, je pris un fiacre, quoique je n'eusse pas de quoi le payer ; je comptais sur les secours que j'allais solliciter. Je me fis conduire au Luxembourg, d'où j'envoyai avertir Tiberge que j'étais à l'attendre. Il satisfit mon impatience par sa promptitude. Je lui appris l'extrémité de mes besoins, sans nul détour. Il me demanda si les cent pistoles que je lui avais rendues me suffiraient ; et sans m'opposer un seul mot de difficulté, il me les alla chercher dans le moment, avec cet air ouvert, et ce plaisir à donner, qui n'est connu que de l'amour et de la véritable amitié. Quoique je n'eusse pas eu le moindre doute du succès de ma demande, je fus surpris de l'avoir obtenue à si bon marché, c'est-à-dire sans qu'il m'eût querellé sur mon impénitence. Mais je me trompais en me croyant tout à fait quitte de ses reproches ; car lorsqu'il eut achevé de me compter son argent et que je me préparais à le quitter, il me pria de faire avec lui un tour d'allée. Je ne lui avais point parlé de Manon. Il ignorait qu'elle fût en liberté ; ainsi sa morale ne tomba que sur ma fuite téméraire de Saint-Lazare, et sur la crainte où il était qu'au lieu de profiter des leçons de sagesse que j'y avais reçues, je ne reprisse le train du désordre. Il me dit qu'étant allé pour me visiter à Saint-Lazare, le lendemain de mon évasion, il avait été frappé au-delà de toute expression en apprenant la manière dont j'en étais sorti ; qu'il avait eu là-dessus un entretien avec le Supérieur ; que ce bon Père n'était pas encore remis de son effroi ; qu'il avait eu néanmoins la générosité de déguiser à M. le Lieutenant général de Police les circonstances de mon départ, et qu'il avait empêché que la mort du portier ne fût connue au-dehors ; que je n'avais donc, de ce côté-là, nul sujet d'alarme, mais que s'il me restait le moindre sentiment de sagesse, je profiterais de cet heureux tour que le Ciel donnait à mes affaires ; que je devais commencer par écrire à mon père et me remettre bien avec lui ; et que si je voulais suivre une fois son conseil, il était d'avis que je quittasse Paris, pour retourner dans le sein de ma famille.

J'écoutai son discours jusqu'à la fin. Il y avait là bien des choses satisfaisantes. Je fus ravi, premièrement, de n'avoir rien à craindre du côté de Saint-Lazare. Les rues de Paris me redevenaient un pays libre. En second lieu, je m'applaudis de ce que Tiberge n'avait pas la moindre idée de la délivrance de Manon, et de son retour avec moi. Je remarquai même qu'il avait évité de me parler d'elle, dans l'opinion apparemment qu'elle me tenait moins au cœur, puisque je paraissais si tranquille sur son sujet. Je résolus, sinon de retourner dans ma famille, du moins d'écrire à mon père, comme il me le conseillait, et de lui témoigner que j'étais disposé à rentrer dans l'ordre de mes devoirs et de ses volontés. Mon espérance était de l'engager à m'envoyer de l'argent, sous prétexte de faire mes exercices à l'Académie [60] ; car j'aurais eu peine à lui persuader que je fusse dans la disposition de retourner à l'état ecclésiastique. Et dans le fond, je

n'avais nul éloignement pour ce que je voulais lui promettre. J'étais bien aise, au contraire, de m'appliquer
à quelque chose d'honnête et de raisonnable, autant
que ce dessein pourrait s'accorder avec mon amour. Je
faisais mon compte de vivre avec ma maîtresse, et de
faire en même temps mes exercices. Cela était fort
compatible. Je fus si satisfait de toutes ces idées que je
promis à Tiberge de faire partir, le jour même, une
lettre pour mon père. J'entrai effectivement dans un
bureau d'écriture [61], en le quittant ; et j'écrivis d'une
manière si tendre et si soumise, qu'en relisant ma
lettre, je me flattai d'obtenir quelque chose du cœur
paternel.

Quoique je fusse en état de prendre et de payer un
fiacre après avoir quitté Tiberge, je me fis un plaisir de
marcher fièrement à pied en allant chez M. de T... Je
trouvais de la joie dans cet exercice de ma liberté,
pour laquelle mon ami m'avait assuré qu'il ne me restait rien à craindre. Cependant il me revint tout d'un
coup à l'esprit que ses assurances ne regardaient que
Saint-Lazare, et que j'avais outre cela l'affaire de
l'Hôpital sur les bras, sans compter la mort de Lescaut, dans laquelle j'étais mêlé, du moins comme
témoin. Ce souvenir m'effraya si vivement, que je me
retirai dans la première allée, d'où je fis appeler un
carrosse. J'allai droit chez M. de T..., que je fis rire de
ma frayeur. Elle me parut risible à moi-même,
lorsqu'il m'eut appris que je n'avais rien à craindre du
côté de l'Hôpital, ni de celui de Lescaut. Il me dit que
dans la pensée qu'on pourrait le soupçonner d'avoir
eu part à l'enlèvement de Manon, il était allé le matin
à l'Hôpital, et qu'il avait demandé à la voir en feignant
d'ignorer ce qui était arrivé ; qu'on était si éloigné de
nous accuser, ou lui, ou moi, qu'on s'était empressé
au contraire de lui apprendre cette aventure comme
une étrange nouvelle, et qu'on admirait qu'une fille
aussi jolie que Manon eût pris le parti de fuir avec un
valet ; qu'il s'était contenté de répondre froidement
qu'il n'en était pas surpris, et qu'on fait tout pour la
liberté. Il continua de me raconter qu'il était allé de là

chez Lescaut, dans l'espérance de m'y trouver avec
ma charmante maîtresse ; que l'hôte de la maison, qui
était un carrossier, lui avait protesté qu'il n'avait vu ni
elle ni moi ; mais qu'il n'était pas étonnant que nous
n'eussions point paru chez lui, si c'était pour Lescaut
que nous devions y venir, parce que nous aurions sans
doute appris qu'il venait d'être tué, à peu près dans le
même temps. Sur quoi, il n'avait pas refusé d'expliquer ce qu'il savait de la cause et des circonstances de
cette mort. Environ deux heures auparavant, un garde
du corps, des amis de Lescaut, l'était venu voir, et lui
avait proposé de jouer. Lescaut avait gagné si rapidement, que l'autre s'était trouvé cent écus de moins en
une heure, c'est-à-dire tout son argent. Ce malheureux, qui se voyait sans un sou, avait prié Lescaut de
lui prêter la moitié de la somme qu'il avait perdue ; et
sur quelques difficultés nées à cette occasion, ils
s'étaient querellés avec une animosité extrême. Lescaut avait refusé de sortir pour mettre l'épée à la main,
et l'autre avait juré, en le quittant, de lui casser la
tête ; ce qu'il avait exécuté le soir même. M. de T...
eut l'honnêteté d'ajouter qu'il avait été fort inquiet par
rapport à nous, et qu'il continuait de m'offrir ses services. Je ne balançai point à lui apprendre le lieu de
notre retraite. Il me pria de trouver bon qu'il allât
souper avec nous.

Comme il ne me restait qu'à prendre du linge et des
habits pour Manon, je lui dis que nous pouvions partir
à l'heure même, s'il voulait avoir la complaisance de
s'arrêter un moment avec moi chez quelques marchands. Je ne sais s'il crut que je lui faisais cette proposition dans la vue d'intéresser sa générosité, ou si ce
fut par le simple mouvement d'une belle âme ; mais
ayant consenti à partir aussitôt, il me mena chez les
marchands qui fournissaient sa maison ; il me fit
choisir plusieurs étoffes d'un prix plus considérable
que je ne me l'étais proposé ; et lorsque je me dispo-
sais à les payer, il défendit absolument aux marchands
de recevoir un sou de moi. Cette galanterie se fit de si
bonne grâce, que je crus pouvoir en profiter sans

honte. Nous prîmes ensemble le chemin de Chaillot, où j'arrivai avec moins d'inquiétude que je n'en étais parti.

Le Chevalier Des Grieux ayant employé plus d'une heure à ce récit, je le priai de prendre un peu de relâche, et de nous tenir compagnie à souper. Notre attention lui fit juger que nous l'avions écouté avec plaisir. Il nous assura que nous trouverions quelque chose encore de plus intéressant dans la suite de son histoire ; et lorsque nous eûmes fini de souper, il continua dans ces termes [62].

FIN DE LA PREMIÈRE PARTIE

## SECONDE PARTIE

Ma présence et les politesses de M. de T... dissipèrent tout ce qui pouvait rester de chagrin à Manon.
Oublions nos terreurs passées, ma chère âme, lui
dis-je en arrivant, et recommençons à vivre plus heureux que jamais. Après tout, l'Amour est un bon
maître. La Fortune ne saurait nous causer autant de
peines qu'il nous fait goûter de plaisirs. Notre souper
fut une vraie scène de joie. J'étais plus fier et plus
content avec Manon et mes cent pistoles, que le plus
riche partisan [63] de Paris avec ses trésors entassés. Il
faut compter ses richesses par les moyens qu'on a de
satisfaire ses désirs. Je n'en avais pas un seul à remplir ; l'avenir même me causait peu d'embarras. J'étais
presque sûr que mon père ne ferait pas de difficulté de
me donner de quoi vivre honorablement à Paris, parce
qu'étant dans ma vingtième année, j'entrais en droit
d'exiger ma part du bien de ma mère [64]. Je ne cachai
point à Manon que le fond de mes richesses n'était
que de cent pistoles. C'était assez pour attendre tranquillement une meilleure fortune, qui semblait ne me
pouvoir manquer, soit par mes droits naturels, ou par
les ressources du jeu.

Ainsi, pendant les premières semaines [65], je ne
pensai qu'à jouir de ma situation ; et la force de l'honneur, autant qu'un reste de ménagement pour la
police, me faisant remettre de jour en jour à renouer

avec les Associés de l'hôtel de T..., je me réduisis à
jouer dans quelques assemblées moins décriées, où la
faveur du sort m'épargna l'humiliation d'avoir recours
à l'industrie. J'allais passer à la ville une partie de
l'après-midi, et je revenais souper à Chaillot, accompagné fort souvent de M. de T..., dont l'amitié crois-
sait de jour en jour pour nous. Manon trouva des
ressources contre l'ennui. Elle se lia, dans le voisinage,
avec quelques jeunes personnes que le printemps y
avait ramenées. La promenade et les petits exercices
de leur sexe faisaient alternativement leur occupation.
Une partie de jeu, dont elles avaient réglé les bornes,
fournissait aux frais de la voiture. Elles allaient
prendre l'air au bois de Boulogne, et le soir, à mon
retour, je retrouvais Manon plus belle, plus contente,
et plus passionnée que jamais.

Il s'éleva néanmoins quelques nuages, qui semblè-
rent menacer l'édifice de mon bonheur. Mais ils
furent nettement dissipés ; et l'humeur folâtre de
Manon rendit le dénouement si comique, que je
trouve encore de la douceur dans un souvenir qui me
représente sa tendresse et les agréments de son
esprit [66].

Le seul valet qui composait notre domestique me
prit un jour à l'écart pour me dire avec beaucoup
d'embarras qu'il avait un secret d'importance à me
communiquer. Je l'encourageai à parler librement.
Après quelques détours, il me fit entendre qu'un seigneur étranger semblait avoir pris beaucoup d'amour
pour Mademoiselle Manon. Le trouble de mon sang
se fit sentir dans toutes mes veines. En a-t-elle pour
lui ? interrompis-je plus brusquement que la prudence
ne permettait pour m'éclaircir. Ma vivacité l'effraya. Il
me répondit d'un air inquiet que sa pénétration
n'avait pas été si loin ; mais qu'ayant observé, depuis
plusieurs jours, que cet étranger venait assidûment
au bois de Boulogne, qu'il y descendait de son carrosse, et que s'engageant seul dans les contre-allées,
il paraissait chercher l'occasion de voir ou de rencontrer Mademoiselle, il lui était venu à l'esprit de

faire quelque liaison avec ses gens, pour apprendre le nom de leur maître ; qu'ils le traitaient de Prince italien, et qu'ils le soupçonnaient eux-mêmes de quelque aventure galante ; qu'il n'avait pu se procurer d'autres lumières, ajouta-t-il en tremblant, parce que le Prince, étant alors sorti du bois, s'était approché familièrement de lui, et lui avait demandé son nom ; après quoi, comme s'il eût deviné qu'il était à notre service, il l'avait félicité d'appartenir à la plus charmante personne du monde.

J'attendais impatiemment la suite de ce récit. Il le finit par des excuses timides, que je n'attribuai qu'à mes imprudentes agitations. Je le pressai en vain de continuer sans déguisement. Il me protesta qu'il ne savait rien de plus, et que ce qu'il venait de me raconter étant arrivé le jour précédent, il n'avait pas revu les gens du Prince. Je le rassurai, non seulement par des éloges, mais par une honnête récompense ; et sans lui marquer la moindre défiance de Manon, je lui recommandai, d'un ton plus tranquille, de veiller sur toutes les démarches de l'étranger.

Au fond, sa frayeur me laissa de cruels doutes. Elle pouvait lui avoir fait supprimer une partie de la vérité. Cependant, après quelques réflexions, je revins de mes alarmes, jusqu'à regretter d'avoir donné cette marque de faiblesse. Je ne pouvais faire un crime à Manon d'être aimée. Il y avait beaucoup d'apparence qu'elle ignorait sa conquête ; et quelle vie allais-je mener si j'étais capable d'ouvrir si facilement l'entrée de mon cœur à la jalousie ? Je retournai à Paris le jour suivant, sans avoir formé d'autre dessein que de hâter le progrès de ma fortune en jouant plus gros jeu, pour me mettre en état de quitter Chaillot, au premier sujet d'inquiétude. Le soir, je n'appris rien de nuisible à mon repos. L'étranger avait reparu au bois de Boulogne, et prenant droit de ce qui s'y était passé la veille pour se rapprocher de mon confident, il lui avait parlé de son amour, mais dans des termes qui ne supposaient aucune intelligence avec Manon. Il l'avait interrogé sur mille détails. Enfin, il avait tenté de le mettre dans ses intérêts par des promesses considérables ; et tirant une lettre qu'il tenait prête, il lui avait offert inutilement quelques louis d'or, pour la rendre à sa maîtresse.

Deux jours se passèrent sans aucun autre incident. Le troisième fut plus orageux. J'appris, en arrivant de la ville assez tard, que Manon, pendant sa promenade, s'était écartée un moment de ses compagnes ; et que l'étranger, qui la suivait à peu de distance, s'étant approché d'elle au signe qu'elle lui en avait fait, elle lui avait remis une lettre, qu'il avait reçue avec des transports de joie. Il n'avait eu le temps de les exprimer qu'en baisant amoureusement les caractères, parce qu'elle s'était aussitôt dérobée. Mais elle avait paru d'une gaieté extraordinaire pendant le reste du jour ; et depuis qu'elle était rentrée au logis, cette humeur ne l'avait pas abandonnée. Je frémis, sans doute à chaque mot. Es-tu bien sûr, dis-je tristement à mon valet, que tes yeux ne t'aient pas trompé ? Il prit le Ciel à témoin de sa bonne foi. Je ne sais à quoi les tourments de mon cœur m'auraient porté, si Manon, qui m'avait entendu rentrer, ne fût venue au-devant de moi, avec un air d'impatience et des plaintes de ma lenteur. Elle n'attendit point ma réponse pour m'accabler de caresses ; et lorsqu'elle se vit seule avec moi, elle me fit des reproches fort vifs de l'habitude que je prenais de revenir si tard. Mon silence lui laissant la liberté de continuer, elle me dit que, depuis trois semaines, je n'avais pas passé une journée entière avec elle ; qu'elle ne pouvait soutenir de si longues absences ; qu'elle me demandait du moins un jour, par intervalles ; et que dès le lendemain, elle voulait me voir près d'elle du matin au soir. J'y serai, n'en doutez pas, lui répondis-je d'un ton assez brusque. Elle marqua peu d'attention pour mon chagrin ; et dans le mouvement de sa joie, qui me parut en effet d'une vivacité singulière, elle me fit mille peintures plaisantes de la manière dont elle avait passé le jour. Etrange fille ! me disais-je à moi-même ; que dois-je attendre de ce prélude ? L'aventure de notre première séparation me revint à l'esprit. Cependant je croyais voir dans le fond de sa joie et de ses caresses, un air de vérité qui s'accordait avec les apparences.

Il ne me fut pas difficile de rejeter la tristesse dont je ne pus me défendre pendant notre souper, sur une perte que je me plaignis d'avoir faite au jeu. J'avais regardé comme un extrême avantage que l'idée de ne pas quitter Chaillot le jour suivant fût venue d'elle-même. C'était gagner du temps pour mes délibérations. Ma présence éloignait toutes sortes de craintes pour le lendemain ; et si je ne remarquais rien qui m'obligeât de faire éclater mes découvertes, j'étais déjà résolu de transporter, le jour d'après, mon établissement à la ville, dans un quartier où je n'eusse rien à démêler avec les Princes. Cet arrangement me fit passer une nuit plus tranquille ; mais il ne m'ôtait pas la douleur d'avoir à trembler pour une nouvelle infidélité.

A mon réveil, Manon me déclara que, pour passer le jour dans notre appartement, elle ne prétendait pas que j'en eusse l'air plus négligé, et qu'elle voulait que mes cheveux fussent accommodés de ses propres mains. Je les avais fort beaux. C'était un amusement qu'elle s'était donné plusieurs fois. Mais elle y apporta plus de soins que je ne lui en avais jamais vu prendre. Je fus obligé, pour la satisfaire, de m'asseoir devant sa toilette, et d'essuyer toutes les petites recherches qu'elle imagina pour ma parure. Dans le cours de son travail, elle me faisait tourner souvent le visage vers elle, et s'appuyant des deux mains sur mes épaules, elle me regardait avec une curiosité avide. Ensuite, exprimant sa satisfaction par un ou deux baisers, elle me faisait reprendre ma situation pour continuer son ouvrage. Ce badinage nous occupa jusqu'à l'heure du dîner. Le goût qu'elle y avait pris m'avait paru si naturel, et sa gaieté sentait si peu l'artifice, que ne pouvant concilier des apparences si constantes avec le projet d'une noire trahison, je fus tenté plusieurs fois de lui ouvrir mon cœur, et de me décharger d'un fardeau qui commençait à me peser. Mais je me flattais, à chaque instant, que l'ouverture viendrait d'elle ; et je m'en faisais d'avance un délicieux triomphe.

Nous rentrâmes dans son cabinet. Elle se mit à rajuster mes cheveux, et ma complaisance me faisait céder à toutes ses volontés, lorsqu'on vint l'avertir que le Prince de... demandait à la voir. Ce nom m'échauffa jusqu'au transport. Quoi donc ? m'écriai-je en la repoussant. Qui ? Quel Prince ? Elle ne répondit point à mes questions. Faites-le monter, dit-elle froidement au valet ; et se tournant vers moi : Cher amant, toi que j'adore, reprit-elle d'un ton enchanteur, je te demande un moment de complaisance, un moment, un seul moment. Je t'en aimerai mille fois plus. Je t'en saurai gré toute ma vie.

L'indignation et la surprise me lièrent la langue. Elle répétait ses instances, et je cherchais des expressions pour les rejeter avec mépris. Mais, entendant ouvrir la porte de l'antichambre, elle empoigna d'une main mes cheveux, qui étaient flottants sur mes épaules, elle prit de l'autre son miroir de toilette ; elle employa toute sa force pour me traîner dans cet état jusqu'à la porte du cabinet ; et l'ouvrant du genou, elle offrit à l'étranger, que le bruit semblait avoir arrêté au milieu de la chambre, un spectacle qui ne dut pas lui causer peu d'étonnement. Je vis un homme fort bien mis, mais d'assez mauvaise mine. Dans l'embarras où le jetait cette scène, il ne laissa pas de faire une profonde révérence. Manon ne lui donna pas le temps d'ouvrir la bouche. Elle lui présenta son miroir : Voyez, Monsieur, lui dit-elle, regardez-vous bien, et rendez-moi justice. Vous me demandez de l'amour. Voici l'homme que j'aime, et que j'ai juré d'aimer toute ma vie. Faites la comparaison vous-même. Si vous croyez lui pouvoir disputer mon cœur, apprenez-moi donc sur quel fondement ; car je vous déclare qu'aux yeux de votre servante très humble, tous les Princes d'Italie ne valent pas un des cheveux que je tiens.

Pendant cette folle harangue, qu'elle avait apparemment méditée, je faisais des efforts inutiles pour me dégager ; et prenant pitié d'un homme de considération, je me sentais porté à réparer ce petit outrage par mes politesses. Mais s'étant remis assez facilement, sa réponse, que je trouvai un peu grossière, me fit perdre cette disposition. Mademoiselle, Mademoiselle, lui dit-il avec un sourire forcé, j'ouvre en effet les yeux, et je vous trouve bien moins novice que je ne me l'étais figuré. Il se retira aussitôt, sans jeter les yeux sur elle, en ajoutant, d'une voix plus basse, que les femmes de France ne valaient pas mieux que celles d'Italie. Rien ne m'invitait, dans cette occasion, à lui faire prendre une meilleure idée du beau sexe.

Manon quitta mes cheveux, se jeta dans un fauteuil, et fit retentir la chambre de longs éclats de rire. Je ne dissimulai pas que je fus touché jusqu'au fond du cœur, d'un sacrifice que je ne pouvais attribuer qu'à l'amour. Cependant la plaisanterie me parut excessive. Je lui en fis des reproches. Elle me raconta que mon rival, après l'avoir obsédée pendant plusieurs jours au bois de Boulogne, et lui avoir fait deviner ses senti-ments par des grimaces, avait pris le parti de lui en faire une déclaration ouverte, accompagnée de son nom et de tous ses titres, dans une lettre qu'il lui avait fait remettre par le cocher qui la conduisait avec ses compagnes ; qu'il lui promettait, au-delà des monts, une brillante fortune et des adorations éternelles ; qu'elle était revenue à Chaillot dans la résolution de me communiquer cette aventure ; mais qu'ayant conçu que nous en pouvions tirer de l'amusement, elle n'avait pu résister à son imagination ; qu'elle avait offert au Prince italien, par une réponse flatteuse, la liberté de la voir chez elle, et qu'elle s'était fait un second plaisir de me faire entrer dans son plan, sans m'en avoir fait naître le moindre soupçon. Je ne lui dis pas un mot des lumières qui m'étaient venues par une autre voie, et l'ivresse de l'amour triomphant me fit tout approuver.

J'ai remarqué, dans toute ma vie, que le Ciel a tou-jours choisi, pour me frapper de ses plus rudes châti-ments, le temps où ma fortune me semblait le mieux établie. Je me croyais si heureux, avec l'amitié de M. de T... et la tendresse de Manon, qu'on n'aurait pu me faire comprendre que j'eusse à craindre quelque nouveau malheur. Cependant, il s'en préparait un si funeste, qu'il m'a réduit à l'état où vous m'avez vu à Pacy, et par degrés à des extrémités si déplorables, que vous aurez peine à croire mon récit fidèle.

Un jour que nous avions M. de T... à souper, nous entendîmes le bruit d'un carrosse qui s'arrêtait à la porte de l'hôtellerie. La curiosité nous fit désirer de savoir qui pouvait arriver à cette heure. On nous dit que c'était le jeune G... M..., c'est-à-dire le fils de notre plus cruel ennemi, de ce vieux débauché qui m'avait mis à Saint-Lazare et Manon à l'Hôpital. Son nom me fit monter la rougeur au visage. C'est le Ciel qui me l'amène, dis-je à M. de T..., pour le punir de la lâcheté de son père. Il ne m'échappera pas que nous n'ayons mesuré nos épées. M. de T..., qui le connaissait et qui était même de ses meilleurs amis, s'efforça de me faire prendre d'autres sentiments pour lui. Il m'assura que c'était un jeune homme très aimable, et si peu capable d'avoir eu part à l'action de son père, que je ne le verrais pas moi-même un moment sans lui accorder mon estime et sans désirer la sienne. Après avoir ajouté mille choses à son avantage, il me pria de consentir qu'il allât lui proposer de venir prendre place avec nous, et de s'accommoder du reste de notre souper. Il prévint l'objection du péril où c'était exposer Manon, que de découvrir sa demeure au fils de notre ennemi, en protestant, sur son honneur et sur sa foi, que, lorsqu'il nous connaîtrait, nous n'aurions point de plus zélé défenseur. Je ne fis difficulté de rien, après de telles assurances. M. de T... ne nous l'amena point sans avoir pris un moment pour l'informer qui nous étions. Il entra d'un air qui nous prévint effectivement en sa faveur. Il m'embrassa. Nous nous assîmes. Il admira Manon, moi, tout ce qui nous appartenait, et il mangea d'un appétit qui fit honneur à notre souper. Lorsqu'on eut desservi, la conversation devint plus sérieuse. Il baissa les yeux pour nous parler de l'excès où son père s'était porté contre nous. Il nous fit les excuses les plus soumises. Je les abrège, nous dit-il, pour ne pas renouveler un souvenir qui me cause trop de honte. Si elles étaient sincères dès le commencement, elles le devinrent bien plus dans la suite, car il n'eut pas passé une demi-heure dans cet entretien, que je m'aperçus de l'impression que les charmes de Manon faisaient sur lui. Ses regards et ses manières s'attendrirent par degrés. Il ne laissa rien échapper néanmoins dans ses discours ; mais, sans être aidé de la jalousie, j'avais trop d'expérience en amour pour ne pas discerner ce qui venait de cette source. Il nous tint compagnie pendant une partie de la nuit, et il ne nous quitta qu'après s'être félicité de notre connaissance, et nous avoir demandé la permission de venir nous renouveler quelquefois l'offre de ses services. Il partit le matin avec M. de T..., qui se mit avec lui dans son carrosse.

Je ne me sentais, comme j'ai dit, aucun penchant à la jalousie [67]. J'avais plus de crédulité que jamais pour les serments de Manon. Cette charmante créature était si absolument maîtresse de mon âme, que je n'avais pas un seul petit sentiment qui ne fût de l'estime et de l'amour. Loin de lui faire un crime d'avoir plu au jeune G... M..., j'étais ravi de l'effet de ses charmes, et je m'applaudissais d'être aimé d'une fille que tout le monde trouvait aimable. Je ne jugeai pas même à propos de lui communiquer mes soupçons. Nous fûmes occupés, pendant quelques jours, du soin de faire ajuster ses habits, et à délibérer si nous pouvions aller à la Comédie sans appréhender d'être reconnus. M. de T... revint nous voir avant la fin de la semaine. Nous le consultâmes là-dessus. Il vit bien qu'il fallait dire oui, pour faire plaisir à Manon. Nous résolûmes d'y aller le même soir avec lui.

Cependant cette résolution ne put s'exécuter, car m'ayant tiré aussitôt en particulier : Je suis, me dit-il, dans le dernier embarras depuis que je vous ai vu, et la visite que je vous fais aujourd'hui en est une suite. G... M... aime votre maîtresse. Il m'en a fait confidence. Je suis son intime ami, et disposé en tout à le servir ;

mais je ne suis pas moins le vôtre. J'ai considéré que
ses intentions sont injustes, et je les ai condamnées.
J'aurais gardé son secret, s'il n'avait dessein
d'employer, pour plaire, que les voies communes ;
mais il est bien informé de l'humeur de Manon. Il a
su, je ne sais d'où, qu'elle aime l'abondance et les
plaisirs ; et comme il jouit déjà d'un bien considérable,
il m'a déclaré qu'il veut la tenter d'abord par un très
gros présent, et par l'offre de dix mille livres de pension. Toutes choses égales, j'aurais peut-être eu beaucoup plus de violence à me faire pour le trahir, mais la
justice s'est jointe en votre faveur à l'amitié ; d'autant
plus qu'ayant été la cause imprudente de sa passion,
en l'introduisant ici, je suis obligé de prévenir les effets
du mal que j'ai causé.

Je remerciai M. de T... d'un service de cette importance, et je lui avouai, avec un parfait retour de
confiance, que le caractère de Manon était tel que G...
M... se le figurait ; c'est-à-dire qu'elle ne pouvait supporter le nom de la pauvreté. Cependant, lui dis-je,
lorsqu'il n'est question que du plus ou du moins, je ne
la crois pas capable de m'abandonner pour un autre.
Je suis en état de ne la laisser manquer de rien, et je
compte que ma fortune va croître de jour en jour. Je
ne crains qu'une chose, ajoutai-je, c'est que G... M...
ne se serve de la connaissance qu'il a de notre
demeure, pour nous rendre quelque mauvais office.
M. de T... m'assura que je devais être sans appréhension de ce côté-là ; que G... M... était capable d'une
folie amoureuse, mais qu'il ne l'était point d'une bas-
sesse ; que s'il avait la lâcheté d'en commettre une, il
serait le premier, lui qui parlait, à l'en punir, et à
réparer par là le malheur qu'il avait eu d'y donner
occasion. Je vous suis obligé de ce sentiment, repris-je,
mais le mal serait fait, et le remède fort incertain.
Ainsi le parti le plus sage est de le prévenir, en quittant Chaillot pour prendre une autre demeure. Oui,
reprit M. de T... Mais vous aurez peine à le faire aussi
promptement qu'il faudrait ; car G... M... doit être ici
à midi ; il me le dit hier, et c'est ce qui m'a porté à

venir si matin, pour vous informer de ses vues. Il peut arriver à tout moment.

Un avis si pressant me fit regarder cette affaire d'un œil plus sérieux. Comme il me semblait impossible d'éviter la visite de G... M..., et qu'il me le serait aussi, sans doute, d'empêcher qu'il ne s'ouvrît à Manon, je pris le parti de la prévenir moi-même sur le dessein de ce nouveau rival. Je m'imaginai que me sachant instruit des propositions qu'il lui ferait, et les recevant à mes yeux, elle aurait assez de force pour les rejeter. Je découvris ma pensée à M. de T..., qui me répondit que cela était extrêmement délicat. Je l'avoue, lui dis-je, mais toutes les raisons qu'on peut avoir d'être sûr d'une maîtresse, je les ai de compter sur l'affection de la mienne. Il n'y aurait que la grandeur des offres qui pût l'éblouir, et je vous ai dit qu'elle ne connaît point l'intérêt. Elle aime ses aises, mais elle m'aime aussi ; et dans la situation où sont mes affaires, je ne saurais croire qu'elle me préfère le fils d'un homme qui l'a mise à l'Hôpital. En un mot, je persistai dans mon dessein ; et m'étant retiré à l'écart avec Manon, je lui déclarai naturellement tout ce que je venais d'apprendre.

Elle me remercia de la bonne opinion que j'avais d'elle, et elle me promit de recevoir les offres de G... M... d'une manière qui lui ôterait l'envie de les renouveler. Non, lui dis-je, il ne faut pas l'irriter par une brusquerie. Il peut nous nuire. Mais tu sais assez, toi, friponne, ajoutai-je en riant, comment te défaire d'un amant désagréable ou incommode. Elle reprit, après avoir un peu rêvé : Il me vient un dessein admirable, s'écria-t-elle, et je suis toute glorieuse de l'invention. G... M... est le fils de notre plus cruel ennemi ; il faut nous venger du père, non pas sur le fils, mais sur sa bourse. Je veux l'écouter, accepter ses présents, et me moquer de lui. Le projet est joli, lui dis-je, mais tu ne songes pas, mon pauvre enfant, que c'est le chemin qui nous a conduits droit à l'Hôpital. J'eus beau lui représenter le péril de cette entreprise, elle me dit qu'il ne s'agissait que de bien prendre nos mesures, et elle répondit à toutes mes objections. Donnez-moi un amant qui n'entre point aveuglément dans tous les caprices d'une maîtresse adorée, et je conviendrai que j'eus tort de céder si facilement. La résolution fut prise de faire une dupe de G... M..., et par un tour bizarre de mon sort, il arriva que je devins la sienne.

Nous vîmes paraître son carrosse vers les onze heures. Il nous fit des compliments fort recherchés sur la liberté qu'il prenait de venir dîner avec nous. Il ne fut pas surpris de trouver M. de T..., qui lui avait promis la veille de s'y rendre aussi, et qui avait feint quelques affaires pour se dispenser de venir dans la même voiture. Quoiqu'il n'y eût pas un seul de nous qui ne portât la trahison dans le cœur, nous nous mîmes à table avec un air de confiance et d'amitié. G... M... trouva aisément l'occasion de déclarer ses sentiments à Manon. Je ne dus pas lui paraître gênant, car je m'absentai exprès, pendant quelques minutes. Je m'aperçus, à mon retour, qu'on ne l'avait pas désespéré par un excès de rigueur. Il était de la meilleure humeur du monde. J'affectai de le paraître aussi ; il riait intérieurement de ma simplicité, et moi de la sienne. Pendant tout l'après-midi, nous fûmes l'un pour l'autre une scène fort agréable. Je lui ménageai encore, avant son départ, un moment d'entretien particulier avec Manon ; de sorte qu'il eut lieu de s'applaudir de ma complaisance autant que de la bonne chère.

Aussitôt qu'il fut monté en carrosse avec M. de T..., Manon accourut à moi les bras ouverts, et m'embrassa en éclatant de rire. Elle me répéta ses discours et ses propositions, sans y changer un mot. Ils se réduisaient à ceci : il l'adorait. Il voulait partager avec elle quarante mille livres de rente dont il jouissait déjà, sans compter ce qu'il attendait après la mort de son père. Elle allait être maîtresse de son cœur et de sa fortune ; et pour gage de ses bienfaits, il était prêt à lui donner un carrosse, un hôtel meublé, une femme de chambre, trois laquais et un cuisinier. Voilà un fils, dis-je à Manon, bien autrement généreux que son

père. Parlons de bonne foi, ajoutai-je ; cette offre ne
vous tente-t-elle point ? Moi ? répondit-elle, en ajus-
tant à sa pensée deux vers de Racine :

> *Moi ! vous me soupçonnez de cette perfidie ?*
> *Moi ! je pourrais souffrir un visage odieux,*
> *Qui rappelle toujours l'Hôpital à mes yeux* [68] ?

Non, repris-je, en continuant la parodie :

> *J'aurais peine à penser que l'Hôpital, Madame,*
> *Fût un trait dont l'Amour l'eût gravé dans votre âme.*

Mais c'en est un bien séduisant qu'un hôtel meublé
avec un carrosse et trois laquais ; et l'Amour en a peu
d'aussi forts. Elle me protesta que son cœur était à
moi pour toujours, et qu'il ne recevrait jamais d'autres
traits que les miens. Les promesses qu'il m'a faites,
me dit-elle, sont un aiguillon de vengeance, plutôt
qu'un trait d'amour. Je lui demandai si elle était dans
le dessein d'accepter l'hôtel et le carrosse. Elle me
répondit qu'elle n'en voulait qu'à son argent. La difficulté était d'obtenir l'un sans l'autre. Nous résolûmes d'attendre l'entière explication du projet de G...
M..., dans une lettre qu'il avait promis de lui écrire.
Elle la reçut en effet le lendemain, par un laquais sans
livrée, qui se procura fort adroitement l'occasion de
lui parler sans témoins. Elle lui dit d'attendre sa
réponse, et elle vint m'apporter aussitôt sa lettre.
Nous l'ouvrîmes ensemble. Outre les lieux communs
de tendresse, elle contenait le détail des promesses de
mon rival. Il ne bornait point sa dépense. Il s'engageait à lui compter dix mille francs, en prenant possession de l'hôtel, et à réparer tellement les diminu-
tions de cette somme, qu'elle l'eût toujours devant elle
en argent comptant. Le jour de l'inauguration n'était
pas reculé trop loin. Il ne lui en demandait que deux
pour les préparatifs, et il lui marquait le nom de la rue
et de l'hôtel, où il lui promettait de l'attendre l'après-
midi du second jour, si elle pouvait se dérober de mes
mains. C'était l'unique point sur lequel il la conjurait
de le tirer d'inquiétude ; il paraissait sûr de tout le

reste ; mais il ajoutait que si elle prévoyait de la difficulté à m'échapper, il trouverait le moyen de rendre sa fuite aisée.

G... M... était plus fin que son père ; il voulait tenir sa proie avant que de compter ses espèces. Nous délibérâmes sur la conduite que Manon avait à tenir. Je fis encore des efforts pour lui ôter cette entreprise de la tête, et je lui en représentai tous les dangers. Rien ne fut capable d'ébranler sa résolution.

Elle fit une courte réponse à G... M..., pour l'assurer qu'elle ne trouverait pas de difficulté à se rendre à Paris le jour marqué, et qu'il pouvait l'attendre avec certitude. Nous réglâmes ensuite que je partirais sur-le-champ, pour aller louer un nouveau logement dans quelque village, de l'autre côté de Paris, et que je transporterais avec moi notre petit équipage ; que le lendemain après-midi, qui était le temps de son assignation, elle se rendrait de bonne heure à Paris ; qu'après avoir reçu les présents de G... M..., elle le prierait instamment de la conduire à la Comédie ; qu'elle prendrait avec elle tout ce qu'elle pourrait porter de la somme, et qu'elle chargerait du reste mon valet, qu'elle voulait mener avec elle. C'était toujours le même qui l'avait délivrée de l'Hôpital, et qui nous était infiniment attaché. Je devais me trouver, avec un fiacre, à l'entrée de la rue Saint-André-des-Arcs [69], et l'y laisser vers les sept heures, pour m'avancer dans l'obscurité à la porte de la Comédie. Manon me promettait d'inventer des prétextes pour sortir un instant de sa loge, et de l'employer à descendre pour me rejoindre. L'exécution du reste était facile. Nous aurions regagné mon fiacre en un moment, et nous serions sortis de Paris par le faubourg Saint-Antoine, qui était le chemin de notre nouvelle demeure.

Ce dessein, tout extravagant qu'il était, nous parut assez bien arrangé. Mais il y avait, dans le fond, une folle imprudence à s'imaginer que quand il eût réussi le plus heureusement du monde, nous eussions jamais pu nous mettre à couvert des suites. Cependant nous nous exposâmes avec la plus téméraire confiance.

Manon partit avec Marcel : c'est ainsi que se nommait notre valet. Je la vis partir avec douleur. Je lui dis en l'embrassant : Manon, ne me trompez point ; me serez-vous fidèle ? Elle se plaignit tendrement de ma défiance, et elle me renouvela tous ses serments.

Son compte était d'arriver à Paris sur les trois heures. Je partis après elle. J'allai me morfondre, le reste de l'après-midi, dans le café de Féré au pont Saint-Michel ; j'y demeurai jusqu'à la nuit. J'en sortis alors pour prendre un fiacre, que je postai, suivant notre projet, à l'entrée de la rue Saint-André-des-Arcs ; ensuite je gagnai à pied la porte de la Comédie. Je fus surpris de n'y pas trouver Marcel, qui devait être à m'attendre. Je pris patience pendant une heure, confondu dans une foule de laquais, et l'œil ouvert sur tous les passants. Enfin, sept heures étant sonnées, sans que j'eusse rien aperçu qui eût rapport à nos desseins, je pris un billet de parterre, pour aller voir si je découvrirais Manon et G... M... dans les loges. Ils n'y étaient ni l'un ni l'autre. Je retournai à la porte, où je passai encore un quart d'heure, transporté d'impatience et d'inquiétude. N'ayant rien vu paraître, je rejoignis mon fiacre, sans pouvoir m'arrêter à la moindre résolution. Le cocher, m'ayant aperçu, vint quelques pas au-devant de moi pour me dire, d'un air mystérieux, qu'une jolie demoiselle m'attendait depuis une heure dans le carrosse ; qu'elle m'avait demandé, à des signes qu'il avait bien reconnus, et qu'ayant appris que je devais revenir, elle avait dit qu'elle ne s'impatienterait point à m'attendre. Je me figurai aussitôt que c'était Manon. J'approchai. Mais je vis un joli petit visage qui n'était pas le sien. C'était une étrangère, qui me demanda d'abord si elle n'avait pas l'honneur de parler à M. le Chevalier Des Grieux. Je lui dis que c'était mon nom. J'ai une lettre à vous rendre, reprit-elle, qui vous instruira du sujet qui m'amène, et par quel rapport j'ai l'avantage de connaître votre nom. Je la priai de me donner le temps de la lire dans un cabaret voisin. Elle voulut me suivre, et elle me conseilla de demander une chambre à part. De qui vient cette lettre ? lui dis-je en montant : elle me remit à la lecture.

Je reconnus la main de Manon. Voici à peu près ce qu'elle me marquait : G... M... l'avait reçue avec une politesse et une magnificence au-delà de toutes ses idées. Il l'avait comblée de présents. Il lui faisait envisager un sort de reine. Elle m'assurait néanmoins qu'elle ne m'oubliait pas, dans cette nouvelle splendeur ; mais que n'ayant pu faire consentir G... M... à la mener ce soir à la Comédie, elle remettait à un autre jour le plaisir de me voir ; et que pour me consoler un peu de la peine qu'elle prévoyait que cette nouvelle pouvait me causer, elle avait trouvé le moyen de me procurer une des plus jolies filles de Paris, qui serait la porteuse de son billet. *Signé,* votre fidèle amante, MANON LESCAUT.

Il y avait quelque chose de si cruel et de si insultant pour moi dans cette lettre, que demeurant suspendu quelque temps entre la colère et la douleur, j'entrepris de faire un effort pour oublier éternellement mon ingrate et parjure maîtresse. Je jetai les yeux sur la fille qui était devant moi : elle était extrêmement jolie, et j'aurais souhaité qu'elle l'eût été assez pour me rendre parjure et infidèle à mon tour. Mais je n'y trouvai point ces yeux fins et languissants, ce port divin, ce teint de la composition de l'Amour, enfin ce fonds inépuisable de charmes que la nature avait prodigués à la perfide Manon. Non, non, lui dis-je en cessant de la regarder, l'ingrate qui vous envoie savait fort bien qu'elle vous faisait faire une démarche inutile. Retournez à elle, et dites-lui de ma part qu'elle jouisse de son crime, et qu'elle en jouisse, s'il se peut, sans remords. Je l'abandonne sans retour, et je renonce en même temps à toutes les femmes, qui ne sauraient être aussi aimables qu'elle, et qui sont, sans doute, aussi lâches et d'aussi mauvaise foi. Je fus alors sur le point de descendre et de me retirer, sans prétendre davantage à Manon ; et la jalousie mortelle qui me déchirait le cœur se déguisant en une morne et sombre tranquillité, je me crus d'autant plus proche de ma guérison, que je ne sentais nul de ces mouvements violents dont j'avais été agité dans les mêmes occasions. Hélas ! j'étais la dupe de l'amour autant que je croyais l'être de G... M... et de Manon.

Cette fille qui m'avait apporté la lettre, me voyant prêt à descendre l'escalier, me demanda ce que je voulais donc qu'elle rapportât à M. de G... M... et à la dame qui était avec lui. Je rentrai dans la chambre à cette question ; et par un changement incroyable à ceux qui n'ont jamais senti de passions violentes, je me trouvai, tout d'un coup, de la tranquillité où je croyais être, dans un transport terrible de fureur [70]. Va, lui dis-je, rapporte au traître G... M... et à sa perfide maîtresse le désespoir où ta maudite lettre m'a jeté ; mais apprends-leur qu'ils n'en riront pas longtemps, et que je les poignarderai tous deux de ma propre main. Je me jetai sur une chaise. Mon chapeau tomba d'un côté, et ma canne de l'autre. Deux ruisseaux de larmes amères commencèrent à couler de mes yeux. L'accès de rage que je venais de sentir se changea dans une profonde douleur. Je ne fis plus que pleurer, en poussant des gémissements et des soupirs. Approche, mon enfant, approche, m'écriai-je en parlant à la jeune fille ; approche, puisque c'est toi qu'on envoie pour me consoler. Dis-moi si tu sais des consolations contre la rage et le désespoir, contre l'envie de se donner la mort à soi-même, après avoir tué deux perfides qui ne méritent pas de vivre. Oui, approche, continuai-je, en voyant qu'elle faisait vers moi quelques pas timides et incertains. Viens essuyer mes larmes, viens rendre la paix à mon cœur, viens me dire que tu m'aimes, afin que je m'accoutume à l'être d'une autre que de mon infidèle. Tu es jolie, je pourrai peut-être t'aimer à mon tour. Cette pauvre enfant, qui n'avait pas seize ou dix-sept ans, et qui paraissait avoir plus de pudeur que ses pareilles, était extraordinairement surprise d'une si étrange scène. Elle s'approcha néanmoins pour me faire quelques caresses ; mais je l'écartai aussitôt, en la repoussant de mes mains. Que veux-tu de moi ? lui dis-je. Ah ! tu es une femme, tu es d'un sexe que je déteste et que je ne puis plus souffrir. La douceur de ton visage me menace encore de quelque trahison. Va-t'en et laisse-moi seul ici. Elle me fit une révérence, sans oser rien dire, et elle se tourna pour sortir. Je lui criai de s'arrêter. Mais apprends-moi du moins, repris-je, pourquoi, comment, à quel dessein tu as été envoyée ici. Comment as-tu découvert mon nom et le lieu où tu pouvais me trouver ?

Elle me dit qu'elle connaissait de longue main M. de G... M... ; qu'il l'avait envoyé chercher à cinq heures, et qu'ayant suivi le laquais qui l'avait avertie, elle était allée dans une grande maison, où elle l'avait trouvé qui jouait au piquet avec une jolie dame, et qu'ils l'avaient chargée tous deux de me rendre la lettre qu'elle m'avait apportée, après lui avoir appris qu'elle me trouverait dans un carrosse au bout de la rue Saint-André. Je lui demandai s'ils ne lui avaient rien dit de plus. Elle me répondit, en rougissant, qu'ils lui avaient fait espérer que je la prendrais pour me tenir compagnie. On t'a trompée, lui dis-je ; ma pauvre fille, on t'a trompée. Tu es une femme, il te faut un homme ; mais il t'en faut un qui soit riche et heureux, et ce n'est pas ici que tu le peux trouver. Retourne, retourne à M. de G... M... Il a tout ce qu'il faut pour être aimé des belles ; il a des hôtels meublés et des équipages à donner. Pour moi, qui n'ai que de l'amour et de la constance à offrir, les femmes méprisent ma misère et font leur jouet de ma simplicité.

J'ajoutai mille choses, ou tristes ou violentes, suivant que les passions qui m'agitaient tour à tour cédaient ou emportaient le dessus. Cependant, à force de me tourmenter, mes transports diminuèrent assez pour faire place à quelques réflexions. Je comparai cette dernière infortune à celles que j'avais déjà essuyées dans le même genre, et je ne trouvai pas qu'il y eût plus à désespérer que dans les premières. Je connaissais Manon ; pourquoi m'affliger tant d'un malheur que j'avais dû prévoir ? Pourquoi ne pas m'employer plutôt à chercher du remède ? Il était encore temps. Je devais du moins n'y pas épargner mes soins, si je ne voulais avoir à me reprocher d'avoir contribué, par ma négligence, à mes propres peines. Je me mis là-dessus à considérer tous les moyens qui pouvaient m'ouvrir un chemin à l'espérance.

Entreprendre de l'arracher avec violence des mains de G... M..., c'était un parti désespéré, qui n'était propre qu'à me perdre, et qui n'avait pas la moindre apparence de succès. Mais il me semblait que si j'eusse pu me procurer le moindre entretien avec elle, j'aurais gagné infailliblement quelque chose sur son cœur. J'en connaissais si bien tous les endroits sensibles ! J'étais si sûr d'être aimé d'elle ! Cette bizarrerie même, de m'avoir envoyé une jolie fille pour me consoler, j'aurais parié qu'elle venait de son invention, et que c'était un effet de sa compassion pour mes peines. Je résolus d'employer toute mon industrie pour la voir. Parmi quantité de voies que j'examinai l'une après l'autre, je m'arrêtai à celle-ci. M. de T... avait commencé à me rendre service avec trop d'affection, pour me laisser le moindre doute de sa sincérité et de son zèle. Je me proposai d'aller chez lui sur-le-champ, et de l'engager à faire appeler G... M... sous le prétexte d'une affaire importante. Il ne me fallait qu'une demi-heure pour parler à Manon. Mon dessein était de me faire introduire dans sa chambre même, et je crus que cela me serait aisé dans l'absence de G... M... Cette résolution m'ayant rendu plus tranquille, je payai libéralement la jeune fille, qui était encore avec moi ; et pour lui ôter l'envie de retourner chez ceux qui me l'avaient envoyée, je pris son adresse, en lui faisant espérer que j'irais passer la nuit avec elle. Je montai dans mon fiacre, et je me fis conduire à grand train chez M. de T... Je fus assez heureux pour l'y trouver. J'avais eu là-dessus de l'inquiétude en chemin. Un mot le mit au fait de mes peines, et du service que je venais lui demander. Il fut si étonné d'apprendre que G... M... avait pu séduire Manon, qu'ignorant que j'avais eu part moi-même à mon malheur, il m'offrit généreusement de rassembler tous ses amis, pour employer leurs bras et leurs épées à la délivrance de ma maîtresse. Je lui fis comprendre que cet éclat pouvait être pernicieux à Manon et à moi. Réservons notre sang, lui dis-je, pour l'extrémité. Je médite une voie plus douce, et dont je n'espère pas moins de succès. Il s'engagea, sans exception, à faire tout ce que je demanderais de lui ; et lui ayant répété qu'il ne s'agissait que de faire avertir G... M... qu'il avait à lui parler, et de le tenir dehors une heure ou deux, il partit aussitôt avec moi pour me satisfaire.

Nous cherchâmes de quel expédient il pourrait se servir, pour l'arrêter si longtemps. Je lui conseillai de lui écrire d'abord un billet simple, daté d'un cabaret, par lequel il le prierait de s'y rendre aussitôt, pour une affaire si importante qu'elle ne pouvait souffrir de délai. J'observerai, ajoutai-je, le moment de sa sortie, et je m'introduirai sans peine dans la maison, n'y étant connu que de Manon et de Marcel, qui est mon valet. Pour vous, qui serez pendant ce temps-là avec G... M..., vous pourrez lui dire que cette affaire importante, pour laquelle vous souhaitez lui parler, est un besoin d'argent ; que vous venez de perdre le vôtre au jeu, et que vous avez joué beaucoup plus sur votre parole, avec le même malheur. Il lui faudra du temps pour vous mener à son coffre-fort, et j'en aurai suffisamment pour exécuter mon dessein.

M. de T... suivit cet arrangement de point en point. Je le laissai dans un cabaret, où il écrivit promptement sa lettre. J'allai me placer à quelques pas de la maison de Manon. Je vis arriver le porteur du message, et G... M... sortir à pied, un moment après, suivi d'un laquais. Lui ayant laissé le temps de s'éloigner de la rue, je m'avançai à la porte de mon infidèle ; et malgré toute ma colère, je frappai avec le respect qu'on a pour un temple. Heureusement, ce fut Marcel qui vint m'ouvrir. Je lui fis signe de se taire. Quoique je n'eusse rien à craindre des autres domestiques, je lui demandai tout bas s'il pouvait me conduire dans la chambre où était Manon, sans que je fusse aperçu. Il me dit que cela était aisé en montant doucement par

le grand escalier. Allons donc promptement, lui dis-je,
et tâche d'empêcher, pendant que j'y serai, qu'il n'y
monte personne. Je pénétrai sans obstacle jusqu'à
l'appartement.

Manon était occupée à lire. Ce fut là que j'eus lieu
d'admirer le caractère de cette étrange fille. Loin
d'être effrayée et de paraître timide en m'apercevant,
elle ne donna que ces marques légères de surprise
dont on n'est pas le maître à la vue d'une personne
qu'on croit éloignée. Ah ! c'est vous, mon amour, me
dit-elle en venant m'embrasser avec sa tendresse ordinaire. Bon Dieu ! que vous êtes hardi ! Qui vous aurait
attendu aujourd'hui en ce lieu ? Je me dégageai de ses
bras, et loin de répondre à ses caresses, je la repoussai
avec dédain, et je fis deux ou trois pas en arrière pour
m'éloigner d'elle. Ce mouvement ne laissa pas de la
déconcerter. Elle demeura dans la situation où elle
était, et elle jeta les yeux sur moi, en changeant de
couleur. J'étais dans le fond si charmé de la revoir,
qu'avec tant de justes sujets de colère, j'avais à peine
la force d'ouvrir la bouche pour la quereller. Cependant mon cœur saignait du cruel outrage qu'elle
m'avait fait. Je le rappelais vivement à ma mémoire,
pour exciter mon dépit, et je tâchais de faire briller
dans mes yeux un autre feu que celui de l'amour.
Comme je demeurai quelque temps en silence, et
qu'elle remarqua mon agitation, je la vis trembler,
apparemment par un effet de sa crainte.

Je ne pus soutenir ce spectacle. Ah ! Manon, lui
dis-je d'un ton tendre, infidèle et parjure Manon ! par
où commencerai-je à me plaindre ? Je vous vois pâle et
tremblante, et je suis encore si sensible à vos moindres
peines, que je crains de vous affliger trop par mes
reproches. Mais, Manon, je vous le dis, j'ai le cœur
percé de la douleur de votre trahison. Ce sont là des
coups qu'on ne porte point à un amant, quand on n'a
pas résolu sa mort. Voici la troisième fois, Manon ; je
les ai bien comptées ; il est impossible que cela
s'oublie. C'est à vous de considérer à l'heure même
quel parti vous voulez prendre ; car mon triste cœur

n'est plus à l'épreuve d'un si cruel traitement. Je sens qu'il succombe et qu'il est prêt à se fendre de douleur. Je n'en puis plus, ajoutai-je en m'asseyant sur une chaise ; j'ai à peine la force de parler et de me soutenir.

Elle ne répondit point ; mais lorsque je fus assis, elle se laissa tomber à genoux, et elle appuya sa tête sur les miens, en cachant son visage de mes mains. Je sentis en un instant qu'elle les mouillait de larmes. Dieux ! de quels mouvements n'étais-je point agité ! Ah ! Manon, Manon, repris-je avec un soupir, il est bien tard de me donner des larmes, lorsque vous avez causé ma mort. Vous affectez une tristesse que vous ne sauriez sentir. Le plus grand de vos maux est sans doute ma présence, qui a toujours été importune à vos plaisirs. Ouvrez les yeux, voyez qui je suis ; on ne verse pas des pleurs si tendres pour un malheureux qu'on a trahi, et qu'on abandonne cruellement. Elle baisait mes mains sans changer de posture. Inconstante Manon, repris-je encore, fille ingrate et sans foi, où sont vos promesses et vos serments ? Amante mille fois volage et cruelle, qu'as-tu fait de cet amour que tu me jurais encore aujourd'hui ? Juste Ciel, ajoutai-je, est-ce ainsi qu'une infidèle se rit de vous, après vous avoir attesté si saintement ? C'est donc le parjure qui est récompensé ! Le désespoir et l'abandon sont pour la constance et la fidélité.

Ces paroles furent accompagnées d'une réflexion si amère, que j'en laissai échapper malgré moi quelques larmes. Manon s'en aperçut au changement de ma voix. Elle rompit enfin le silence. Il faut bien que je sois coupable, me dit-elle tristement, puisque j'ai pu vous causer tant de douleur et d'émotion ; mais que le Ciel me punisse si j'ai cru l'être, ou si j'ai eu la pensée de le devenir ! Ce discours me parut si dépourvu de sens et de bonne foi, que je ne pus me défendre d'un vif mouvement de colère. Horrible dissimulation ! m'écriai-je. Je vois mieux que jamais que tu n'es qu'une coquine et une perfide. C'est à présent que je connais ton misérable caractère. Adieu, lâche créature, continuai-je en me levant ; j'aime mieux mourir

mille fois que d'avoir désormais le moindre commerce
avec toi. Que le Ciel me punisse moi-même si je
t'honore jamais du moindre regard ! Demeure avec
ton nouvel amant, aime-le, déteste-moi, renonce à
l'honneur, au bon sens ; je m'en ris, tout m'est égal.

Elle fut si épouvantée de ce transport, que demeurant à genoux près de la chaise d'où je m'étais levé,
elle me regardait en tremblant et sans oser respirer. Je
fis encore quelques pas vers la porte, en tournant la
tête, et tenant les yeux fixés sur elle. Mais il aurait
fallu que j'eusse perdu tous sentiments d'humanité,
pour m'endurcir contre tant de charmes. J'étais si
éloigné d'avoir cette force barbare que, passant tout
d'un coup à l'extrémité opposée, je retournai vers elle,
ou plutôt je m'y précipitai sans réflexion. Je la pris
entre mes bras, je lui donnai mille tendres baisers. Je
lui demandai pardon de mon emportement. Je
confessai que j'étais un brutal, et que je ne méritais
par le bonheur d'être aimé d'une fille comme elle. Je
la fis asseoir, et m'étant mis à genoux à mon tour, je la
conjurai de m'écouter en cet état. Là, tout ce qu'un
amant soumis et passionné peut imaginer de plus respectueux et de plus tendre, je le renfermai en peu de
mots dans mes excuses. Je lui demandai en grâce de
prononcer qu'elle me pardonnait. Elle laissa tomber
ses bras sur mon cou, en disant que c'était elle-même
qui avait besoin de ma bonté, pour me faire oublier les
chagrins qu'elle me causait, et qu'elle commençait à
craindre avec raison que je ne goûtasse point ce
qu'elle avait à me dire pour se justifier. Moi ! interrompis-je aussitôt, ah ! je ne vous demande point de
justification. J'approuve tout ce que vous avez fait. Ce
n'est point à moi d'exiger des raisons de votre
conduite ; trop content, trop heureux, si ma chère
Manon ne m'ôte point la tendresse de son cœur !
Mais, continuai-je, en réfléchissant sur l'état de mon
sort, toute-puissante Manon ! vous qui faites à votre
gré mes joies et mes douleurs, après vous avoir satisfait par mes humiliations et par les marques de mon
repentir, ne me sera-t-il point permis de vous parler de

ma tristesse et de mes peines ? Apprendrai-je de vous
ce qu'il faut que je devienne aujourd'hui, et si c'est
sans retour que vous allez signer ma mort, en passant
la nuit avec mon rival ?

Elle fut quelque temps à méditer sa réponse : Mon
Chevalier, me dit-elle, en reprenant un air tranquille,
si vous vous étiez d'abord expliqué si nettement, vous
vous seriez épargné bien du trouble et à moi une scène
bien affligeante. Puisque votre peine ne vient que de
votre jalousie, je l'aurais guérie en m'offrant à vous
suivre sur-le-champ au bout du monde. Mais je me
suis figuré que c'était la lettre que je vous ai écrite
sous les yeux de M. de G... M... et la fille que nous
vous avons envoyée, qui causaient votre chagrin. J'ai
cru que vous auriez pu regarder ma lettre comme une
raillerie, et cette fille, en vous imaginant qu'elle était
allée vous trouver de ma part, comme une déclaration
que je renonçais à vous pour m'attacher à G... M...
C'est cette pensée qui m'a jetée tout d'un coup dans
la consternation ; car, quelque innocente que je fusse,
je trouvais, en y pensant, que les apparences ne
m'étaient pas favorables. Cependant, continua-t-elle,
je veux que vous soyez mon juge, après que je vous
aurai expliqué la vérité du fait.

Elle m'apprit alors tout ce qui lui était arrivé, depuis
qu'elle avait trouvé G... M..., qui l'attendait dans le
lieu où nous étions. Il l'avait reçue effectivement
comme la première Princesse du monde. Il lui avait
montré tous les appartements, qui étaient d'un goût et
d'une propreté admirables. Il lui avait compté dix
mille livres dans son cabinet, et il y avait ajouté quelques bijoux, parmi lesquels étaient le collier et les bracelets de perles qu'elle avait déjà eus de son père. Il
l'avait menée de là dans un salon qu'elle n'avait pas
encore vu, où elle avait trouvé une collation exquise. Il
l'avait fait servir par les nouveaux domestiques qu'il
avait pris pour elle, en leur ordonnant de la regarder
désormais comme leur maîtresse ; enfin il lui avait fait
voir le carrosse, les chevaux et tout le reste de ses
présents ; après quoi il lui avait proposé une partie de

jeu, pour attendre le souper. Je vous avoue, continua-
t-elle, que j'ai été frappée de cette magnificence. J'ai
fait réflexion que ce serait dommage de nous priver
tout d'un coup de tant de biens, en me contentant
d'emporter les dix mille francs et les bijoux ; que
c'était une fortune toute faite pour vous et pour moi,
et que nous pourrions vivre agréablement aux dépens
de G... M... Au lieu de lui proposer la Comédie, je me
suis mis dans la tête de le sonder sur votre sujet, pour
pressentir quelles facilités nous aurions à nous voir, en
supposant l'exécution de mon système. Je l'ai trouvé
d'un caractère fort traitable. Il m'a demandé ce que je
pensais de vous, et si je n'avais pas eu quelque regret
à vous quitter. Je lui ai dit que vous étiez si aimable et
que vous en aviez toujours usé si honnêtement avec
moi, qu'il n'était pas naturel que je pusse vous haïr. Il
a confessé que vous aviez du mérite, et qu'il s'était
senti porté à désirer votre amitié. Il a voulu savoir de
quelle manière je croyais que vous prendriez mon
départ, surtout lorsque vous viendriez à savoir que
j'étais entre ses mains. Je lui ai répondu que la date de
notre amour était déjà si ancienne, qu'il avait eu le
temps de se refroidir un peu ; que vous n'étiez pas
d'ailleurs fort à votre aise, et que vous ne regarderiez
peut-être pas ma perte comme un grand malheur,
parce qu'elle vous déchargerait d'un fardeau qui vous
pesait sur les bras. J'ai ajouté qu'étant tout à fait
convaincue que vous agiriez pacifiquement, je n'avais
pas fait difficulté de vous dire que je venais à Paris
pour quelques affaires ; que vous y aviez consenti, et
qu'y étant venu vous-même, vous n'aviez pas paru
extrêmement inquiet, lorsque je vous avais quitté. Si je
croyais, m'a-t-il dit, qu'il fût d'humeur à bien vivre
avec moi, je serais le premier à lui offrir mes services
et mes civilités. Je l'ai assuré que du caractère dont je
vous connaissais, je ne doutais point que vous n'y
répondissiez honnêtement ; surtout, lui ai-je dit, s'il
pouvait vous servir dans vos affaires, qui étaient fort
dérangées depuis que vous étiez mal avec votre
famille. Il m'a interrompue, pour me protester qu'il

vous rendrait tous les services qui dépendraient de
lui ; et que si vous vouliez même vous embarquer dans
un autre amour, il vous procurerait une jolie maîtresse, qu'il avait quittée pour s'attacher à moi. J'ai
applaudi à son idée, ajouta-t-elle, pour prévenir plus
parfaitement tous ses soupçons ; et me confirmant de
plus en plus dans mon projet, je ne souhaitais que de
pouvoir trouver le moyen de vous en informer, de
peur que vous ne fussiez trop alarmé lorsque vous me
verriez manquer à notre assignation. C'est dans cette
vue que je lui ai proposé de vous envoyer cette nouvelle maîtresse dès le soir même, afin d'avoir une
occasion de vous écrire ; j'étais obligée d'avoir recours
à cette adresse, parce que je ne pouvais espérer qu'il
me laissât libre un moment. Il a ri de ma proposition.
Il a appelé son laquais, et lui ayant demandé s'il pourrait retrouver sur-le-champ son ancienne maîtresse, il
l'a envoyé de côté et d'autre pour la chercher. Il s'imaginait que c'était à Chaillot qu'il fallait qu'elle allât
vous trouver ; mais je lui ai appris qu'en vous quittant,
je vous avais promis de vous rejoindre à la Comédie ;
ou que si quelque raison m'empêchait d'y aller, vous
vous étiez engagé à m'attendre dans un carrosse au
bout de la rue Saint-André ; qu'il valait mieux par
conséquent vous envoyer là votre nouvelle amante, ne
fût-ce que pour vous empêcher de vous y morfondre
pendant toute la nuit. Je lui ai dit encore qu'il était à
propos de vous écrire un mot, pour vous avertir de cet
échange, que vous auriez peine à comprendre sans
cela. Il y a consenti ; mais j'ai été obligée d'écrire en sa
présence, et je me suis bien gardée de m'expliquer
trop ouvertement dans ma lettre. Voilà, ajouta
Manon, de quelle manière les choses se sont passées.
Je ne vous déguise rien, ni de ma conduite, ni de mes
desseins. La jeune fille est venue, je l'ai trouvée jolie ;
et comme je ne doutais point que mon absence ne
vous causât de la peine, c'était sincèrement que je
souhaitais qu'elle pût servir à vous désennuyer quelques moments, car la fidélité que je souhaite de vous
est celle du cœur. J'aurais été ravie de pouvoir vous

envoyer Marcel ; mais je n'ai pu me procurer un
moment pour l'instruire de ce que j'avais à vous faire
savoir. Elle conclut enfin son récit, en m'apprenant
l'embarras où G... M... s'était trouvé en recevant le
billet de M. de T... Il a balancé, me dit-elle, s'il devait
me quitter, et il m'a assuré que son retour ne tarderait
point. C'est ce qui fait que je ne vous vois point ici
sans inquiétude, et que j'ai marqué de la surprise à
votre arrivée.

J'écoutai ce discours avec beaucoup de patience. J'y
trouvais assurément quantité de traits cruels et morti-
fiants pour moi, car le dessein de son infidélité était si
clair, qu'elle n'avait pas même eu le soin de me le
déguiser. Elle ne pouvait espérer que G... M... la
laissât, toute la nuit, comme une vestale. C'était donc
avec lui qu'elle comptait de la passer. Quel aveu pour
un amant ! Cependant je considérai que j'étais cause
en partie de sa faute, par la connaissance que je lui
avais donnée d'abord des sentiments que G... M...
avait pour elle, et par la complaisance que j'avais eue
d'entrer aveuglément dans le plan téméraire de son
aventure. D'ailleurs, par un tour naturel de génie qui
m'est particulier, je fus touché de l'ingénuité de son
récit, et de cette manière bonne et ouverte avec
laquelle elle me racontait jusqu'aux circonstances
dont j'étais le plus offensé. Elle pèche sans malice,
disais-je en moi-même. Elle est légère et imprudente ;
mais elle est droite et sincère. Ajoutez que l'amour
suffisait seul pour me fermer les yeux sur toutes ses
fautes. J'étais trop satisfait de l'espérance de l'enlever
le soir même à mon rival. Je lui dis néanmoins : Et la
nuit, avec qui l'auriez-vous passée ? Cette question,
que je lui fis tristement, l'embarrassa. Elle ne me
répondit que par des mais et des si interrompus. J'eus
pitié de sa peine ; et rompant ce discours, je lui
déclarai naturellement que j'attendais d'elle qu'elle
me suivît à l'heure même. Je le veux bien, me dit-elle ;
mais vous n'approuvez donc pas mon projet ? Ah !
n'est-ce pas assez, repartis-je, que j'approuve tout ce
que vous avez fait jusqu'à présent ? Quoi ! nous

n'emporterons pas même les dix mille francs ? répliqua-t-elle. Il me les a donnés. Ils sont à moi. Je lui conseillai d'abandonner tout, et de ne penser qu'à nous éloigner promptement ; car quoiqu'il y eût à peine une demi-heure que j'étais avec elle, je craignais le retour de G... M... Cependant elle me fit de si pressantes instances, pour me faire consentir à ne pas sortir les mains vides, que je crus lui devoir accorder quelque chose, après avoir tant obtenu d'elle.

Dans le temps que nous nous préparions au départ, j'entendis frapper à la porte de la rue. Je ne doutai nullement que ce ne fût G... M... ; et dans le trouble où cette pensée me jeta, je dis à Manon que c'était un homme mort s'il paraissait. Effectivement je n'étais pas assez revenu de mes transports, pour me modérer à sa vue. Marcel finit ma peine, en m'apportant un billet qu'il avait reçu pour moi à la porte. Il était de M. de T... Il me marquait que G... M... étant allé lui chercher de l'argent à sa maison, il profitait de son absence pour me communiquer une pensée fort plaisante : qu'il lui semblait que je ne pouvais me venger plus agréablement de mon rival, qu'en mangeant son souper et en couchant, cette nuit même, dans le lit qu'il espérait d'occuper avec ma maîtresse ; que cela lui paraissait assez facile, si je pouvais m'assurer de trois ou quatre hommes qui eussent assez de résolution pour l'arrêter dans la rue, et de fidélité pour le garder à vue jusqu'au lendemain ; que pour lui, il promettait de l'amuser encore une heure pour le moins, par des raisons qu'il tenait prêtes pour son retour. Je montrai ce billet à Manon, et je lui appris de quelle ruse je m'étais servi pour m'introduire librement chez elle. Mon invention et celle de M. de T... lui parurent admirables. Nous en rîmes à notre aise pendant quelques moments. Mais lorsque je lui parlai de la dernière comme d'un badinage, je fus surpris qu'elle insistât sérieusement à me la proposer comme une chose dont l'idée la ravissait. En vain lui demandai-je où elle voulait que je trouvasse, tout d'un coup, des gens propres à arrêter G... M.... et à le garder fidèle-

ment. Elle me dit qu'il fallait du moins tenter, puisque
M. de T... nous garantissait encore une heure ; et
pour réponse à mes autres objections, elle me dit que
je faisais le tyran et que je n'avais pas de complaisance
pour elle. Elle ne trouvait rien de si joli que ce projet.
Vous aurez son couvert à souper, me répétait-elle,
vous coucherez dans ses draps, et demain de grand
matin vous enlèverez sa maîtresse et son argent. Vous
serez bien vengé du père et du fils.

Je cédai à ses instances, malgré les mouvements
secrets de mon cœur, qui semblaient me présager une
catastrophe malheureuse. Je sortis, dans le dessein de
prier deux ou trois gardes du corps avec lesquels Lescaut m'avait mis en liaison, de se charger du soin
d'arrêter G... M... Je n'en trouvai qu'un au logis ;
mais c'était un homme entreprenant, qui n'eut pas
plus tôt su de quoi il était question, qu'il m'assura du
succès ; il me demanda seulement dix pistoles, pour
récompenser trois soldats aux gardes, qu'il prit la résolution d'employer, en se mettant à leur tête. Je le priai
de ne pas perdre de temps. Il les assembla en moins
d'un quart d'heure. Je l'attendais à sa maison ; et
lorsqu'il fut de retour avec ses associés, je le conduisis
moi-même au coin d'une rue par laquelle G... M...
devait nécessairement rentrer dans celle de Manon. Je
lui recommandai de ne le pas maltraiter, mais de le
garder si étroitement jusqu'à sept heures du matin,
que je pusse être assuré qu'il ne lui échapperait pas. Il
me dit que son dessein était de le conduire à sa
chambre et de l'obliger à se déshabiller, ou même à se
coucher dans son lit, tandis que lui et ses trois braves
passeraient la nuit à boire et à jouer. Je demeurai avec
eux jusqu'au moment où je vis paraître G... M... ; et je
me retirai alors quelques pas au-dessous, dans un
endroit obscur, pour être témoin d'une scène si extraordinaire. Le garde du corps l'aborda, le pistolet au
poing, et lui expliqua civilement qu'il n'en voulait ni à
sa vie ni à son argent ; mais que s'il faisait la moindre
difficulté de le suivre, ou s'il jetait le moindre cri, il
allait lui brûler la cervelle. G... M..., le voyant soutenu

par trois soldats, et craignant sans doute la bourre du pistolet, ne fit pas de résistance [71]. Je le vis emmener comme un mouton. Je retournai aussitôt chez Manon ; et pour ôter tout soupçon aux domestiques, je lui dis, en entrant, qu'il ne fallait pas attendre M. de G... M... pour souper ; qu'il lui était survenu des affaires qui le retenaient malgré lui, et qu'il m'avait prié de venir lui en faire ses excuses et souper avec elle, ce que je regardais comme une grande faveur, auprès d'une si belle dame. Elle seconda fort adroitement mon dessein. Nous nous mîmes à table. Nous y prîmes un air grave, pendant que les laquais demeurèrent à nous servir. Enfin, les ayant congédiés, nous passâmes une des plus charmantes soirées de notre vie. J'ordonnai en secret à Marcel de chercher un fiacre, et de l'avertir de se trouver le lendemain à la porte, avant six heures du matin. Je feignis de quitter Manon vers minuit ; mais étant rentré doucement, par le secours de Marcel, je me préparai à occuper le lit de G... M..., comme j'avais rempli sa place à table. Pendant ce temps-là, notre mauvais génie travaillait à nous perdre. Nous étions dans le délire du plaisir, et le glaive était suspendu sur nos têtes. Le fil qui le soutenait allait se rompre. Mais pour faire mieux entendre toutes les circonstances de notre ruine, il faut en éclaircir la cause.

G... M... était suivi d'un laquais, lorsqu'il avait été arrêté par le garde du corps. Ce garçon, effrayé de l'aventure de son maître, retourna en fuyant sur ses pas ; et la première démarche qu'il fit pour le secourir, fut d'aller avertir le vieux G... M... de ce qui venait d'arriver. Une si fâcheuse nouvelle ne pouvait manquer de l'alarmer beaucoup. Il n'avait que ce fils, et sa vivacité était extrême pour son âge. Il voulut savoir d'abord du laquais tout ce que son fils avait fait l'après-midi ; s'il s'était querellé avec quelqu'un, s'il avait pris part au démêlé d'un autre, s'il s'était trouvé dans quelque maison suspecte. Celui-ci, qui croyait son maître dans le dernier danger, et qui s'imaginait ne devoir plus rien ménager pour lui procurer du secours, découvrit tout ce qu'il savait de son amour pour Manon et de la dépense qu'il avait faite pour elle ; la manière dont il avait passé l'après-midi dans sa maison jusqu'aux environs de neuf heures, sa sortie et le malheur de son retour. C'en fut assez pour faire soupçonner au vieillard que l'affaire de son fils était une querelle d'amour. Quoiqu'il fût au moins dix heures et demie du soir, il ne balança point à se rendre aussitôt chez M. le Lieutenant de Police. Il le pria de faire donner des ordres particuliers à toutes les escouades du guet ; et lui en ayant demandé une pour se faire accompagner, il courut lui-même vers la rue où son fils avait été arrêté ; il visita tous les endroits de la ville où il espérait de le pouvoir trouver ; et n'ayant pu découvrir ses traces, il se fit conduire enfin à la maison de sa maîtresse, où il se figura qu'il pouvait être retourné.

J'allais me mettre au lit, lorsqu'il arriva. La porte de la chambre étant fermée, je n'entendis point frapper à celle de la rue ; mais il entra, suivi de deux archers, et s'étant informé inutilement de ce qu'était devenu son fils, il lui prit envie de voir sa maîtresse, pour tirer d'elle quelque lumière. Il monte à l'appartement, toujours accompagné de ses archers. Nous étions prêts à nous mettre au lit ; il ouvre la porte, et il nous glace le sang par sa vue. O Dieu ! c'est le vieux G... M..., dis-je à Manon. Je saute sur mon épée ; elle était malheureusement embarrassée dans mon ceinturon. Les archers, qui virent mon mouvement, s'approchèrent aussitôt pour me la saisir. Un homme en chemise est sans résistance. Ils m'ôtèrent tous les moyens de me défendre.

G... M..., quoique troublé par ce spectacle, ne tarda point à me reconnaître. Il remit encore plus aisément Manon. Est-ce une illusion ? nous dit-il gravement ; ne vois-je point le Chevalier Des Grieux et Manon Lescaut ? J'étais si enragé de honte et de douleur, que je ne lui fis pas de réponse. Il parut rouler, pendant quelque temps, diverses pensées dans sa tête ; et comme si elles eussent allumé tout d'un coup sa colère, il s'écria en s'adressant à moi : Ah ! malheu-

reux, je suis sûr que tu as tué mon fils ! Cette injure
me piqua vivement. Vieux scélérat, lui répondis-je
avec fierté, si j'avais eu à tuer quelqu'un de ta famille,
c'est par toi que j'aurais commencé. Tenez-le bien,
dit-il aux archers. Il faut qu'il me dise des nouvelles de
mon fils ; je le ferai pendre demain, s'il ne m'apprend
tout à l'heure ce qu'il en a fait. Tu me feras pendre ?
repris-je. Infâme ! ce sont tes pareils qu'il faut chercher au gibet. Apprends que je suis d'un sang plus
noble et plus pur que le tien [72]. Oui, ajoutai-je, je sais
ce qui est arrivé à ton fils ; et si tu m'irrites davantage,
je le ferai étrangler avant qu'il soit demain, et je te
promets le même sort après lui.

Je commis une imprudence, en lui confessant que je
savais où était son fils ; mais l'excès de ma colère me
fit faire cette indiscrétion. Il appela aussitôt cinq ou six
autres archers, qui l'attendaient à la porte, et il leur
ordonna de s'assurer de tous les domestiques de la
maison. Ah ! Monsieur le Chevalier, reprit-il d'un ton
railleur, vous savez où est mon fils et vous le ferez
étrangler, dites-vous ? Comptez que nous y mettrons
bon ordre. Je sentis aussitôt la faute que j'avais commise. Il s'approcha de Manon, qui était assise sur le lit
en pleurant ; il lui dit quelques galanteries ironiques
sur l'empire qu'elle avait sur le père et sur le fils, et sur
le bon usage qu'elle en faisait. Ce vieux monstre
d'incontinence voulut prendre quelques familiarités
avec elle. Garde-toi de la toucher ! m'écriai-je, il n'y
aurait rien de sacré qui te pût sauver de mes mains. Il
sortit en laissant trois archers dans la chambre, aux-
quels il ordonna de nous faire prendre promptement
nos habits.

Je ne sais quels étaient alors ses desseins sur nous.
Peut-être eussions-nous obtenu la liberté en lui apprenant où était son fils. Je méditais, en m'habillant, si ce
n'était pas le meilleur parti. Mais s'il était dans cette
disposition en quittant notre chambre, elle était bien
changée lorsqu'il y revint. Il était allé interroger les
domestiques de Manon, que les archers avaient
arrêtés. Il ne put rien apprendre de ceux qu'elle avait

J.J. Pasquier inv et sc.

reçus de son fils ; mais lorsqu'il sut que Marcel nous avait servis auparavant, il résolut de le faire parler, en l'intimidant par des menaces.

C'était un garçon fidèle, mais simple et grossier. Le souvenir de ce qu'il avait fait à l'Hôpital pour délivrer Manon, joint à la terreur que G... M... lui inspirait, fit tant d'impression sur son esprit faible, qu'il s'imagina qu'on allait le conduire à la potence ou sur la roue. Il promit de découvrir tout ce qui était venu à sa connaissance, si l'on voulait lui sauver la vie. G... M... se persuada là-dessus qu'il y avait quelque chose, dans nos affaires, de plus sérieux et de plus criminel qu'il n'avait eu lieu jusque-là de se le figurer. Il offrit à Marcel, non seulement la vie, mais des récompenses pour sa confession. Ce malheureux lui apprit une partie de notre dessein, sur lequel nous n'avions pas fait difficulté de nous entretenir devant lui, parce qu'il devait y entrer pour quelque chose. Il est vrai qu'il ignorait entièrement les changements que nous y avions faits à Paris ; mais il avait été informé, en partant de Chaillot, du plan de l'entreprise et du rôle qu'il y devait jouer. Il lui déclara donc que notre vue était de duper son fils, et que Manon devait recevoir ou avait déjà reçu dix mille francs, qui selon notre projet, ne retourneraient jamais aux héritiers de la maison de G... M...

Après cette découverte, le vieillard emporté remonta brusquement dans notre chambre. Il passa, sans parler, dans le cabinet, où il n'eut pas de peine à trouver la somme et les bijoux. Il revint à nous avec un visage enflammé ; et nous montrant ce qu'il lui plut de nommer notre larcin, il nous accabla de reproches outrageants. Il fit voir de près, à Manon, le collier de perles et les bracelets : Les reconnaissez-vous ? lui dit-il avec un sourire moqueur. Ce n'était pas la première fois que vous les eussiez vus. Les mêmes, sur ma foi. Ils étaient de votre goût, ma belle ; je me le persuade aisément. Les pauvres enfants ! ajouta-t-il. Ils sont bien aimables en effet l'un et l'autre ; mais ils sont un peu fripons. Mon cœur crevait de rage, à ce

discours insultant. J'aurais donné, pour être libre un
moment... Juste Ciel ! que n'aurais-je pas donné !
Enfin, je me fis violence pour lui dire, avec une modération qui n'était qu'un raffinement de fureur : Finissons, Monsieur, ces insolentes railleries. De quoi est-il
question ? Voyons, que prétendez-vous faire de nous ?
Il est question, Monsieur le Chevalier, me répondit-il,
d'aller de ce pas au Châtelet. Il fera jour demain ;
nous verrons plus clair dans nos affaires, et j'espère
que vous me ferez la grâce, à la fin, de m'apprendre
où est mon fils.

Je compris, sans beaucoup de réflexions, que c'était
une chose d'une terrible conséquence pour nous
d'être une fois renfermés au Châtelet [73]. J'en prévis,
en tremblant, tous les dangers. Malgré toute ma fierté,
je reconnus qu'il fallait plier sous le poids de ma fortune, et flatter mon plus cruel ennemi pour en obtenir
quelque chose par la soumission. Je le priai, d'un ton
honnête, de m'écouter un moment. Je me rends justice, Monsieur, lui dis-je. Je confesse que la jeunesse
m'a fait commettre de grandes fautes, et que vous en
êtes assez blessé pour vous plaindre. Mais, si vous
connaissez la force de l'amour, si vous pouvez juger de
ce que souffre un malheureux jeune homme à qui l'on
enlève tout ce qu'il aime, vous me trouverez peut-être
pardonnable d'avoir cherché le plaisir d'une petite
vengeance, ou du moins vous me croirez assez puni
par l'affront que je viens de recevoir. Il n'est besoin, ni
de prison, ni de supplice pour me forcer de vous
découvrir où est Monsieur votre fils. Il est en sûreté.
Mon dessein n'a pas été de lui nuire, ni de vous
offenser. Je suis prêt à vous nommer le lieu où il passe
tranquillement la nuit, si vous me faites la grâce de
nous accorder la liberté. Ce vieux tigre, loin d'être
touché de ma prière, me tourna le dos en riant. Il
lâcha seulement quelques mots, pour me faire comprendre qu'il savait notre dessein jusqu'à l'origine.
Pour ce qui regardait son fils, il ajouta brutalement
qu'il se retrouverait assez, puisque je ne l'avais pas
assassiné. Conduisez-les au Petit-Châtelet, dit-il aux

archers, et prenez garde que le Chevalier ne vous échappe. C'est un rusé, qui s'est déjà sauvé de Saint-Lazare.

Il sortit, et me laissa dans l'état que vous pouvez vous imaginer. O Ciel ! m'écriai-je, je recevrai avec soumission tous les coups qui viennent de ta main ; mais qu'un malheureux coquin ait le pouvoir de me traiter avec cette tyrannie, c'est ce qui me réduit au dernier désespoir. Les archers nous prièrent de ne pas les faire attendre plus longtemps. Ils avaient un carrosse à la porte. Je tendis la main à Manon pour descendre. Venez, ma chère reine, lui dis-je, venez vous soumettre à toute la rigueur de notre sort. Il plaira peut-être au Ciel de nous rendre quelque jour plus heureux.

Nous partîmes dans le même carrosse. Elle se mit dans mes bras. Je ne lui avais pas entendu prononcer un mot depuis le premier moment de l'arrivée de G... M... ; mais se trouvant seule alors avec moi, elle me dit mille tendresses en se reprochant d'être la cause de mon malheur. Je l'assurai que je ne me plaindrais jamais de mon sort, tant qu'elle ne cesserait pas de m'aimer. Ce n'est pas moi qui suis à plaindre, continuai-je. Quelques mois de prison ne m'effraient nullement, et je préférerai toujours le Châtelet à Saint-Lazare. Mais c'est pour toi, ma chère âme, que mon cœur s'intéresse. Quel sort pour une créature si charmante ! Ciel, comment traitez-vous avec tant de rigueur le plus parfait de vos ouvrages ? Pourquoi ne sommes-nous pas nés l'un et l'autre avec des qualités conformes à notre misère ? Nous avons reçu de l'esprit, du goût, des sentiments. Hélas ! quel triste usage en faisons-nous, tandis que tant d'âmes basses et dignes de notre sort jouissent de toutes les faveurs de la fortune ! Ces réflexions me pénétraient de douleur ; mais ce n'était rien en comparaison de celles qui regardaient l'avenir ; car je séchais de crainte pour Manon. Elle avait déjà été à l'Hôpital ; et quand elle en fût sortie par la bonne porte, je savais que les rechutes en ce genre étaient d'une conséquence extrêmement dangereuse. J'aurais voulu lui exprimer mes

frayeurs. J'appréhendais de lui en causer trop. Je trem-
blais pour elle, sans oser l'avertir du danger, et je
l'embrassais en soupirant, pour l'assurer du moins de
mon amour, qui était presque le seul sentiment que
j'osasse exprimer. Manon, lui dis-je, parlez sincèrement ; m'aimerez-vous toujours ? Elle me répondit
qu'elle était bien malheureuse que j'en pusse douter.
Hé bien, repris-je, je n'en doute point, et je veux
braver tous nos ennemis avec cette assurance.
J'emploierai ma famille pour sortir du Châtelet ; et
tout mon sang ne sera utile à rien, si je ne vous en tire
pas aussitôt que je serai libre.

Nous arrivâmes à la prison. On nous mit chacun
dans un lieu séparé. Ce coup me fut moins rude,
parce que je l'avais prévu. Je recommandai Manon au
concierge, en lui apprenant que j'étais un homme de
quelque distinction, et lui promettant une récompense
considérable. J'embrassai ma chère maîtresse, avant
que de la quitter. Je la conjurai de ne pas s'affliger
excessivement, et de ne rien craindre tant que je serais
au monde. Je n'étais pas sans argent ; je lui en donnai
une partie, et je payai au concierge, sur ce qui me
restait, un mois de grosse pension d'avance pour elle
et pour moi.

Mon argent eut un fort bon effet. On me mit dans
une chambre proprement meublée, et l'on m'assura
que Manon en avait une pareille. Je m'occupai aussitôt des moyens de hâter ma liberté. Il était clair qu'il
n'y avait rien d'absolument criminel dans mon
affaire ; et supposant même que le dessein de notre
vol fût prouvé par la déposition de Marcel, je savais
fort bien qu'on ne punit point les simples volontés. Je
résolus d'écrire promptement à mon père, pour le
prier de venir en personne à Paris. J'avais bien moins
de honte, comme je l'ai dit, d'être au Châtelet qu'à
Saint-Lazare. D'ailleurs, quoique je conservasse tout
le respect dû à l'autorité paternelle, l'âge et l'expérience avaient diminué beaucoup ma timidité. J'écrivis
donc, et l'on ne fit pas difficulté au Châtelet de laisser
sortir ma lettre. Mais c'était une peine que j'aurais pu

m'épargner, si j'avais su que mon père devait arriver le lendemain à Paris.

Il avait reçu celle que je lui avais écrite huit jours auparavant [74]. Il en avait ressenti une joie extrême ; mais de quelque espérance que je l'eusse flatté au sujet de ma conversion, il n'avait pas cru devoir s'arrêter tout à fait à mes promesses. Il avait pris le parti de venir s'assurer de mon changement par ses yeux, et de régler sa conduite sur la sincérité de mon repentir. Il arriva le lendemain de mon emprisonnement. Sa première visite fut celle qu'il rendit à Tiberge, à qui je l'avais prié d'adresser sa réponse. Il ne put savoir de lui ni ma demeure, ni ma condition présente ; il en apprit seulement mes principales aventures, depuis que je m'étais échappé de Saint-Sulpice. Tiberge lui parla fort avantageusement des dispositions que je lui avais marquées pour le bien, dans notre dernière entrevue. Il ajouta qu'il me croyait entièrement dégagé de Manon ; mais qu'il était surpris, néanmoins, que je ne lui eusse pas donné de mes nouvelles depuis huit jours. Mon père n'était pas dupe. Il comprit qu'il y avait quelque chose qui échappait à la pénétration de Tiberge, dans le silence dont il se plaignait, et il employa tant de soins pour découvrir mes traces, que deux jours après son arrivée, il apprit que j'étais au Châtelet.

Avant que de recevoir sa visite, à laquelle j'étais fort éloigné de m'attendre si tôt, je reçus celle de M. le Lieutenant général de Police ; ou, pour expliquer les choses par leur nom, je subis l'interrogatoire. Il me fit quelques reproches ; mais ils n'étaient ni durs ni désobligeants. Il me dit, avec douceur, qu'il plaignait ma mauvaise conduite ; que j'avais manqué de sagesse en me faisant un ennemi tel que M. de G... M... ; qu'à la vérité il était aisé de remarquer qu'il y avait dans mon affaire plus d'imprudence et de légèreté que de malice ; mais que c'était néanmoins la seconde fois que je me trouvais sujet à son tribunal, et qu'il avait espéré que je fusse devenu plus sage, après avoir pris deux ou trois mois de leçons à Saint-Lazare. Charmé d'avoir affaire à un juge raisonnable, je m'expliquai avec lui d'une manière si respectueuse et si modérée, qu'il parut extrêmement satisfait de mes réponses. Il me dit que je ne devais pas me livrer trop au chagrin, et qu'il se sentait disposé à me rendre service, en faveur de ma naissance et de ma jeunesse. Je me hasardai à lui recommander Manon, et à lui faire l'éloge de sa douceur et de son bon naturel. Il me répondit, en riant, qu'il ne l'avait point encore vue ; mais qu'on la représentait comme une dangereuse personne. Ce mot excita tellement ma tendresse, que je lui dis mille choses passionnées pour la défense de ma pauvre maîtresse ; et je ne pus m'empêcher de répandre quelques larmes. Il ordonna qu'on me reconduisît à ma chambre. Amour, Amour ! s'écria ce grave magistrat en me voyant sortir, ne te réconcilieras-tu jamais avec la sagesse [75] ?

J'étais à m'entretenir tristement de mes idées, et à réfléchir sur la conversation que j'avais eue avec M. le Lieutenant général de Police, lorsque j'entendis ouvrir la porte de ma chambre : c'était mon père. Quoique je dusse être à demi préparé à cette vue, puisque je m'y attendais quelques jours plus tard, je ne laissai pas d'en être frappé si vivement, que je me serais précipité au fond de la terre, si elle s'était entrouverte à mes pieds. J'allai l'embrasser, avec toutes les marques d'une extrême confusion. Il s'assit sans que ni lui ni moi eussions encore ouvert la bouche.

Comme je demeurais debout, les yeux baissés et la tête découverte : Asseyez-vous, Monsieur, me dit-il gravement, asseyez-vous. Grâce au scandale de votre libertinage et de vos friponneries, j'ai découvert le lieu de votre demeure. C'est l'avantage d'un mérite tel que le vôtre, de ne pouvoir demeurer caché. Vous allez à la renommée par un chemin infaillible. J'espère que le terme en sera bientôt la Grève, et que vous aurez effectivement la gloire d'y être exposé à l'admiration de tout le monde.

Je ne répondis rien. Il continua : Qu'un père est malheureux, lorsqu'après avoir aimé tendrement un fils, et n'avoir rien épargné pour en faire un honnête homme, il n'y trouve à la fin qu'un fripon qui le déshonore ! On se console d'un malheur de fortune ; le temps l'efface et le chagrin diminue ; mais quel remède contre un mal qui augmente tous les jours, tel que les désordres d'un fils vicieux, qui a perdu tous sentiments d'honneur [76] ? Tu ne dis rien, malheureux, ajouta-t-il ; voyez cette modestie contrefaite et cet air de douceur hypocrite : ne le prendrait-on pas pour le plus honnête homme de sa race ?

Quoique je fusse obligé de reconnaître que je méritais une partie de ces outrages, il me parut néanmoins que c'était les porter à l'excès. Je crus qu'il m'était permis d'expliquer naturellement ma pensée. Je vous assure, Monsieur, lui dis-je, que la modestie où vous me voyez devant vous, n'est nullement affectée : c'est la situation naturelle d'un fils bien né, qui respecte infiniment son père, et surtout un père irrité. Je ne prétends pas non plus passer pour l'homme le plus réglé de notre race. Je me connais digne de vos reproches ; mais je vous conjure d'y mettre un peu plus de bonté, et de ne pas me traiter comme le plus infâme de tous les hommes. Je ne mérite pas des noms si durs. C'est l'amour, vous le savez, qui a causé toutes mes fautes. Fatale passion ! Hélas ! n'en connaissez-vous pas la force, et se peut-il que votre sang, qui est la source du mien, n'ait jamais ressenti les mêmes ardeurs ? L'amour m'a rendu trop tendre, trop passionné, trop fidèle, et peut-être trop complaisant pour les désirs d'une maîtresse toute charmante ; voilà mes crimes. En voyez-vous là quelqu'un qui vous déshonore ? Allons, mon cher père, ajoutai-je tendrement, un peu de pitié pour un fils qui a toujours été plein de respect et d'affection pour vous, qui n'a pas renoncé comme vous pensez à l'honneur et au devoir, et qui est mille fois plus à plaindre que vous ne sauriez vous l'imaginer. Je laissai tomber quelques larmes en finissant ces paroles.

Un cœur de père est le chef-d'œuvre de la nature ; elle y règne, pour ainsi parler, avec complaisance, et

elle en règle elle-même tous les ressorts. Le mien, qui
était avec cela homme d'esprit et de goût, fut si touché
du tour que j'avais donné à mes excuses, qu'il ne fut
pas le maître de me cacher ce changement. Viens,
mon pauvre Chevalier, me dit-il, viens m'embrasser ;
tu me fais pitié. Je l'embrassai. Il me serra d'une
manière qui me fit juger de ce qui se passait dans son
cœur. Mais quel moyen prendrons-nous donc,
reprit-il, pour te tirer d'ici ? Explique-moi toutes tes
affaires sans déguisement. Comme il n'y avait rien,
après tout, dans le gros de ma conduite, qui pût me
déshonorer absolument, du moins en la mesurant sur
celle des jeunes gens d'un certain monde, et qu'une
maîtresse ne passe point pour une infamie dans le
siècle où nous sommes, non plus qu'un peu d'adresse
à s'attirer la fortune du jeu, je fis sincèrement à mon
père le détail de la vie que j'avais menée. A chaque
faute dont je lui faisais l'aveu, j'avais soin de joindre
des exemples célèbres, pour en diminuer la honte. Je
vis avec une maîtresse, lui disais-je, sans être lié par les
cérémonies du mariage : M. le Duc de... en entretient
deux, aux yeux de tout Paris ; M. de... en a une
depuis dix ans, qu'il aime avec une fidélité qu'il n'a
jamais eue pour sa femme. Les deux tiers des honnêtes gens de France se font honneur d'en avoir. J'ai
usé de quelque supercherie au jeu : M. le Marquis
de... et le Comte de... n'ont point d'autres revenus ;
M. le Prince de... et M. le Duc de... sont les chefs
d'une bande de chevaliers du même Ordre [77]. Pour ce
qui regardait mes desseins sur la bourse des deux G...
M..., j'aurais pu prouver aussi facilement que je
n'étais pas sans modèles ; mais il me restait trop
d'honneur pour ne pas me condamner moi-même,
avec tous ceux dont j'aurais pu me proposer
l'exemple, de sorte que je priai mon père de pardonner cette faiblesse aux deux violentes passions qui
m'avaient agité, la vengeance et l'amour. Il me
demanda si je pouvais lui donner quelques ouvertures
sur les plus courts moyens d'obtenir ma liberté, et
d'une manière qui pût lui faire éviter l'éclat. Je lui

appris les sentiments de bonté que le Lieutenant
général de Police avait pour moi. Si vous trouvez quelques difficultés, lui dis-je, elles ne peuvent venir que
de la part des G... M... ; ainsi je crois qu'il serait à
propos que vous prissiez la peine de les voir. Il me le
promit. Je n'osai le prier de solliciter pour Manon. Ce
ne fut point un défaut de hardiesse, mais un effet de la
crainte où j'étais de le révolter par cette proposition, et
de lui faire naître quelque dessein funeste à elle et à
moi. Je suis encore à savoir si cette crainte n'a pas
causé mes plus grandes infortunes, en m'empêchant
de tenter les dispositions de mon père, et de faire des
efforts pour lui en inspirer de favorables à ma malheureuse maîtresse. J'aurais peut-être excité encore une
fois sa pitié. Je l'aurais mis en garde contre les impressions qu'il allait recevoir trop facilement du vieux G...
M... Que sais-je ? Ma mauvaise destinée l'aurait peut-
être emporté sur tous mes efforts ; mais je n'aurais eu
qu'elle du moins et la cruauté de mes ennemis à
accuser de mon malheur.

En me quittant, mon père alla faire une visite à M.
de G... M... Il le trouva avec son fils, à qui le garde du
corps avait honnêtement rendu la liberté. Je n'ai
jamais su les particularités de leur conversation ; mais
il ne m'a été que trop facile d'en juger par ses mortels
effets. Ils allèrent ensemble, je dis les deux pères, chez
M. le Lieutenant général de Police, auquel ils demandèrent deux grâces : l'une, de me faire sortir sur-le-
champ du Châtelet, l'autre, d'enfermer Manon pour
le reste de ses jours, ou de l'envoyer en Amérique. On
commençait, dans le même temps, à embarquer quantité de gens sans aveu, pour le Mississippi [78]. M. le
Lieutenant général de Police leur donna sa parole de
faire partir Manon par le premier vaisseau. M. de G...
M... et mon père vinrent aussitôt m'apporter
ensemble la nouvelle de ma liberté. M. de G... M...
me fit un compliment civil sur le passé, et m'ayant
félicité sur le bonheur que j'avais d'avoir un tel père, il
m'exhorta à profiter désormais de ses leçons et de ses
exemples. Mon père m'ordonna de lui faire des

excuses de l'injure prétendue que j'avais faite à sa famille, et de le remercier de s'être employé avec lui pour mon élargissement. Nous sortîmes ensemble, sans avoir dit un mot de ma maîtresse. Je n'osai même parler d'elle aux guichetiers en leur présence. Hélas ! mes tristes recommandations eussent été bien inutiles ! L'ordre cruel était venu, en même temps que celui de ma délivrance. Cette fille infortunée fut conduite une heure après à l'Hôpital, pour y être associée à quelques malheureuses qui étaient condamnées à subir le même sort. Mon père m'ayant obligé de le suivre à la maison où il avait pris sa demeure, il était presque six heures du soir lorsque je trouvai le moment de me dérober de ses yeux pour retourner au Châtelet. Je n'avais dessein que de faire tenir quelques rafraîchissements à Manon, et de la recommander au concierge ; car je ne me promettais pas que la liberté de la voir me fût accordée. Je n'avais point encore eu le temps, non plus, de réfléchir aux moyens de la délivrer.

Je demandai à parler au concierge. Il avait été content de ma libéralité et de ma douceur ; de sorte qu'ayant quelque disposition à me rendre service, il me parla du sort de Manon comme d'un malheur dont il avait beaucoup de regret, parce qu'il pouvait m'affliger. Je ne compris point ce langage. Nous nous entretînmes quelques moments sans nous entendre. A la fin, s'apercevant que j'avais besoin d'une explication, il me la donna, telle que j'ai déjà eu horreur de vous la dire, et que j'ai encore de la répéter. Jamais apoplexie violente ne causa d'effet plus subit et plus terrible. Je tombai avec une palpitation de cœur si douloureuse, qu'à l'instant que je perdis la connaissance, je me crus délivré de la vie pour toujours [79]. Il me resta même quelque chose de cette pensée, lorsque je revins à moi. Je tournai mes regards vers toutes les parties de la chambre et sur moi-même, pour m'assurer si je portais encore la malheureuse qualité d'homme vivant. Il est certain qu'en ne suivant que le mouvement naturel qui fait chercher à se délivrer de ses peines, rien ne pouvait me paraître plus doux que la mort, dans ce moment de désespoir et de consternation. La religion même ne pouvait me faire envisager rien de plus insupportable après la vie, que les convulsions cruelles dont j'étais tourmenté. Cependant, par un miracle propre à l'amour, je retrouvai bientôt assez de force pour remercier le Ciel de m'avoir rendu la connaissance et la raison. Ma mort n'eût été utile qu'à moi. Manon avait besoin de ma vie pour la délivrer, pour la secourir, pour la venger. Je jurai de m'y employer sans ménagement.

Le concierge me donna toute l'assistance que j'eusse pu attendre du meilleur de mes amis. Je reçus ses services avec une vive reconnaissance. Hélas ! lui dis-je, vous êtes donc touché de mes peines ? Tout le monde m'abandonne. Mon père même est sans doute un de mes plus cruels persécuteurs. Personne n'a pitié de moi. Vous seul, dans le séjour de la dureté et de la barbarie, vous marquez de la compassion pour le plus misérable de tous les hommes ! Il me conseillait de ne point paraître dans la rue sans être un peu remis du trouble où j'étais. Laissez, laissez, répondis-je en sortant ; je vous reverrai plus tôt que vous ne pensez. Préparez-moi le plus noir de vos cachots ; je vais travailler à le mériter. En effet, mes premières résolutions n'allaient à rien moins qu'à me défaire des deux G... M... et du Lieutenant général de Police, et fondre ensuite à main armée sur l'Hôpital, avec tous ceux que je pourrais engager dans ma querelle. Mon père lui-même eût à peine été respecté, dans une vengeance qui me paraissait si juste ; car le concierge ne m'avait pas caché que lui et G... M... étaient les auteurs de ma perte. Mais lorsque j'eus fait quelques pas dans les rues, et que l'air eut un peu rafraîchi mon sang et mes humeurs, ma fureur fit place peu à peu à des sentiments plus raisonnables. La mort de nos ennemis eût été d'une faible utilité pour Manon, et elle m'eût exposé sans doute à me voir ôter tous les moyens de la secourir. D'ailleurs aurais-je eu recours à

un lâche assassinat ? Quelle autre voie pouvais-je
m'ouvrir à la vengeance ? Je recueillis toutes mes
forces et tous mes esprits pour travailler d'abord à la
délivrance de Manon, remettant tout le reste après le
succès de cette importante entreprise. Il me restait peu
d'argent. C'était néanmoins un fondement nécessaire
par lequel il fallait commencer. Je ne voyais que trois
personnes de qui j'en pusse attendre : M. de T..., mon
père et Tiberge. Il y avait peu d'apparence d'obtenir
quelque chose des deux derniers, et j'avais honte de
fatiguer l'autre par mes importunités. Mais ce n'est
point dans le désespoir qu'on garde des ménagements.
J'allai sur-le-champ au Séminaire de Saint-Sulpice,
sans m'embarrasser si j'y serais reconnu. Je fis appeler
Tiberge. Ses premières paroles me firent comprendre
qu'il ignorait encore mes dernières aventures. Cette
idée me fit changer le dessein que j'avais, de l'attendrir par la compassion. Je lui parlai, en général, du
plaisir que j'avais eu de revoir mon père ; et je le priai
ensuite de me prêter quelque argent, sous prétexte de
payer, avant mon départ de Paris, quelques dettes que
je souhaitais de tenir inconnues. Il me présenta aussitôt sa bourse. Je pris cinq cents francs, sur six cents
que j'y trouvai. Je lui offris mon billet ; il était trop
généreux pour l'accepter.

Je tournai de là chez M. de T... Je n'eus point de
réserve avec lui. Je lui fis l'exposition de mes malheurs
et de mes peines : il en savait déjà jusqu'aux moindres
circonstances, par le soin qu'il avait eu de suivre
l'aventure du jeune G... M... Il m'écouta néanmoins,
et il me plaignit beaucoup. Lorsque je lui demandai
ses conseils sur les moyens de délivrer Manon, il me
répondit tristement qu'il y voyait si peu de jour, qu'à
moins d'un secours extraordinaire du Ciel, il fallait
renoncer à l'espérance ; qu'il avait passé exprès à
l'Hôpital, depuis qu'elle y était renfermée ; qu'il
n'avait pu obtenir lui-même la liberté de la voir ; que
les ordres du Lieutenant général de Police étaient de
la dernière rigueur, et que pour comble d'infortune, la
malheureuse bande où elle devait entrer, était destinée

à partir le surlendemain du jour où nous étions. J'étais si consterné de son discours, qu'il eût pu parler une heure sans que j'eusse pensé à l'interrompre. Il continua de me dire qu'il ne m'était point allé voir au Châtelet, pour se donner plus de facilité à me servir, lorsqu'on le croirait sans liaison avec moi ; que depuis quelques heures que j'en étais sorti, il avait eu le chagrin d'ignorer où je m'étais retiré, et qu'il avait souhaité de me voir promptement, pour me donner le seul conseil dont il semblait que je pusse espérer du changement dans le sort de Manon ; mais un conseil dangereux, auquel il me priait de cacher éternellement qu'il eût part : c'était de choisir quelques braves, qui eussent le courage d'attaquer les gardes de Manon, lorsqu'ils seraient sortis de Paris avec elle. Il n'attendit point que je lui parlasse de mon indigence. Voilà cent pistoles, me dit-il, en me présentant une bourse, qui pourront vous être de quelque usage. Vous me les remettrez, lorsque la fortune aura rétabli vos affaires. Il ajouta que si le soin de sa réputation lui eût permis d'entreprendre lui-même la délivrance de ma maîtresse, il m'eût offert son bras et son épée.

Cette excessive générosité me toucha jusqu'aux larmes. J'employai, pour lui marquer ma reconnaissance, toute la vivacité que mon affliction me laissait de reste. Je lui demandai s'il n'y avait rien à espérer par la voie des intercessions, auprès du Lieutenant général de Police. Il me dit qu'il y avait pensé ; mais qu'il croyait cette ressource inutile, parce qu'une grâce de cette nature ne pouvait se demander sans motif, et qu'il ne voyait pas bien quel motif on pouvait employer pour se faire un intercesseur d'une personne grave et puissante ; que si l'on pouvait se flatter de quelque chose de ce côté-là, ce ne pouvait être qu'en faisant changer de sentiment à M. de G... M... et à mon père, et en les engageant à prier eux-mêmes M. le Lieutenant général de Police de révoquer sa sentence. Il m'offrit de faire tous ses efforts pour gagner le jeune G... M..., quoiqu'il le crût un peu refroidi à son égard par quelques soupçons qu'il avait conçus de

lui à l'occasion de notre affaire ; et il m'exhorta à ne rien
omettre de mon côté, pour fléchir l'esprit de mon père.

Ce n'était pas une légère entreprise pour moi ; je ne
dis pas seulement par la difficulté que je devais naturellement trouver à le vaincre, mais par une autre
raison, qui me faisait même redouter ses approches :
je m'étais dérobé de son logement contre ses ordres, et
j'étais fort résolu de n'y pas retourner, depuis que
j'avais appris la triste destinée de Manon. J'appréhendais avec sujet qu'il ne me fît retenir malgré moi, et
qu'il ne me reconduisît de même en province. Mon
frère aîné avait usé autrefois de cette méthode. Il est
vrai que j'étais devenu plus âgé ; mais l'âge était une
faible raison contre la force. Cependant je trouvai une
voie qui me sauvait du danger ; c'était de le faire
appeler dans un endroit public, et de m'annoncer à lui
sous un autre nom. Je pris aussitôt ce parti. M. de T...
s'en alla chez G... M... et moi au Luxembourg, d'où
j'envoyai avertir mon père qu'un gentilhomme de ses
serviteurs était à l'attendre. Je craignais qu'il n'eût
quelque peine à venir, parce que la nuit approchait. Il
parut néanmoins peu après, suivi de son laquais. Je le
priai de prendre une allée où nous puissions être seuls.
Nous fîmes cent pas, pour le moins, sans parler. Il
s'imaginait bien, sans doute, que tant de préparations
ne s'étaient pas faites sans un dessein d'importance. Il
attendait ma harangue, et je la méditais.

Enfin j'ouvris la bouche. Monsieur, lui dis-je en
tremblant, vous êtes un bon père. Vous m'avez
comblé de grâces, et vous m'avez pardonné un
nombre infini de fautes. Aussi le Ciel m'est-il témoin
que j'ai pour vous tous les sentiments du fils le plus
tendre et le plus respectueux. Mais il me semble... que
votre rigueur... Hé bien, ma rigueur ? interrompit mon
père, qui trouvait sans doute que je parlais lentement
pour son impatience. Ah ! Monsieur, repris-je, il me
semble que votre rigueur est extrême, dans le traitement que vous avez fait à la malheureuse Manon.
Vous vous en êtes rapporté à M. de G... M... Sa haine
vous l'a représentée sous les plus noires couleurs.

Vous vous êtes formé d'elle une affreuse idée. Cependant c'est la plus douce et la plus aimable créature qui fût jamais. Que n'a-t-il plu au Ciel de vous inspirer l'envie de la voir un moment ! Je ne suis pas plus sûr qu'elle est charmante, que je le suis qu'elle vous l'aurait paru. Vous auriez pris parti pour elle ; vous auriez détesté les noirs artifices de G... M... ; vous auriez eu compassion d'elle et de moi. Hélas ! J'en suis sûr. Votre cœur n'est pas insensible ; vous vous seriez laissé attendrir. Il m'interrompit encore, voyant que je parlais avec une ardeur qui ne m'aurait pas permis de finir sitôt. Il voulut savoir à quoi j'avais dessein d'en venir, par un discours si passionné. A vous demander la vie, répondis-je, que je ne puis conserver un moment, si Manon part une fois pour l'Amérique. Non, non, me dit-il d'un ton sévère ; j'aime mieux te voir sans vie que sans sagesse et sans honneur. N'allons donc pas plus loin ! m'écriai-je en l'arrêtant par le bras ; ôtez-la-moi, cette vie odieuse et insupportable ; car dans le désespoir où vous me jetez, la mort sera une faveur pour moi. C'est un présent digne de la main d'un père.

Je ne te donnerais que ce que tu mérites, répliqua-t-il. Je connais bien des pères qui n'auraient pas attendu si longtemps pour être eux-mêmes tes bourreaux ; mais c'est ma bonté excessive qui t'a perdu.

Je me jetai à ses genoux : Ah ! s'il vous en reste encore, lui dis-je en les embrassant, ne vous endurcissez donc pas contre mes pleurs. Songez que je suis votre fils... Hélas ! souvenez-vous de ma mère. Vous l'aimiez si tendrement ! Auriez-vous souffert qu'on l'eût arrachée de vos bras ? Vous l'auriez défendue jusqu'à la mort. Les autres n'ont-ils pas un cœur comme vous ? Peut-on être barbare, après avoir une fois éprouvé ce que c'est que la tendresse et la douleur ?

Ne me parle pas davantage de ta mère, reprit-il d'une voix irritée ; ce souvenir échauffe mon indignation. Tes désordres la feraient mourir de douleur, si elle eût assez vécu pour les voir. Finissons cet entretien, ajouta-t-il ; il m'importune, et ne me fera point

changer de résolution. Je retourne au logis ; je
t'ordonne de me suivre. Le ton sec et dur avec lequel
il m'intima cet ordre, me fit trop comprendre que son
cœur était inflexible. Je m'éloignai de quelques pas,
dans la crainte qu'il ne lui prît envie de m'arrêter de
ses propres mains. N'augmentez pas mon désespoir,
lui dis-je, en me forçant de vous désobéir. Il est
impossible que je vous suive. Il ne l'est pas moins que
je vive, après la dureté avec laquelle vous me traitez.
Ainsi je vous dis un éternel adieu. Ma mort, que vous
apprendrez bientôt, ajoutai-je tristement, vous fera
peut-être reprendre pour moi des sentiments de père.
Comme je me tournais pour le quitter : Tu refuses
donc de me suivre ? s'écria-t-il avec une vive colère.
Va, cours à ta perte. Adieu, fils ingrat et rebelle.
Adieu, lui dis-je dans mon transport, adieu, père barbare et dénaturé [80].

Je sortis aussitôt du Luxembourg. Je marchai dans
les rues comme un furieux jusqu'à la maison de M. de
T... Je levais, en marchant, les yeux et les mains pour
invoquer toutes les puissances célestes. O Ciel !
disais-je, serez-vous aussi impitoyable que les hommes ? Je n'ai plus de secours à attendre que de vous.
M. de T... n'était point encore retourné chez lui ; mais
il revint, après que je l'y eus attendu quelques
moments. Sa négociation n'avait pas réussi mieux que
la mienne. Il me le dit d'un visage abattu. Le jeune
G... M..., quoique moins irrité que son père contre
Manon et contre moi, n'avait pas voulu entreprendre
de le solliciter en notre faveur. Il s'en était défendu
par la crainte qu'il avait lui-même de ce vieillard vin-
dicatif, qui s'était déjà fort emporté contre lui, en lui
reprochant ses desseins de commerce avec Manon. Il
ne me restait donc que la voie de la violence, telle que
M. de T... m'en avait tracé le plan ; j'y réduisis toutes
mes espérances. Elles sont bien incertaines, lui dis-je ;
mais la plus solide et la plus consolante pour moi est
celle de périr du moins dans l'entreprise. Je le quittai
en le priant de me secourir par ses vœux ; et je ne
pensai plus qu'à m'associer des camarades à qui je

pusse communiquer une étincelle de mon courage et de ma résolution.

Le premier qui s'offrit à mon esprit, fut le même garde du corps que j'avais employé pour arrêter G... M... J'avais dessein aussi d'aller passer la nuit dans sa chambre, n'ayant pas eu l'esprit assez libre, pendant l'après-midi, pour me procurer un logement. Je le trouvai seul. Il eut de la joie de me voir sorti du Châtelet. Il m'offrit affectueusement ses services. Je lui expliquai ceux qu'il pouvait me rendre. Il avait assez de bon sens pour en apercevoir toutes les difficultés ; mais il fut assez généreux pour entreprendre de les surmonter. Nous employâmes une partie de la nuit à raisonner sur mon dessein. Il me parla des trois soldats aux gardes dont il s'était servi dans la dernière occasion, comme de trois braves à l'épreuve. M. de T... m'avait informé exactement du nombre des archers qui devaient conduire Manon : ils n'étaient que six. Cinq hommes hardis et résolus suffisaient pour donner l'épouvante à ces misérables, qui ne sont point capables de se défendre honorablement, lorsqu'ils peuvent éviter le péril du combat par une lâcheté. Comme je ne manquais point d'argent, le garde du corps me conseilla de ne rien épargner pour assurer le succès de notre attaque. Il nous faut des chevaux, me dit-il, avec des pistolets, et chacun notre mousqueton. Je me charge de prendre demain le soin de ces préparatifs. Il faudra aussi trois habits communs pour nos soldats, qui n'oseraient paraître dans une affaire de cette nature avec l'uniforme du régiment. Je lui mis entre les mains les cent pistoles que j'avais reçues de M. de T... Elles furent employées, le lendemain, jusqu'au dernier sol. Les trois soldats passèrent en revue devant moi. Je les animai par de grandes promesses, et pour leur ôter toute défiance, je commençai par leur faire présent, à chacun, de dix pistoles. Le jour de l'exécution étant venu, j'en envoyai un de grand matin à l'Hôpital, pour s'instruire par ses propres yeux, du moment auquel les archers partiraient avec leur proie. Quoique je n'eusse pris

cette précaution que par un excès d'inquiétude et de
prévoyance, il se trouva qu'elle avait été absolument
nécessaire. J'avais compté sur quelques fausses informations qu'on m'avait données de leur route, et
m'étant persuadé que c'était à La Rochelle que cette
déplorable troupe devait être embarquée, j'aurais
perdu mes peines à l'attendre sur le chemin d'Orléans.
Cependant je fus informé, par le rapport du soldat aux
gardes, qu'elle prenait le chemin de Normandie, et
que c'était du Havre-de-Grâce qu'elle devait partir
pour l'Amérique [81].

Nous nous rendîmes aussitôt à la porte Saint-
Honoré, observant de marcher par des rues différentes. Nous nous réunîmes au bout du faubourg. Nos
chevaux étaient frais. Nous ne tardâmes point à
découvrir les six gardes, et les deux misérables voitures que vous vîtes à Pacy, il y a deux ans. Ce spectacle faillit de m'ôter la force et la connaissance. O
Fortune, m'écriai-je, Fortune cruelle ! accorde-moi ici
du moins, la mort ou la victoire. Nous tînmes conseil
un moment sur la manière dont nous ferions notre
attaque. Les archers n'étaient guère plus de quatre
cents pas devant nous, et nous pouvions les couper en
passant au travers d'un petit champ, autour duquel le
grand chemin tournait. Le garde du corps fut d'avis
de prendre cette voie, pour les surprendre en fondant
tout d'un coup sur eux. J'approuvai sa pensée et je fus
le premier à piquer mon cheval. Mais la Fortune avait
rejeté impitoyablement mes vœux. Les archers, voyant
cinq cavaliers accourir vers eux, ne doutèrent point
que ce ne fût pour les attaquer. Ils se mirent en
défense, en préparant leurs baïonnettes et leurs fusils,
d'un air assez résolu. Cette vue, qui ne fit que nous
animer, le garde du corps et moi, ôta tout d'un coup
le courage à nos trois lâches compagnons. Ils s'arrêtè-
rent comme de concert, et, s'étant dit entre eux quelques mots que je n'entendis point, ils tournèrent la
tête de leurs chevaux, pour reprendre le chemin de
Paris à bride abattue. Dieux ! me dit le garde du
corps, qui paraissait aussi éperdu que moi de cette

infâme désertion, qu'allons-nous faire ? Nous ne sommes que deux. J'avais perdu la voix, de fureur et d'étonnement. Je m'arrêtai, incertain si ma première vengeance ne devait pas s'employer à la poursuite et au châtiment des lâches qui m'abandonnaient. Je les regardais fuir, et je jetais les yeux de l'autre côté sur les archers. S'il m'eût été possible de me partager, j'aurais fondu tout à la fois sur ces deux objets de ma rage ; je les dévorais tous ensemble. Le garde du corps, qui jugeait de mon incertitude par le mouvement égaré de mes yeux, me pria d'écouter son conseil. N'étant que deux, me dit-il, il y aurait de la folie à attaquer six hommes aussi bien armés que nous, et qui paraissent nous attendre de pied ferme. Il faut retourner à Paris et tâcher de réussir mieux dans le choix de nos braves. Les archers ne sauraient faire de grandes journées avec deux pesantes voitures ; nous les rejoindrons demain sans peine.

Je fis un moment de réflexion sur ce parti ; mais ne voyant de tous côtés que des sujets de désespoir, je pris une résolution véritablement désespérée. Ce fut de remercier mon compagnon de ses services ; et loin d'attaquer les archers, je résolus d'aller, avec soumission, les prier de me recevoir dans leur troupe, pour accompagner Manon avec eux jusqu'au Havre-de-Grâce, et passer ensuite au-delà des mers avec elle. Tout le monde me persécute ou me trahit, dis-je au garde du corps. Je n'ai plus de fond à faire sur personne. Je n'attends plus rien, ni de la Fortune, ni du secours des hommes. Mes malheurs sont au comble ; il ne me reste plus que de m'y soumettre. Ainsi je ferme les yeux à toute espérance. Puisse le Ciel récompenser votre générosité ! Adieu, je vais aider mon mauvais sort à consommer ma ruine, en y courant moi-même volontairement. Il fit inutilement ses efforts pour m'engager à retourner à Paris. Je le priai de me laisser suivre mes résolutions et de me quitter sur-le-champ, de peur que les archers ne continuassent de croire que notre dessein était de les attaquer.

J'allai seul vers eux d'un pas lent, et le visage si

consterné, qu'ils ne durent rien trouver d'effrayant
dans mes approches. Ils se tenaient néanmoins en
défense. Rassurez-vous, Messieurs, leur dis-je, en les
abordant ; je ne vous apporte point la guerre, je viens
vous demander des grâces. Je les priai de continuer
leur chemin sans défiance et je leur appris, en marchant, les faveurs que j'attendais d'eux. Ils consultè-
rent ensemble de quelle manière ils devaient recevoir
cette ouverture. Le chef de la bande prit la parole
pour les autres. Il me répondit que les ordres qu'ils
avaient de veiller sur leurs captives étaient d'une
extrême rigueur ; que je lui paraissais néanmoins si joli
homme, que lui et ses compagnons se relâcheraient un
peu de leur devoir ; mais que je devais comprendre
qu'il fallait qu'il m'en coûtât quelque chose. Il me
restait environ quinze pistoles ; je leur dis naturellement en quoi consistait le fond de ma bourse. Hé
bien ! me dit l'archer, nous en userons généreusement.
Il ne vous coûtera qu'un écu par heure pour entretenir
celle de nos filles qui vous plaira le plus ; c'est le prix
courant de Paris. Je ne leur avais pas parlé de Manon
en particulier, parce que je n'avais pas dessein qu'ils
connussent ma passion. Ils s'imaginèrent d'abord que
ce n'était qu'une fantaisie de jeune homme, qui me
faisait chercher un peu de passe-temps avec ces créatures ; mais lorsqu'ils crurent s'être aperçus que j'étais
amoureux, ils augmentèrent tellement le tribut, que
ma bourse se trouva épuisée en partant de Mantes, où
nous avions couché, le jour que nous arrivâmes à
Pacy.

Vous dirai-je quel fut le déplorable sujet de mes
entretiens avec Manon pendant cette route, ou quelle
impression sa vue fit sur moi, lorsque j'eus obtenu des
gardes la liberté d'approcher de son chariot ? Ah ! les
expressions ne rendent jamais qu'à demi les sentiments du cœur ; mais figurez-vous ma pauvre maîtresse enchaînée par le milieu du corps, assise sur
quelques poignées de paille, la tête appuyée languissamment sur un côté de la voiture, le visage pâle et
mouillé d'un ruisseau de larmes qui se faisaient un

J. J. Pasquier inv. et Sc.

passage au travers de ses paupières, quoiqu'elle eût continuellement les yeux fermés. Elle n'avait pas même eu la curiosité de les ouvrir, lorsqu'elle avait entendu le bruit de ses gardes, qui craignaient d'être attaqués. Son linge était sale et dérangé, ses mains délicates exposées à l'injure de l'air ; enfin, tout ce composé charmant, cette figure capable de ramener l'univers à l'idolâtrie, paraissait dans un désordre et un abattement inexprimables. J'employai quelque temps à la considérer, en allant à cheval à côté du chariot. J'étais si peu à moi-même que je fus sur le point plusieurs fois de tomber dangereusement. Mes soupirs et mes exclamations fréquentes m'attirèrent d'elle quelques regards. Elle me reconnut, et je remarquai que, dans le premier mouvement, elle tenta de se précipiter hors de la voiture pour venir à moi ; mais, étant retenue par sa chaîne, elle retomba dans sa première attitude. Je priai les archers d'arrêter un moment par compassion ; ils y consentirent par avarice. Je quittai mon cheval pour m'asseoir auprès d'elle. Elle était si languissante et si affaiblie, qu'elle fut longtemps sans pouvoir se servir de sa langue, ni remuer ses mains. Je les mouillais pendant ce temps-là de mes pleurs ; et ne pouvant proférer moi-même une seule parole, nous étions l'un et l'autre dans une des plus tristes situations dont il y ait jamais eu d'exemple. Nos expressions ne le furent pas moins, lorsque nous eûmes retrouvé la liberté de parler. Manon parla peu ; il semblait que la honte et la douleur eussent altéré les organes de sa voix ; le son en était faible et tremblant. Elle me remercia de ne l'avoir pas oubliée, et de la satisfaction que je lui accordais, dit-elle en soupirant, de me voir du moins encore une fois, et de me dire le dernier adieu. Mais lorsque je l'eus assurée que rien n'était capable de me séparer d'elle, et que j'étais disposé à la suivre jusqu'à l'extrémité du monde, pour prendre soin d'elle, pour la servir, pour l'aimer et pour attacher inséparablement ma misérable destinée à la sienne, cette pauvre fille se livra à des sentiments si tendres et si douloureux, que j'appréhendai quelque chose pour sa vie, d'une si violente émotion. Tous les mouvements de son âme semblaient se réunir dans ses yeux. Elle les tenait fixés sur moi. Quelquefois elle ouvrait la bouche, sans avoir la force d'achever quelques mots qu'elle commençait. Il lui en échappait néanmoins quelques-uns. C'était des marques d'admiration sur mon amour, de tendres plaintes de son excès, des doutes qu'elle pût être assez heureuse pour m'avoir inspiré une passion si parfaite, des instances pour me faire renoncer au dessein de la suivre, et chercher ailleurs un bonheur digne de moi, qu'elle me disait que je ne pouvais espérer avec elle.

En dépit du plus cruel de tous les sorts, je trouvais ma félicité dans ses regards et dans la certitude que j'avais de son affection. J'avais perdu, à la vérité, tout ce que le reste des hommes estime ; mais j'étais maître du cœur de Manon, le seul bien que j'estimais. Vivre en Europe, vivre en Amérique, que m'importait-il en quel endroit vivre, si j'étais sûr d'y être heureux en y vivant avec ma maîtresse ? Tout l'univers n'est-il pas la patrie de deux amants fidèles ? Ne trouvent-ils pas l'un dans l'autre, père, mère, parents, amis, richesses et félicité ? Si quelque chose me causait de l'inquiétude, c'était la crainte de voir Manon exposée aux besoins de l'indigence. Je me supposais déjà, avec elle, dans une région inculte et habitée par des sauvages. Je suis bien sûr, disais-je, qu'il ne saurait y en avoir d'aussi cruels que G... M... et mon père. Ils nous laisseront du moins vivre en paix. Si les relations qu'on en fait sont fidèles [82], ils suivent les lois de la nature. Ils ne connaissent ni les fureurs de l'avarice, qui possèdent G... M..., ni les idées fantastiques de l'honneur, qui m'ont fait un ennemi de mon père. Ils ne troubleront point deux amants qu'ils verront vivre avec autant de simplicité qu'eux. J'étais donc tranquille de ce côté-là. Mais je ne me formais point des idées romanesques par rapport aux besoins communs de la vie. J'avais éprouvé trop souvent qu'il y a des nécessités insupportables, surtout pour une fille délicate qui est accoutumée à une vie commode et abondante. J'étais au désespoir d'avoir épuisé inutilement ma bourse, et que le peu d'argent qui me restait, fût encore sur le point de m'être ravi par la friponnerie des archers. Je concevais qu'avec une petite somme j'aurais pu espérer, non seulement de me soutenir quelque temps contre la misère en Amérique, où l'argent était rare, mais d'y former même quelque entreprise pour un établissement durable. Cette considération me fit naître la pensée d'écrire à Tiberge, que j'avais toujours trouvé si prompt à m'offrir les secours de l'amitié. J'écrivis dès la première ville où nous passâmes. Je ne lui apportai point d'autre motif que le pressant besoin dans lequel je prévoyais que je me trouverais au Havre-de-Grâce, où je lui confessais que j'étais allé conduire Manon. Je lui demandais cent pistoles. Faites-les-moi tenir au Havre, lui disais-je, par le maître de la poste. Vous voyez bien que c'est la dernière fois que j'importune votre affection, et que ma malheureuse maîtresse m'étant enlevée pour toujours, je ne puis la laisser partir sans quelques soulagements qui adoucissent son sort et mes mortels regrets.

Les archers devinrent si intraitables, lorsqu'ils eurent découvert la violence de ma passion, que redoublant continuellement le prix de leurs moindres faveurs, ils me réduisirent bientôt à la dernière indigence. L'amour, d'ailleurs, ne me permettait guère de ménager ma bourse. Je m'oubliais du matin au soir près de Manon ; et ce n'était plus par heure que le temps m'était mesuré, c'était par la longueur entière des jours. Enfin, ma bourse étant tout à fait vide, je me trouvai exposé aux caprices et à la brutalité de six misérables, qui me traitaient avec une hauteur insupportable. Vous en fûtes témoin à Pacy. Votre rencontre fut un heureux moment de relâche, qui me fut accordé par la Fortune. Votre pitié, à la vue de mes peines, fut ma seule recommandation auprès de votre cœur généreux. Le secours que vous m'accordâtes libéralement, servit à me faire gagner Le Havre, et les archers tinrent leur promesse avec plus de fidélité que je ne l'espérais.

Nous arrivâmes au Havre. J'allai d'abord à la poste. Tiberge n'avait point encore eu le temps de me répondre. Je m'informai exactement quel jour je pouvais attendre sa lettre. Elle ne pouvait arriver que deux jours après ; et par une étrange disposition de mon mauvais sort, il se trouva que notre vaisseau devait partir le matin de celui auquel j'attendais l'ordinaire. Je ne puis vous représenter mon désespoir. Quoi ! m'écriai-je, dans le malheur même, il faudra toujours que je sois distingué par des excès ! Manon répondit : Hélas ! une vie si malheureuse mérite-t-elle le soin que nous en prenons ? Mourons au Havre, mon cher Chevalier. Que la mort finisse tout d'un coup nos misères ! Irons-nous les traîner dans un pays inconnu, où nous devons nous attendre sans doute à d'horribles extrémités, puisqu'on a voulu m'en faire un supplice ? Mourons, me répéta-t-elle ; ou du moins, donne-moi la mort, et va chercher un autre sort dans les bras d'une amante plus heureuse. Non, non, lui dis-je, c'est pour moi un sort digne d'envie, que d'être malheureux avec vous. Son discours me fit trembler. Je jugeai qu'elle était accablée de ses maux. Je m'efforçai de prendre un air plus tranquille, pour lui ôter ces funestes pensées de mort et de désespoir. Je résolus de tenir la même conduite à l'avenir ; et j'ai éprouvé, dans la suite, que rien n'est plus capable d'inspirer du courage à une femme, que l'intrépidité d'un homme qu'elle aime.

Lorsque j'eus perdu l'espérance de recevoir du secours de Tiberge, je vendis mon cheval. L'argent que j'en tirai, joint à ce qui me restait encore de vos libéralités, me composa la petite somme de dix-sept pistoles. J'en employai sept à l'achat de quelques soulagements nécessaires à Manon ; et je serrai les dix autres avec soin, comme le fondement de notre fortune et de nos espérances en Amérique. Je n'eus point de peine à me faire recevoir dans le vaisseau. On cherchait alors des jeunes gens qui fussent disposés à se joindre volontairement à la colonie. Le passage et la nourriture me furent accordés gratis. La poste de Paris

devant partir le lendemain, j'y laissai une lettre pour
Tiberge. Elle était touchante, et capable de l'attendrir
sans doute au dernier point, puisqu'elle lui fit prendre
une résolution qui ne pouvait venir que d'un fonds
infini de tendresse et de générosité pour un ami malheureux.

Nous mîmes à la voile. Le vent ne cessa point de
nous être favorable. J'obtins du capitaine un lieu à
part pour Manon et pour moi. Il eut la bonté de nous
regarder d'un autre œil que le commun de nos misérables associés. Je l'avais pris en particulier dès le premier jour ; et pour m'attirer de lui quelque considération, je lui avais découvert une partie de mes
infortunes. Je ne crus pas me rendre coupable d'un
mensonge honteux, en lui disant que j'étais marié à
Manon. Il feignit de le croire, et il m'accorda sa protection. Nous en reçûmes des marques pendant toute
la navigation. Il eut soin de nous faire nourrir honnêtement ; et les égards qu'il eut pour nous, servirent à
nous faire respecter des compagnons de notre misère.
J'avais une attention continuelle à ne pas laisser souffrir la moindre incommodité à Manon. Elle le remar-
quait bien ; et cette vue, jointe au vif ressentiment de
l'étrange extrémité où je m'étais réduit pour elle, la
rendait si tendre et si passionnée, si attentive aussi à
mes plus légers besoins, que c'était entre elle et moi
une perpétuelle émulation de services et d'amour. Je
ne regrettais point l'Europe. Au contraire, plus nous
avancions vers l'Amérique, plus je sentais mon cœur
s'élargir et devenir tranquille. Si j'eusse pu m'assurer
de n'y pas manquer des nécessités absolues de la vie,
j'aurais remercié la Fortune d'avoir donné un tour si
favorable à nos malheurs.

Après une navigation de deux mois, nous abordâmes
enfin au rivage désiré. Le pays ne nous offrit rien
d'agréable à la première vue. C'étaient des campagnes
stériles et inhabitées, où l'on voyait à peine quelques
roseaux et quelques arbres dépouillés par le vent. Nulle
trace d'hommes, ni d'animaux. Cependant, le capitaine
ayant fait tirer quelques pièces de notre artillerie, nous

ne fûmes pas longtemps sans apercevoir une troupe de citoyens du Nouvel Orléans, qui s'approchèrent de nous avec de vives marques de joie. Nous n'avions pas découvert la ville. Elle est cachée, de ce côté-là, par une petite colline. Nous fûmes reçus comme des gens descendus du ciel. Ces pauvres habitants s'empressaient pour nous faire mille questions sur l'état de la France et sur les différentes provinces où ils étaient nés. Ils nous embrassaient comme leurs frères, et comme de chers compagnons qui venaient partager leur misère et leur solitude. Nous prîmes le chemin de la ville avec eux ; mais nous fûmes surpris de découvrir, en avançant, que ce qu'on nous avait vanté jusqu'alors comme une bonne ville, n'était qu'un assemblage de quelques pauvres cabanes. Elles étaient habitées par cinq ou six cents personnes. La maison du Gouverneur nous parut un peu distinguée par sa hauteur et par sa situation. Elle est défendue par quelques ouvrages de terre, autour desquels règne un large fossé [83].

Nous fûmes d'abord présentés à lui. Il s'entretint longtemps en secret avec le capitaine ; et revenant ensuite à nous, il considéra, l'une après l'autre, toutes les filles qui étaient arrivées par le vaisseau. Elles étaient au nombre de trente, car nous en avions trouvé au Havre une autre bande, qui s'était jointe à la nôtre. Le Gouverneur, les ayant longtemps examinées, fit appeler divers jeunes gens de la ville, qui languissaient dans l'attente d'une épouse. Il donna les plus jolies aux principaux, et le reste fut tiré au sort [84]. Il n'avait point encore parlé à Manon ; mais lorsqu'il eut ordonné aux autres de se retirer, il nous fit demeurer, elle et moi. J'apprends du capitaine, nous dit-il, que vous êtes mariés, et qu'il vous a reconnus sur la route pour deux personnes d'esprit et de mérite. Je n'entre point dans les raisons qui ont causé votre malheur ; mais s'il est vrai que vous ayez autant de savoir-vivre que votre figure me le promet, je n'épargnerai rien pour adoucir votre sort, et vous contribuerez vous-mêmes à me faire trouver quelque agrément dans ce lieu sauvage et désert. Je lui répondis de la manière

que je crus la plus propre à confirmer l'idée qu'il avait
de nous. Il donna quelques ordres pour nous faire
préparer un logement dans la ville, et il nous retint à
souper avec lui. Je lui trouvai beaucoup de politesse,
pour un chef de malheureux bannis. Il ne nous fit
point de questions en public, sur le fond de nos aventures. La conversation fut générale ; et malgré notre
tristesse, nous nous efforçâmes, Manon et moi, de
contribuer à la rendre agréable.

Le soir, il nous fit conduire au logement qu'on nous
avait préparé. Nous trouvâmes une misérable cabane,
composée de planches et de boue, qui consistait en
deux ou trois chambres de plain-pied, avec un grenier
au-dessus. Il y avait fait mettre cinq ou six chaises, et
quelques commodités nécessaires à la vie. Manon
parut effrayée à la vue d'une si triste demeure. C'était
pour moi qu'elle s'affligeait, beaucoup plus que pour
elle-même. Elle s'assit, lorsque nous fûmes seuls, et
elle se mit à pleurer amèrement. J'entrepris d'abord de
la consoler. Mais lorsqu'elle m'eut fait entendre que
c'était moi seul qu'elle plaignait, et qu'elle ne consi-
dérait dans nos malheurs communs que ce que j'avais
à souffrir, j'affectai de montrer assez de courage, et
même assez de joie pour lui en inspirer. De quoi me
plaindrais-je ? lui dis-je. Je possède tout ce que je
désire. Vous m'aimez, n'est-ce pas ? Quel autre bonheur me suis-je jamais proposé ? Laissons au Ciel le
soin de notre fortune. Je ne la trouve pas si désespérée. Le Gouverneur est un homme civil : il nous a
marqué de la considération ; il ne permettra pas que
nous manquions du nécessaire. Pour ce qui regarde la
pauvreté de notre cabane et la grossièreté de nos meubles, vous avez pu remarquer qu'il y a eu peu de personnes ici qui paraissent mieux logées et mieux meu-
blées que nous ; et puis tu es une chimiste admirable,
ajoutai-je en l'embrassant, tu transformes tout en or.

Vous serez donc la plus riche personne de l'univers,
me répondit-elle ; car s'il n'y eut jamais d'amour tel
que le vôtre, il est impossible aussi d'être aimé plus
tendrement que vous l'êtes. Je me rends justice, conti-

nua-t-elle. Je sens bien que je n'ai jamais mérité ce prodigieux attachement que vous avez pour moi. Je vous ai causé des chagrins, que vous n'avez pu me pardonner sans une bonté extrême. J'ai été légère et volage ; et même en vous aimant éperdument, comme j'ai toujours fait, je n'étais qu'une ingrate. Mais vous ne sauriez croire combien je suis changée. Mes larmes, que vous avez vues couler si souvent depuis notre départ de France, n'ont pas eu une seule fois mes malheurs pour objet. J'ai cessé de les sentir, aussitôt que vous avez commencé à les partager. Je n'ai pleuré que de tendresse et de compassion pour vous. Je ne me console point d'avoir pu vous chagriner un moment dans ma vie. Je ne cesse point de me reprocher mes inconstances, et de m'attendrir, en admirant de quoi l'amour vous a rendu capable, pour une malheureuse qui n'en était pas digne, et qui ne payerait pas bien de tout son sang, ajouta-t-elle avec une abondance de larmes, la moitié des peines qu'elle vous a causées.

Ses pleurs, son discours, et le ton dont elle le prononça, firent sur moi une impression si étonnante, que je crus sentir une espèce de division dans mon âme. Prends garde, lui dis-je, prends garde, ma chère Manon. Je n'ai point assez de force pour supporter des marques si vives de ton affection ; je ne suis point accoutumé à ces excès de joie. O Dieu ! m'écriai-je, je ne vous demande plus rien. Je suis assuré du cœur de Manon ; il est tel que je l'ai souhaité pour être heureux : je ne puis plus cesser de l'être à présent. Voilà ma félicité bien établie. Elle l'est, reprit-elle, si vous la faites dépendre de moi, et je sais où je puis compter aussi de trouver toujours la mienne. Je me couchai avec ces charmantes idées, qui changèrent ma cabane en un palais digne du premier roi du monde. L'Amérique me parut un lieu de délices après cela. C'est au Nouvel Orléans qu'il faut venir, disais-je souvent à Manon, quand on veut goûter les vraies douceurs de l'amour. C'est ici qu'on s'aime sans intérêt, sans jalousie, sans inconstance. Nos compatriotes y viennent chercher de l'or ; ils ne s'imaginent pas que nous y avons trouvé des trésors bien plus estimables.

Nous cultivâmes soigneusement l'amitié du Gouverneur. Il eut la bonté, quelques semaines après notre arrivée, de me donner un petit emploi qui vint à vaquer dans le fort. Quoiqu'il ne fût pas bien distingué, je l'acceptai comme une faveur du Ciel. Il me mettait en état de vivre sans être à charge à personne. Je pris un valet pour moi, et une servante pour Manon. Notre petite fortune s'arrangea. J'étais réglé dans ma conduite. Manon ne l'était pas moins. Nous ne laissions point échapper l'occasion de rendre service et de faire du bien à nos voisins. Cette disposition officieuse et la douceur de nos manières nous attirèrent la confiance et l'affection de toute la colonie. Nous fûmes en peu de temps si considérés, que nous passions pour les premières personnes de la ville après le Gouverneur.

L'innocence de nos occupations, et la tranquillité où nous étions continuellement, servirent à nous faire rappeler insensiblement des idées de religion. Manon n'avait jamais été une fille impie. Je n'étais pas non plus de ces libertins outrés, qui font gloire d'ajouter l'irréligion à la dépravation des mœurs. L'amour et la jeunesse avaient causé tous nos désordres. L'expérience commençait à nous tenir lieu d'âge ; elle fit sur nous le même effet que les années. Nos conversations, qui étaient toujours réfléchies, nous mirent insensiblement dans le goût d'un amour vertueux. Je fus le premier qui proposai ce changement à Manon. Je connaissais les principes de son cœur. Elle était droite, et naturelle dans tous ses sentiments, qualité qui dispose toujours à la vertu. Je lui fis comprendre qu'il manquait une chose à notre bonheur : C'est, lui dis-je, de le faire approuver du Ciel. Nous avons l'âme trop belle, et le cœur trop bien fait l'un et l'autre, pour vivre volontairement dans l'oubli du devoir. Passe d'y avoir vécu en France, où il nous était également impossible de cesser de nous aimer, et de nous satisfaire par une voie légitime ; mais en Amérique, où nous ne dépendons que de nous-mêmes, où nous n'avons plus à ménager les lois arbitraires du rang et de la bienséance, où l'on nous croit même mariés, qui empêche que nous ne le soyons bientôt effectivement, et que nous n'anoblissions notre amour par des serments que la religion autorise ? Pour moi, ajoutai-je, je ne vous offre rien de nouveau en vous offrant mon cœur et ma main ; mais je suis prêt à vous en renouveler le don au pied d'un autel. Il me parut que ce discours la pénétrait de joie. Croiriez-vous, me répondit-elle, que j'y ai pensé mille fois, depuis que nous sommes en Amérique ? La crainte de vous déplaire m'a fait renfermer ce désir dans mon cœur. Je n'ai point la présomption d'aspirer à la qualité de votre épouse. Ah ! Manon, répliquai-je, tu serais bientôt celle d'un roi, si le Ciel m'avait fait naître avec une couronne. Ne balançons plus. Nous n'avons nul obstacle à redouter. J'en veux parler dès aujourd'hui au Gouverneur, et lui avouer que nous l'avons trompé jusqu'à ce jour. Laissons craindre aux amants vulgaires, ajoutai-je, les chaînes indissolubles du mariage. Ils ne les craindraient pas s'ils étaient sûrs, comme nous, de porter toujours celles de l'Amour. Je laissai Manon au comble de la joie, après cette résolution.

Je suis persuadé qu'il n'y a point d'honnête homme au monde qui n'eût approuvé mes vues dans les circonstances où j'étais ; c'est-à-dire asservi fatalement à une passion que je ne pouvais vaincre, et combattu par des remords que je ne devais point étouffer. Mais se trouvera-t-il quelqu'un qui accuse mes plaintes d'injustice, si je gémis de la rigueur du Ciel à rejeter un dessein que je n'avais formé que pour lui plaire ? Hélas ! que dis-je, à le rejeter ? Il l'a puni comme un crime. Il m'avait souffert avec patience, tandis que je marchais aveuglément dans la route du vice ; et ses plus rudes châtiments m'étaient réservés, lorsque je commençais à retourner à la vertu. Je crains de manquer de force, pour achever le récit du plus funeste événement qui fût jamais.

J'allai chez le Gouverneur, comme j'en étais

convenu avec Manon, pour le prier de consentir à la cérémonie de notre mariage. Je me serais bien gardé d'en parler, à lui ni à personne, si j'eusse pu me promettre que son aumônier, qui était alors le seul prêtre de la ville, m'eût rendu ce service sans sa participation ; mais, n'osant espérer qu'il voulût s'engager au silence, j'avais pris le parti d'agir ouvertement. Le Gouverneur avait un neveu, nommé Synnelet, qui lui était extrêmement cher. C'était un homme de trente ans, brave, mais emporté et violent. Il n'était point marié. La beauté de Manon l'avait touché, dès le jour de notre arrivée ; et les occasions sans nombre qu'il avait eues de la voir, pendant neuf ou dix mois, avaient tellement enflammé sa passion, qu'il se consumait en secret pour elle. Cependant, comme il était persuadé, avec son oncle et toute la ville, que j'étais réellement marié, il s'était rendu maître de son amour jusqu'au point de n'en laisser rien éclater ; et son zèle s'était même déclaré pour moi, dans plusieurs occasions de me rendre service. Je le trouvai avec son oncle, lorsque j'arrivai au fort. Je n'avais nulle raison qui m'obligeât de lui faire un secret de mon dessein ; de sorte que je ne fis point difficulté de m'expliquer en sa présence. Le Gouverneur m'écouta avec sa bonté ordinaire. Je lui racontai une partie de mon histoire, qu'il entendit avec plaisir ; et lorsque je le priai d'assister à la cérémonie que je méditais, il eut la générosité de s'engager à faire toute la dépense de la fête. Je me retirai fort content.

Une heure après, je vis entrer l'aumônier chez moi. Je m'imaginai qu'il venait me donner quelques instructions sur mon mariage ; mais, après m'avoir salué froidement, il me déclara, en deux mots, que M. le Gouverneur me défendait d'y penser, et qu'il avait d'autres vues sur Manon. D'autres vues sur Manon ! lui dis-je avec un mortel saisissement de cœur ; et quelles vues donc, Monsieur l'aumônier ? Il me répondit que je n'ignorais pas que M. le Gouverneur était le maître ; que Manon ayant été envoyée de France pour la colonie, c'était à lui à disposer d'elle ;

qu'il ne l'avait pas fait jusqu'alors, parce qu'il la
croyait mariée ; mais qu'ayant appris de moi-même
qu'elle ne l'était point, il jugeait à propos de la donner
à M. Synnelet, qui en était amoureux. Ma vivacité
l'emporta sur ma prudence. J'ordonnai fièrement à
l'aumônier de sortir de ma maison, en jurant que le
Gouverneur, Synnelet et toute la ville ensemble n'oseraient porter la main sur ma femme, ou ma maîtresse,
comme ils voudraient l'appeler.

Je fis part aussitôt à Manon du funeste message que
je venais de recevoir. Nous jugeâmes que Synnelet
avait séduit l'esprit de son oncle, depuis mon retour,
et que c'était l'effet de quelque dessein médité depuis
longtemps. Ils étaient les plus forts. Nous nous trou-
vions dans le Nouvel Orléans comme au milieu de la
mer ; c'est-à-dire séparés du reste du monde par des
espaces immenses. Où fuir ? dans un pays inconnu,
désert, ou habité par des bêtes féroces, et par des sauvages aussi barbares qu'elles ? J'étais estimé dans la
ville ; mais je ne pouvais espérer d'émouvoir assez le
peuple en ma faveur, pour en espérer un secours proportionné au mal. Il eût fallu de l'argent ; j'étais
pauvre. D'ailleurs le succès d'une émotion populaire
était incertain ; et si la fortune nous eût manqué, notre
malheur serait devenu sans remède. Je roulais toutes
ces pensées dans ma tête. J'en communiquais une
partie à Manon. J'en formais de nouvelles, sans
écouter sa réponse. Je prenais un parti ; je le rejetais
pour en prendre un autre. Je parlais seul, je répondais
tout haut à mes pensées ; enfin j'étais dans une agitation que je ne saurais comparer à rien, parce qu'il n'y
en eut jamais d'égale. Manon avait les yeux sur moi.
Elle jugeait, par mon trouble, de la grandeur du péril ;
et tremblant pour moi plus que pour elle-même, cette
tendre fille n'osait pas même ouvrir la bouche pour
m'exprimer ses craintes. Après une infinité de
réflexions, je m'arrêtai à la résolution d'aller trouver le
Gouverneur, pour m'efforcer de le toucher par des
considérations d'honneur, et par le souvenir de mon
respect et de son affection. Manon voulut s'opposer à

ma sortie. Elle me disait, les larmes aux yeux : Vous
allez à la mort. Ils vont vous tuer. Je ne vous reverrai
plus. Je veux mourir avant vous. Il fallut beaucoup
d'efforts pour la persuader de la nécessité où j'étais de
sortir, et de celle qu'il y avait pour elle de demeurer au
logis. Je lui promis qu'elle me reverrait dans un instant. Elle ignorait, et moi aussi, que c'était sur elle-
même que devait tomber toute la colère du Ciel, et la
rage de nos ennemis.

Je me rendis au fort. Le Gouverneur était avec son
aumônier. Je m'abaissai, pour le toucher, à des sou-
missions qui m'auraient fait mourir de honte, si je les
eusse faites pour toute autre cause. Je le pris par tous
les motifs qui doivent faire une impression certaine sur
un cœur qui n'est pas celui d'un tigre féroce et cruel.
Ce barbare ne fit à mes plaintes que deux réponses,
qu'il répéta cent fois : Manon, me dit-il, dépendait de
lui. Il avait donné sa parole à son neveu. J'étais résolu
de me modérer jusqu'à l'extrémité. Je me contentai de
lui dire que je le croyais trop de mes amis pour vouloir
ma mort, à laquelle je consentirais plutôt qu'à la perte
de ma maîtresse.

Je fus trop persuadé, en sortant, que je n'avais rien
à espérer de cet opiniâtre vieillard, qui se serait
damné mille fois pour son neveu. Cependant je persistai dans le dessein de conserver jusqu'à la fin un air
de modération, résolu, si l'on en venait aux excès
d'injustice, de donner à l'Amérique une des plus san-
glantes et des plus horribles scènes que l'amour ait
jamais produites. Je retournais chez moi, en méditant
sur ce projet, lorsque le sort, qui voulait hâter ma
ruine, me fit rencontrer Synnelet. Il lut dans mes yeux
une partie de mes pensées. J'ai dit qu'il était brave ;
il vint à moi. Ne me cherchez-vous pas ? me dit-il. Je
connais que mes desseins vous offensent, et j'ai bien
prévu qu'il faudrait se couper la gorge avec vous.
Allons voir qui sera le plus heureux. Je lui répondis
qu'il avait raison, et qu'il n'y avait que ma mort qui
pût finir nos différends. Nous nous écartâmes d'une
centaine de pas hors de la ville. Nos épées se croi-

sèrent ; je le blessai, et je le désarmai presque en même temps. Il fut si enragé de son malheur, qu'il refusa de me demander la vie et de renoncer à Manon. J'avais peut-être le droit de lui ôter tout d'un coup l'un et l'autre ; mais un sang généreux ne se dément jamais. Je lui jetai son épée. Recommençons, lui dis-je, et songez que c'est sans quartier. Il m'attaqua avec une furie inexprimable. Je dois confesser que je n'étais pas fort dans les armes, n'ayant eu que trois mois de salle à Paris. L'Amour conduisait mon épée. Synnelet ne laissa pas de me percer le bras d'outre en outre ; mais je le pris sur le temps [85], et je lui fournis un coup si vigoureux, qu'il tomba à mes pieds sans mouvement.

Malgré la joie que donne la victoire après un combat mortel, je réfléchis aussitôt sur les conséquences de cette mort. Il n'y avait pour moi, ni grâce ni délai de supplice à espérer. Connaissant, comme je faisais, la passion du Gouverneur pour son neveu, j'étais certain que ma mort ne serait pas différée d'une heure après la connaissance de la sienne. Quelque pressante que fût cette crainte, elle n'était pas la plus forte cause de mon inquiétude. Manon, l'intérêt de Manon, son péril et la nécessité de la perdre, me troublaient jusqu'à répandre de l'obscurité sur mes yeux, et à m'empêcher de reconnaître le lieu où j'étais. Je regrettai le sort de Synnelet. Une prompte mort me semblait le seul remède de mes peines. Cependant ce fut cette pensée même qui me fit rappeler vivement mes esprits, et qui me rendit capable de prendre une résolution. Quoi ! je veux mourir, m'écriai-je, pour finir mes peines ? Il y en a donc que j'appréhende plus que la perte de ce que j'aime ? Ah ! souffrons jusqu'aux plus cruelles extrémités pour secourir ma maîtresse ; et remettons à mourir après les avoir souffertes inutilement. Je repris le chemin de la ville. J'entrai chez moi. J'y trouvai Manon à demi morte de frayeur et d'inquiétude. Ma présence la ranima. Je ne pouvais lui déguiser le terrible accident qui venait de m'arriver. Elle tomba sans connaissance entre mes

bras, au récit de la mort de Synnelet et de ma blessure. J'employai plus d'un quart d'heure à lui faire
retrouver le sentiment.

J'étais à demi mort moi-même. Je ne voyais pas le
moindre jour à sa sûreté, ni à la mienne. Manon, que
ferons-nous ? lui dis-je, lorsqu'elle eut repris un peu
de force. Hélas ! qu'allons-nous faire ? Il faut nécessairement que je m'éloigne. Voulez-vous demeurer dans
la ville ? Oui, demeurez-y. Vous pouvez encore y être
heureuse ; et moi, je vais, loin de vous, chercher la
mort parmi les sauvages, ou entre les griffes des bêtes
féroces. Elle se leva malgré sa faiblesse ; elle me prit
par la main pour me conduire vers la porte. Fuyons
ensemble, me dit-elle ; ne perdons pas un instant. Le
corps de Synnelet peut avoir été trouvé par hasard, et
nous n'aurions pas le temps de nous éloigner. Mais,
chère Manon ! repris-je tout éperdu, dites-moi donc
où nous pouvons aller. Voyez-vous quelque ressource ? Ne vaut-il pas mieux que vous tâchiez de
vivre ici sans moi, et que je porte volontairement ma
tête au Gouverneur ? Cette proposition ne fit qu'augmenter son ardeur à partir. Il fallut la suivre. J'eus
encore assez de présence d'esprit, en sortant, pour
prendre quelques liqueurs fortes que j'avais dans ma
chambre, et toutes les provisions que je pus faire
entrer dans mes poches. Nous dîmes à nos domestiques, qui étaient dans la chambre voisine, que nous
partions pour la promenade du soir ; nous avions cette
coutume tous les jours, et nous nous éloignâmes de la
ville, plus promptement que la délicatesse de Manon
ne semblait le permettre.

Quoique je ne fusse pas sorti de mon irrésolution
sur le lieu de notre retraite, je ne laissais pas d'avoir
deux espérances, sans lesquelles j'aurais préféré la
mort à l'incertitude de ce qui pouvait arriver à
Manon. J'avais acquis assez de connaissance du pays,
depuis près de dix mois que j'étais en Amérique, pour
ne pas ignorer de quelle manière on apprivoisait les
sauvages. On pouvait se mettre entre leurs mains, sans
courir à une mort certaine. J'avais même appris quel-

ques mots de leur langue, et quelques-unes de leurs coutumes, dans les diverses occasions que j'avais eues de les voir. Avec cette triste ressource, j'en avais une autre du côté des Anglais qui ont, comme nous, des établissements dans cette partie du Nouveau Monde [86]. Mais j'étais effrayé de l'éloignement. Nous avions à traverser, jusqu'à leurs colonies, de stériles campagnes de plusieurs journées de largeur, et quelques montagnes si hautes et si escarpées, que le chemin en paraissait difficile aux hommes les plus grossiers et les plus vigoureux. Je me flattais néanmoins que nous pourrions tirer parti de ces deux ressources : des sauvages pour aider à nous conduire, et des Anglais pour nous recevoir dans leurs habitations.

Nous marchâmes aussi longtemps que le courage de Manon put la soutenir, c'est-à-dire environ deux lieues ; car cette amante incomparable refusa constamment de s'arrêter plus tôt. Accablée enfin de lassitude, elle me confessa qu'il lui était impossible d'avancer davantage. Il était déjà nuit. Nous nous assîmes au milieu d'une vaste plaine, sans avoir pu trouver un arbre pour nous mettre à couvert. Son premier soin fut de changer le linge de ma blessure, qu'elle avait pansée elle-même avant notre départ. Je m'opposai en vain à ses volontés. J'aurais achevé de l'accabler mortellement, si je lui eusse refusé la satisfaction de me croire à mon aise et sans danger, avant que de penser à sa propre conservation. Je me soumis durant quelques moments à ses désirs. Je reçus ses soins en silence et avec honte. Mais lorsqu'elle eut satisfait sa tendresse, avec quelle ardeur la mienne ne prit-elle pas son tour ! Je me dépouillai de tous mes habits, pour lui faire trouver la terre moins dure, en les étendant sous elle. Je la fis consentir, malgré elle, à me voir employer à son usage tout ce que je pus imaginer de moins incommode. J'échauffai ses mains par mes baisers ardents, et par la chaleur de mes soupirs. Je passai la nuit entière à veiller près d'elle, et à prier le Ciel de lui accorder un sommeil doux et paisible. O Dieu ! que mes vœux étaient vifs et sincères ! et par

quel rigoureux jugement aviez-vous résolu de ne les
pas exaucer ?

Pardonnez, si j'achève en peu de mots un récit qui
me tue. Je vous raconte un malheur qui n'eut jamais
d'exemple. Toute ma vie est destinée à le pleurer.
Mais quoique je le porte sans cesse dans ma mémoire,
mon âme semble reculer d'horreur, chaque fois que
j'entreprends de l'exprimer.

Nous avions passé tranquillement une partie de la
nuit. Je croyais ma chère maîtresse endormie, et je
n'osais pousser le moindre souffle, dans la crainte de
troubler son sommeil. Je m'aperçus dès le point du
jour, en touchant ses mains, qu'elle les avait froides et
tremblantes. Je les approchai de mon sein, pour les
échauffer. Elle sentit ce mouvement ; et faisant un
effort pour saisir les miennes, elle me dit, d'une voix
faible, qu'elle se croyait à sa dernière heure. Je ne pris
d'abord ce discours que pour un langage ordinaire
dans l'infortune, et je n'y répondis que par les tendres
consolations de l'amour. Mais ses soupirs fréquents,
son silence à mes interrogations, le serrement de ses
mains, dans lesquelles elle continuait de tenir les
miennes, me firent connaître que la fin de ses malheurs approchait. N'exigez point de moi que je vous
décrive mes sentiments, ni que je vous rapporte ses
dernières expressions. Je la perdis ; je reçus d'elle des
marques d'amour, au moment même qu'elle expirait ;
c'est tout ce que j'ai la force de vous apprendre, de ce
fatal et déplorable événement.

Mon âme ne suivit pas la sienne. Le Ciel ne me
trouva point sans doute assez rigoureusement puni. Il
a voulu que j'aie traîné, depuis, une vie languissante et
misérable. Je renonce volontairement à la mener
jamais plus heureuse.

Je demeurai, plus de vingt-quatre heures, la bouche
attachée sur le visage et sur les mains de ma chère
Manon. Mon dessein était d'y mourir ; mais je fis
réflexion, au commencement du second jour, que son
corps serait exposé, après mon trépas, à devenir la
pâture des bêtes sauvages. Je formai la résolution de

J. J. Pasquier inv. et sc.

l'enterrer et d'attendre la mort sur sa fosse. J'étais déjà
si proche de ma fin, par l'affaiblissement que le jeûne
et la douleur m'avaient causé, que j'eus besoin de
quantité d'efforts pour me tenir debout. Je fus obligé
de recourir aux liqueurs que j'avais apportées. Elles
me rendirent autant de force qu'il en fallait pour le
triste office que j'allais exécuter. Il ne m'était pas difficile d'ouvrir la terre, dans le lieu où je me trouvais.
C'était une campagne couverte de sable. Je rompis
mon épée, pour m'en servir à creuser ; mais j'en tirai
moins de secours que de mes mains. J'ouvris une large
fosse. J'y plaçai l'idole de mon cœur, après avoir pris
soin de l'envelopper de tous mes habits, pour empêcher le sable de la toucher. Je ne la mis dans cet état
qu'après l'avoir embrassée mille fois, avec toute
l'ardeur du plus parfait amour. Je m'assis encore près
d'elle. Je la considérai longtemps. Je ne pouvais me
résoudre à fermer la fosse. Enfin, mes forces recom-
mençant à s'affaiblir, et craignant d'en manquer tout à
fait avant la fin de mon entreprise, j'ensevelis pour
toujours dans le sein de la terre, ce qu'elle avait porté
de plus parfait et de plus aimable. Je me couchai
ensuite sur la fosse, le visage tourné vers le sable ; et
fermant les yeux, avec le dessein de ne les ouvrir
jamais, j'invoquai le secours du Ciel, et j'attendis la
mort avec impatience. Ce qui vous paraîtra difficile à
croire, c'est que pendant tout l'exercice de ce lugubre
ministère, il ne sortit point une larme de mes yeux ni
un soupir de ma bouche. La consternation profonde
où j'étais, et le dessein déterminé de mourir, avaient
coupé le cours à toutes les expressions du désespoir et
de la douleur. Aussi, ne demeurai-je pas longtemps
dans la posture où j'étais sur la fosse, sans perdre le
peu de connaissance et de sentiment qui me restait.

Après ce que vous venez d'entendre, la conclusion
de mon histoire est de si peu d'importance, qu'elle ne
mérite pas la peine que vous voulez bien prendre à
l'écouter. Le corps de Synnelet ayant été rapporté à la
ville, et ses plaies visitées avec soin, il se trouva, non
seulement qu'il n'était pas mort, mais qu'il n'avait pas

même reçu de blessure dangereuse. Il apprit à son oncle de quelle manière les choses s'étaient passées entre nous, et sa générosité le porta sur-le-champ à publier les effets de la mienne. On me fit chercher ; et mon absence, avec Manon, me fit soupçonner d'avoir pris le parti de la fuite. Il était trop tard pour envoyer sur mes traces ; mais le lendemain et le jour suivant furent employés à me poursuivre. On me trouva, sans apparence de vie, sur la fosse de Manon ; et ceux qui me découvrirent en cet état, me voyant presque nu et sanglant de ma blessure, ne doutèrent point que je n'eusse été volé et assassiné. Ils me portèrent à la ville. Le mouvement du transport réveilla mes sens. Les soupirs que je poussai, en ouvrant les yeux et en gémissant de me retrouver parmi les vivants, firent connaître que j'étais encore en état de recevoir du secours. On m'en donna de trop heureux. Je ne laissai pas d'être renfermé dans une étroite prison. Mon procès fut instruit ; et comme Manon ne paraissait point, on m'accusa de m'être défait d'elle par un mouvement de rage et de jalousie. Je racontai naturellement ma pitoyable aventure. Synnelet, malgré les transports de douleur où ce récit le jeta, eut la générosité de solliciter ma grâce. Il l'obtint. J'étais si faible qu'on fut obligé de me transporter de la prison dans mon lit, où je fus retenu pendant trois mois par une violente maladie [87]. Ma haine pour la vie ne diminuait point. J'invoquais continuellement la mort, et je m'obstinai longtemps à rejeter tous les remèdes. Mais le Ciel, après m'avoir puni avec tant de rigueur, avait dessein de me rendre utiles mes malheurs et ses châtiments. Il m'éclaira de ses lumières, qui me firent rappeler des idées dignes de ma naissance et de mon éducation [88]. La tranquillité ayant commencé à renaître un peu dans mon âme, ce changement fut suivi de près par ma guérison. Je me livrai entièrement aux inspirations de l'honneur, et je continuai de remplir mon petit emploi, en attendant les vaisseaux de France, qui vont une fois chaque année dans cette partie de l'Amérique. J'étais résolu de retourner dans

ma patrie, pour y réparer, par une vie sage et réglée, le
scandale de ma conduite. Synnelet avait pris soin de
faire transporter le corps de ma chère maîtresse dans
un lieu honorable.

Ce fut environ six semaines après mon rétablisse-
ment, que me promenant seul un jour sur le rivage, je
vis arriver un vaisseau, que des affaires de commerce
amenaient au Nouvel Orléans. J'étais attentif au
débarquement de l'équipage. Je fus frappé d'une surprise extrême, en reconnaissant Tiberge parmi ceux
qui s'avançaient vers la ville. Ce fidèle ami me remit
de loin, malgré les changements que la tristesse avait
faits sur mon visage. Il m'apprit que l'unique motif de
son voyage avait été le désir de me voir, et de
m'engager à retourner en France ; qu'ayant reçu la
lettre que je lui avais écrite au Havre, il s'y était rendu
en personne pour me porter les secours que je lui
demandais ; qu'il avait ressenti la plus vive douleur en
apprenant mon départ, et qu'il serait parti sur-le-
champ pour me suivre, s'il eût trouvé un vaisseau prêt
à faire voile ; qu'il en avait cherché pendant plusieurs
mois dans divers ports, et qu'en ayant enfin rencontré
un à Saint-Malo, qui levait l'ancre pour la Martinique,
il s'y était embarqué, dans l'espérance de se procurer
de là un passage facile au Nouvel Orléans ; que le
vaisseau malouin ayant été pris en chemin par des
corsaires espagnols, et conduit dans une de leurs îles,
il s'était échappé par adresse ; et qu'après diverses
courses, il avait trouvé l'occasion du petit bâtiment
qui venait d'arriver, pour se rendre heureusement près
de moi [89].

Je ne pouvais marquer trop de reconnaissance pour
un ami si généreux et si constant. Je le conduisis chez
moi. Je le rendis le maître de tout ce que je possédais.
Je lui appris tout ce qui m'était arrivé depuis mon
départ de France ; et pour lui causer une joie à
laquelle il ne s'attendait pas, je lui déclarai que les
semences de vertu qu'il avait jetées autrefois dans
mon cœur commençaient à produire des fruits dont il
allait être satisfait. Il me protesta qu'une si douce

assurance le dédommageait de toutes les fatigues de son voyage.

Nous avons passé deux mois ensemble au Nouvel Orléans, pour attendre l'arrivée des vaisseaux de France ; et nous étant enfin mis en mer, nous prîmes terre, il y a quinze jours, au Havre-de-Grâce. J'écrivis à ma famille en arrivant. J'ai appris, par la réponse de mon frère aîné, la triste nouvelle de la mort de mon père, à laquelle je tremble, avec trop de raison, que mes égarements n'aient contribué. Le vent étant favorable pour Calais, je me suis embarqué aussitôt, dans le dessein de me rendre, à quelques lieues de cette ville [90], chez un gentilhomme de mes parents, où mon frère m'écrit qu'il doit attendre mon arrivée.

FIN DE LA DEUXIÈME PARTIE

# NOTES

1. L'« auteur des *Mémoires d'un homme de qualité* » est M. de Renoncour, un personnage fictif à qui nous devons les six premiers tomes des *Mémoires*, et qui, en réalité, est mort depuis 1730 ; l'histoire du chevalier est donc supposée tirée de ses papiers.

2. « On dira tout de suite ce qui doit tout de suite être dit ; on réservera pour plus tard la plupart des détails » (Horace, *Art poétique*, vers 43-44). La citation latine donne au récit de Des Grieux une dignité littéraire supplémentaire. Cette référence à la littérature classique aussi bien que cette préoccupation d'équilibre dans la composition sont plutôt le fait de Prévost que de Renoncour ; et c'est bien lui qui semble s'exprimer dans cet Avis.

3. Horace dans les *Satires* (Livre I, sat. 6) et Boileau dans son Épître 6 « A Monsieur de Lamoignon ».

4. La première rencontre entre Renoncour et le chevalier Des Grieux aurait dû se situer au début du tome III des *Mémoires et aventures d'un homme de qualité*. Six mois avant son voyage d'Espagne, en février 1715, Renoncour était déjà retiré du monde et vivait dans une abbaye des environs de Paris. Avec son élève Rosemont, il quitte la France pour se rendre en Espagne, à la fin de l'été 1715, peu de temps avant la mort de Louis XIV. Cette précision chronologique prouve que Prévost entend situer l'histoire du chevalier dans les dernières années du règne de Louis XIV, et non sous la Régence.

5. Pacy-sur-Eure (« Passy » dans le texte de Prévost) est à 18 km d'Evreux ; Prévost a séjourné à plusieurs reprises dans cette région à l'époque où il était moine bénédictin.

6. Les archers de la maréchaussée portaient traditionnellement une bandoulière à fleurs de lys et le mousquet.

7. C'est une vieille femme anonyme qui signale le caractère tragique de l'histoire de Manon, tragédie qui doit susciter, selon l'esthétique classique, l'horreur et la pitié.

8. Sous le règne de Louis XIV, la monnaie de compte est la livre tournois, qui équivaut à environ 110 F d'aujourd'hui. Le louis d'or vaut 24 livres ; seul un « homme de qualité » est susceptible de payer en louis d'or.

9. C'est en juin 1716, à la fin du tome V des *Mémoires d'un homme de qualité*, que Renoncour est censé rencontrer pour la seconde fois le chevalier Des Grieux. Dans cet épisode du roman, il n'était nullement question de Des Grieux ni du *Lion d'or*.

10. « Sorte de valise qui est ordinairement d'étoffe » (*Dictionnaire de l'Académie*, 1740). Le fait que Des Grieux porte lui-même ses bagages traduit de façon sensible le malheur dont il a été victime.

11. « En général, on donne ce nom à ceux qui entreprennent quelque chose comme au hasard, avec plus de résolution que de prudence » (Prévost, *Manuel lexique*, 1750).

12. Il peut s'agir aussi bien de Péronne, que de Poix ou de Picquigny ; l'anonymat est censé couvrir la réalité d'une famille noble et connue ; cette noblesse est très marquée dans le récit ; on verra à la fin du roman que le père du chevalier a des gentilshommes à son service (p. 190).

13. En qualité de cadet, Des Grieux ne peut hériter du nom et du titre familial ; il fera carrière dans l'Ordre militaire de Malte, où il a été reçu « de minorité » à sept ans, comme c'était souvent le cas pour de jeunes nobles.

14. Un jeune noble complétait sa formation par un séjour à l'Académie, où il apprenait « à monter à cheval, à danser, et d'autres exercices du corps » (*Manuel lexique*). Les meilleures académies se trouvaient à Paris. Des Grieux doit en particulier y apprendre l'escrime. On apprendra à la fin du roman, à l'occasion de son duel avec Synnelet, qu'il a fait « trois mois de salle », sans qu'on puisse véritablement savoir quand.

15. La carrière ecclésiastique de Tiberge est tout à fait normale : une fois terminées ses humanités au collège d'Amiens, il entre au séminaire de cette ville pour deux années de théologie ; deux ans plus tard, il obtiendra un « bénéfice » grâce à la protection de son évêque, et pourra achever ses études au séminaire de Saint-Sulpice, en vue de la prêtrise.

16. Les coches assuraient le service entre les grandes villes ; ils pouvaient transporter une dizaine de personnes et comportaient, « devant et derrière, de grands paniers, qu'on appelle plus proprement magasins » (*Dictionnaire* de Furetière, éd. de 1727).

17. Le « transport » est « un trouble de l'âme dû à la violence des passions » (*Dictionnaire* de Furetière) ; il est la manifestation physique d'une émotion irrépressible, et l'un des symptômes de la passion violente.

18. Une cadence analogue se trouve dans *Les Illustres Françaises* de Robert Challe : «... enfin mon étoile qui m'entraînait, ne me firent plus voir que l'objet de mon amour et l'idole de mon cœur » (éd. Droz, 1991, p. 335).

19. L'édition originale donnait : « parce que n'étant point de qualité, quoique d'assez bonne naissance ». Cette bonne naissance supposée était peu vraisemblable : la famille de Manon l'envoie au couvent avec une dot modeste (cent écus, ou trois cents livres) ; elle se désintéressera totalement de son sort au moment de son arrestation et de sa déportation. Le diminutif « Manon » (pour Madeleine) et le patronyme sans particule sont d'origine bourgeoise.

20. Partis à cinq heures du matin, les amants peuvent sans

invraisemblance couvrir dans la journée les 120 kilomètres qui les séparent de Saint-Denis ; au retour, le chevalier et son frère mettront toutefois deux jours pour rejoindre la maison familiale de P.

21. Au sens de : « aurait pu faire ma félicité ».

22. Il s'agit très certainement de la rue Vivienne, devenue à la mode vers 1712-1713, en particulier quand le financier Melchior de Blair y fit construire son hôtel par Germain Boffrand. Les initiales de M. de B... pourraient donc évoquer ce « célèbre fermier général ».

23. « Développer » au sens de « réfléchir longuement sur ».

24. L'édition de 1731 donnait : « un mois », ce qui était très exact ; mais il était précisément peu vraisemblable que l'aubergiste se souvînt de la date exacte.

25. Le père du chevalier, qui sait à quoi s'en tenir sur la prétendue noblesse du fermier général, ne lui accorde pas la particule.

26. Prendre sans vert : prendre au dépourvu, par allusion à un jeu d'enfants où l'on devait, sous peine de gage, porter sur soi une feuille verte.

27. Le texte donne : « Je me sentais bien », qui n'est pas impossible ; le *Dictionnaire de l'Académie* donne à cette expression le sens de connaître « ce que l'on doit à son rang, à son mérite » ; mais ce n'est pas tout à fait le sens ici.

28. Le livre IV de l'*Enéide* est consacré à la passion de Didon pour Enée, à la trahison d'Enée et au suicide de Didon.

29. Le récit de Tiberge représente exactement le cheminement de l'âme selon la vision jésuite ou sulpicienne de la liberté : tentation du plaisir, exercice de la réflexion, prière et secours de la grâce.

30. Ce « système de vie » représente la version chrétienne de l'*otium* humaniste ; on note le souci d'entretenir avec un ami parisien une correspondance littéraire ou un commerce de nouvelles à la main, pratique courante au XVIIIe siècle.

31. Des Grieux rejoint Tiberge au moment du renouvellement de l'année scolastique, soit à la mi-octobre 1713. Le Grand Séminaire de Saint-Sulpice, étroitement contrôlé par le pouvoir, assurait la formation des cadres de l'Eglise.

32. Alors que Tiberge insistait sur la liberté de l'être humain, Des Grieux met l'accent sur le déséquilibre entre le pouvoir de la grâce et celui des passions. On peut sentir dans ces lignes une inspiration janséniste, renforcée par l'allusion à la lecture de saint Augustin, et peut-être aux *Méditations chrétiennes* de Malebranche.

33. A la fin de sa première année de théologie, Des Grieux soutient son premier exercice public de controverse, à partir de propositions affichées qui pouvaient donner lieu à des invitations écrites.

34. Des Grieux a passé un an dans sa famille, puis près d'un an à Paris ; les exercices de controverse peuvent avoir lieu à la fin de l'année scolaire, en juillet ; d'après la chronologie interne du roman, ils semblent avoir lieu ici à la rentrée, en septembre ou octobre.

35. « Terme théologique qui signifie *plaisir*, goût qu'on prend à faire quelque chose. Dans le système des deux délectations, celles de la grâce sont opposées à celles de la nature, et les plus puissantes l'emportent » (*Manuel lexique*). Ce système, qui suppose que du fait

du péché originel, l'homme est entièrement dépendant de l'appel du plaisir, a été vivement critiqué par les jésuites.

36. La somme soustraite à M. de B... par Manon est considérable (plus de 6 millions de francs d'aujourd'hui) ; elle pourrait naturellement suffire aux besoins des deux amants pendant dix ans : 6 000 livres par an représentent en 1715 un très bon revenu bourgeois ; mais l'entretien d'un carrosse coûte largement plus de la moitié de ce revenu annuel ; le chevalier prévoyant près de 600 livres pour l'Opéra et sans doute autant pour le jeu, la quasi-totalité de son budget est consacrée aux plaisirs.

37. Au début de novembre, les Parisiens regagnaient la ville ; la saison d'opéra et de théâtre commençait.

38. Toute bonne maison se devait de tenir, après le spectacle, une assemblée, surtout consacrée à la danse et au jeu, et à laquelle on était admis sur simple présentation.

39. Les gardes du corps formaient quatre compagnies de gendarmerie, souvent logées chez l'habitant ; leur réputation était très mauvaise. Seuls les officiers étaient nobles.

40. Ce raisonnement particulièrement impie montre par quels degrés Des Grieux entre dans l'univers du mal ; cet argument de la « reprise » était souvent invoqué dans les milieux de la truanderie ; on le retrouve dans *Le Neveu de Rameau* (Cf. éd. J.-C. Bonnet, GF Flammarion, 1983, p. 73).

41. C'est à partir de 1680 que la fureur du jeu s'est répandue à Paris et à Versailles. L'apparition d'une association de tricheurs, la Ligue de l'Industrie, semble plutôt dater de la Régence. Dans les hôtels de Gesvres et de Soissons s'étaient formées des « académies » de jeu, avec professeurs, novices et associés (d'après A. Goudar, dans son *Histoire des Grecs*, 1757).

42. Des Grieux livre ici les principes d'une rhétorique très classique (*captatio benevolentiae*, pathos, dramatisation, ornements et tableaux), qu'il a utilisée vis-à-vis de tous ses interlocuteurs et du lecteur.

43. Un « bénéfice » est une pension payée, à terme échu, sur les revenus d'un bien ecclésiastique ; un bénéfice de mille écus (3 000 livres) pouvait être considéré comme très honorable.

44. Le Prince de Transylvanie, François Rakoczy, s'était installé à Paris en 1713, dans l'Hôtel de Transylvanie, quai Malaquais ; ses officiers y vivaient d'académies de jeu qu'ils y tenaient de façon publique ; au début de 1714, le Prince lui-même s'était retiré près de Clagny, chez les Camaldules de Grosbois.

45. Tous ces termes techniques figurent dans le *Manuel lexique* de Prévost : faire une volte-face, c'est « faire toutes les mains » ; filer la carte, c'est « tirer chaque carte avec assez d'attention pour la reconnaître par l'envers » ; escamoter consiste à faire paraître ou disparaître rapidement une carte ; l'usage des manchettes était connu des tricheurs.

46. Le texte de 1731 donnait crûment : « la plupart des évêques et des autres prêtres ».

47. Détester : « Réprouver, avoir en horreur » (*Dictionnaire de l'Académie*, 1694).

48. Ce retournement du sort, qui marque le début de la ruine

progressive et irrémédiable des amants, correspond parfaitement à la prédiction de Tiberge. On notera que le valet de chambre et la suivante en usent exactement comme leurs maîtres ; ils sont jeunes, passionnés et voleurs.

49. On apprendra bientôt qu'il s'agit de la Salpêtrière, section disciplinaire de l'Hôpital général, destinée aux femmes « d'une débauche et prostitution publique et scandaleuse ».

50. Le couvent de Saint-Lazare servait de maison de correction pour les jeunes dévoyés issus de bonne famille ; chaque interné passait pour y être fessé à son entrée ; c'est l'« indignité » que redoute Des Grieux.

51. Ce long développement est destiné à masquer l'humiliation de Des Grieux. Il repose sur une analyse très tendancieuse du système des passions chez Descartes : le chevalier garde les six passions primitives, mais remplace l'admiration par l'espérance, et fait de la honte, passion secondaire dans le *Traité des passions*, une passion prédominante ; cette interprétation est celle d'un jeune aristocrate. On notera aussi que le nombre illimité des passions secondaires est donné comme un signe de noblesse.

52. Il s'agit d'un manquement grave à l'éthique aristocratique, et qui marque une étape dans la dégradation morale du personnage ; on l'observait également dans le *Don Juan* de Molière.

53. Cette manifestation spectaculaire de désespoir illustre la conception que le narrateur se fait des passions violentes.

54. En séparant totalement le monde de la nature et celui de la grâce, Des Grieux prête au reproche de jansénisme, que lui fera Tiberge ; mais son argumentation, tout aussi profane que théologique, est visiblement spécieuse.

55. Ici encore, le jansénisme n'est que de surface ; en se présentant comme un chrétien à qui la grâce a manqué, le chevalier se donne en fait bonne conscience.

56. L'Hôpital de la Salpêtrière est toujours mentionné dans les guides de l'époque. L'ensemble des hôpitaux de Paris était placé sous la surveillance d'un conseil de vingt-six administrateurs.

57. Cette « douceur angélique » de Manon et sa fidélité à l'égard de son amant annoncent sa conversion finale.

58. Il s'agit de Marcel, qui jouera un certain rôle dans l'histoire des amants, notamment en les dénonçant au vieux G... M... Le mépris tout aristocratique du chevalier pour le peuple est marqué à plusieurs reprises dans le roman.

59. Rappel des arguments de Tiberge contre le « faux bonheur du vice ».

60. Déjà au tout début du roman, le père du chevalier se proposait d'envoyer son fils à Paris pour y faire ses exercices à l'Académie (note 14).

61. On trouvait dans les bureaux d'écriture tout ce qu'il fallait pour écrire. On notera que le chevalier s'applaudit lui-même de son aptitude à mentir.

62. En réalité, la narration orale du chevalier prendrait près de trois heures. La division du roman en deux livres ou deux parties, habituelle chez Prévost, apparaît dès les premières éditions, mais

l'ouvrage a été vendu en un volume, du moins jusqu'à l'édition de 1753.

63. L'obsession de l'or reste toujours présente dans les rêveries du chevalier, même quand il s'agit d'affirmer un désintéressement très aristocratique.

64. A vingt ans, Des Grieux entre dans sa majorité légale ou coutumière, « espèce d'émancipation qui permettait d'administrer ses biens » (Marion, *Dictionnaire des institutions*, art. « Majorité »). La majorité complète, qui lui permettrait de se marier sans le consentement paternel, est fixée à vingt-cinq ans.

65. Dans l'édition de 1753, Prévost modifie assez profondément le début de cette partie. Il porte à plusieurs semaines le bonheur des amants, alors que dans le texte de 1731, le jeune G... M... survenait le jour même de leur réinstallation à Chaillot. Dans la version définitive, le bonheur des amants est mis en relief : la Fortune favorise l'Amour, les amants gagnent au jeu, Manon est fidèle.

66. Voici l'épisode qui a paru « nécessaire pour la plénitude d'un des principaux caractères » (Nota en fin de préface). Dans la première version, on pouvait s'interroger sur l'amour de Manon pour le chevalier, ou sur son esprit, qui paraissait un peu limité. Dans l'épisode du Prince italien, elle se montre amoureuse et spirituelle.

67. Dans l'épisode du Prince italien, Des Grieux se défendait de laisser entrer en lui la jalousie, ce qui était conforme à l'éthique aristocratique. Quand il s'agit du jeune G... M..., véritable rival, séduisant et riche, il devient violemment jaloux et parlera, lors de la trahison de Manon, de la « mortelle jalousie » qui lui déchire le cœur.

68. *Iphigénie*, acte II, scène 5, vers 674-676 (Eriphile) :
    « Moi ! vous me soupçonnez de cette perfidie !
    Moi, j'aimerais, Madame, un vainqueur furieux,
    Qui toujours tout sanglant se présente à mes yeux »...

69. La rue Saint-André-des-Arcs (ou des Arts), allait comme aujourd'hui de la place Saint-Michel au carrefour de Buci, où elle rencontrait la rue de la Comédie (ou des Fossés Saint-Germain). Des Grieux est donc très près de la Comédie (Théâtre Français). Le spectacle commençait à cinq heures et finissait à neuf. Manon devrait sortir à l'entracte, à sept heures.

70. Comme au moment où Des Grieux apprend que Manon a été enfermée à l'Hôpital, et s'abandonne à un désespoir spectaculaire, on assiste ici à une extériorisation totale de la passion : les « passions violentes » s'expriment par des « transports » extrêmes, suicidaires ou meurtriers.

71. Des Grieux, instruit par le malheureux épisode de son évasion de Saint-Lazare, a certainement demandé à ses soldats de charger leur arme à blanc (poudre et bourre seulement) ; mais G... M..., qui n'est pas un vrai noble, craint la mort et se laisse faire « comme un mouton ».

72. Les nobles condamnés à mort avaient le privilège d'être décapités, alors que les gens du commun avaient droit à la potence ou à la roue.

73. La chambre de police du Petit Châtelet était réservée aux petits délits de droit commun. Les jugements étaient immédiats et

sans appel, d'où la frayeur de Des Grieux, frayeur d'autant plus justifiée que les amants sont récidivistes : Des Grieux souligne un peu plus tard, à propos de Manon, que « les rechutes en ce genre étaient d'une conséquence extrêmement dangereuse ».

74. Dans la version de 1731, huit jours s'écoulaient entre la lettre envoyée par Des Grieux (fin de la première partie) et l'arrivée de son père. Dans la version de 1753, Prévost a porté cet intervalle à plusieurs semaines, mais sans penser à modifier le présent passage.

75. Le Lieutenant de Police n'intervient personnellement que pour des suspects de premier ordre. De 1697 à 1718, la charge fut exercée par René Marc Le Voyer d'Argenson qui, selon Saint-Simon, « sauva bien des gens de qualité et des enfants de famille ».

76. En père noble et déçu, le père du chevalier rappelle Dom Louis dans *Dom Juan,* acte IV, scène 4.

77. Sans renvoyer forcément à des personnages réels, ces crypto-nymes respectent les vraisemblances du temps : le duc de... pourrait désigner Philippe d'Orléans (qui n'est pas encore Régent) ; M. de... pourrait être Ferriol, amant fidèle de Mlle Aïssé (il est donné comme « M. de F... » dans la version de 1731) ; le prince de Carignan et le duc de Gesvres tenaient des tables de jeu dans leur hôtel particulier.

78. Les envois de déportés en Louisiane avaient commencé sous Louis XIV, mais ne devinrent systématiques que sous la Régence, en 1718 ; c'est en 1720 que ces déportations massives provoqueront des émeutes.

79. Comme au moment où Des Grieux a appris la première trahison de Manon, il tombe comme mort, par un effet de la violence de sa passion ; cette volonté de mort annonce le dénouement.

80. Par un effet de tragédie, l'action se termine sur une double malédiction : malédiction paternelle, qui entraîne le châtiment céleste, et cri de révolte du fils.

81. Les départs avaient lieu traditionnellement par La Rochelle ; sous la Régence, ils eurent lieu souvent par Le Havre. Dans le cas présent, les femmes sont amenées au Havre en plusieurs petits groupes, selon des itinéraires différents ; mais on ne voit pas bien la raison, ou la fonction littéraire, de ces précisions.

82. Ces relations peuvent être aussi bien les récits publicitaires et trompeurs du *Mercure de France* en 1718-1719 que les *Relations de la Nouvelle France* publiées par les missionnaires jésuites depuis le milieu du XVIIe siècle.

83. Par un souci de démystification, Prévost donne une représen-tation très sombre de la colonie du Nouvel Orléans. Cette présen-tation est très semblable à celle qu'en donnera Charlevoix dans son *Histoire et description générale de la Nouvelle France,* à partir du journal d'un voyage effectué en 1722. A la fin de 1721, le Nouvel Orléans (qu'on commence déjà à appeler La Nouvelle-Orléans), comptait 470 habitants.

84. Le tirage au sort des femmes, qui semble avoir été très excep-tionnel en Louisiane, a été évoqué par Lahontan dans ses *Voyages,* par Lesage dans ses *Mariages du Canada* (1734) ; Prévost lui-même en a tiré un épisode dramatique de *Cleveland* (histoire de Bridge, t. II, p. 111-113).

85. « Prendre sur le temps », terme d'escrime : c'est toucher l'adversaire au moment où il s'apprête à porter une botte, ou comme ici, à dégager son épée.

86. Comme Cleveland, Des Grieux songe à gagner la Caroline, possession anglaise dont la capitale était Charlestown ; la Floride, colonie espagnole, refusait les réfugiés en difficulté avec les autorités françaises. Pour gagner les territoires anglais, les amants devraient traverser les déserts des Natchez et des Alibamons, les Apalaches et les forêts de Géorgie, et parcourir près de 1 300 km.

87. L'abondance de précisions chronologiques, encore accentuée dans la version de 1753, a pour objet d'étendre l'intervalle de temps qui s'écoule entre la mort de Manon et le récit de Des Grieux. Cet intervalle doit représenter au total au moins neuf mois ; Des Grieux sera alors sorti de sa prostration, sans être encore parvenu à la sérénité et à la vertu.

88. Dans la version de 1731, plus explicitement catholique, Des Grieux était éclairé par « les lumières de la grâce » et retournait à Dieu « par les voies de la pénitence » et les « exercices de piété ».

89. Ce récit un peu inattendu des aventures de Tiberge n'a pour objet que de retarder son arrivée en Louisiane : la tragédie devait être sans recours. Pour justifier ces retards, Prévost avait songé en 1731 à lui faire emprunter l'itinéraire de Charlevoix, par le Mississippi ; en 1753, il utilise le prétexte plus discret des corsaires espagnols durant la guerre d'Espagne de 1719.

90. On notera que Prévost, par un ultime ajustement d'itinéraire, amène son héros à fermer la boucle de son périple : parti de P..., Des Grieux rentre par Calais afin de rejoindre sa famille dans le Nord.

DOSSIER

# THÈMES PRÉVOSTIENS

## LA PASSION

*Le Marquis de* \*\*\**, qui prendra plus tard le nom de Renoncour, raconte, dans les premières pages des* Mémoires d'un homme de qualité *l'histoire de son père, qui préfigure son propre destin. Comme son père, l'homme de qualité sera exilé de la terre de ses ancêtres, jeté dans les grandes aventures et voué, durant toute sa vie, à une « passion extraordinaire ».*

Qu'il me soit permis de faire quelques réflexions sur cette première époque de nos infortunes domestiques. C'est un soulagement que je ne puis refuser à ma douleur, et que je prie le lecteur de m'accorder quelquefois dans cet ouvrage. Personne n'est plus persuadé que moi de la réalité d'un premier crime qui a rendu tous les hommes coupables, faibles et malheureux. C'est le fondement du christianisme, et je ne vois rien de mieux établi. Mais si, par un effet de ce premier crime, toutes nos passions sont de nous, et ont leur source dans notre propre cœur, pourquoi ne sommes-nous pas portés également vers tout ce qui en peut être l'objet ? J'explique ma pensée. Pourquoi, par exemple, tandis que le penchant général que nous avons pour les femmes n'a qu'un certain degré de force, une passion particulière dont nous sommes atteints tout d'un coup en a-t-elle quelquefois infiniment davantage ? Il me semble qu'un sentiment d'amour qui naît avant la réflexion, ne saurait avoir plus d'étendue que ce qu'on appelle communément la concupiscence. Or la concupiscence à l'égard des femmes n'est que ce penchant général que nous avons pour elles. Je voudrais conclure de là que les passions extraordinaires, telle que fut celle de mon père, ont quelque autre principe, qui se joint au dérèglement causé par le péché d'origine. La Providence les permet pour des fins qui ne nous sont pas toujours connues, mais qui sont toujours dignes d'elle. Cette pensée n'a rien d'offensant pour la sainteté de Dieu : car enfin l'amour ne nous rend point criminels, lorsque l'objet est légitime, et qu'il ne fait point négliger ce que nous devons au Créateur. Il suivrait seulement de l'opinion que je propose, qu'au lieu de maltraiter un fils qui se trouve atteint tout d'un coup d'une passion excessive, et de le vouloir guérir par la rigueur, un père devrait recourir à des remèdes plus doux, pour éviter les suites funestes que la violence produit presque toujours.

(*Mémoires d'un homme de qualité,* dans les *Œuvres de Prévost,* sous la dir. de J. Sgard, 8 vol., 1977-1987, t. I, p. 15)

*Après diverses aventures qui l'ont conduit en Turquie, où il est prisonnier d'Elid Ibezu, Renoncour rencontre dans le sérail la fille de celui-ci, Sélima, à qui il doit donner des leçons de musique et de dessin.*

A ce nom de Selima, que j'avais déjà entendu de la bouche de mon patron, je levai les yeux. Je vis, dans Selima, une des plus charmantes personnes qui aient jamais été sur la terre. Elle s'avança, en me regardant, avec son frère et ses deux sœurs. Ils avaient tous quatre quelque chose d'aimable et de prévenant ; mais au premier coup d'œil, Selima avait fait dans mon cœur une impression qui n'en sera jamais effacée. Cette puissante sympathie qui m'attachait au père, se joignit tout d'un coup à la passion la plus vive et la plus tendre. Que je payai cher à l'amour l'insensibilité où j'avais vécu jusqu'alors !

Il était donné à ma famille d'aimer comme les autres hommes adorent, c'est-à-dire sans bornes et sans mesure. Je sentis que mon heure était venue, et qu'il fallait suivre la trace de mon père. Je priai le Ciel intérieurement de détourner de moi ses malheurs, et de ne pas permettre que les miens augmentassent. Pendant que ce petit cercle de réflexions se formait dans mon âme, Amulem et ses sœurs avaient pris mon théorbe, et le considéraient curieusement. Je fis un effort sur moi-même, pour leur dire de se préparer à recevoir mes leçons. Je pris du papier que j'avais apporté, et je leur traçai les éléments de la musique. Mes yeux abandonnaient sans cesse la conduite de ma main, pour se tourner vers Selima. Elle jetait quelquefois les siens sur moi, et les baissait ensuite lorsqu'elle rencontrait les miens ; mais je m'aperçus bien que mon attention à la regarder l'avait frappée.

*(Mémoires d'un homme de qualité, t. I, p. 69)*

*Le jeune Cleveland, fils naturel de Cromwell, persécuté par son père, a trouvé refuge dans une grotte du Devonshire où sont réfugiés également Lord Axminster, sa femme et sa fille Fanny.*

Je vivais si familièrement avec Mylord Axminster et son épouse que je me regardais moins comme un étranger que comme leur propre fils. Mon temps se passait à recevoir les instructions de Mylord, ou à désennuyer Mylady par la lecture d'un bon livre, ou à donner moi-même à leur aimable fille quelque teinture des sciences qui peuvent convenir à son sexe. Elle s'appelait *Fanny*. Cette jeune personne avait une extrême avidité d'apprendre. Son âge ne passait point encore dix ans ; mais rien n'ouvre tant l'esprit que l'infortune. Elle avait déjà une pénétration qui la faisait entrer tout d'un coup dans le sens de mes discours et de ses lectures. Elle ne recevait rien dans sa mémoire qu'elle ne digérât par une attentive réflexion. Elle aurait refusé d'apprendre ce qu'elle n'aurait pas compris parfaitement. De sorte que toutes ses idées étant claires et bien liées, elle tirait de cette méthode une grande justesse d'esprit et une facilité surprenante à s'exprimer. J'admirais ses talents naturels, et je n'épargnais rien pour les cultiver. Elle était avec cela d'une douceur admirable, et d'une sensibilité pour les moindres bienfaits qui lui faisait attacher le plus haut prix à mes soins. Sa reconnaissance se déclarait à tous moments par ses caresses innocentes et par ses remerciements tendres et flatteurs. Je lui renouvelais mes leçons plusieurs fois le jour ; et quoiqu'à dix ans une fille cesse en quelque sorte d'être un enfant, je la caressais moi-même sans précaution. Je la prenais souvent sur mes genoux, je l'embrassais avec cette innocence ingénue qui ne pense pas même à s'alarmer. Je tins assez longtemps la même conduite sans y avoir fait une seule fois réflexion. Cependant il s'allumait pendant ce temps-là un feu secret dans mes veines, que je sentis avant que d'en connaître la nature. Les premières lumières que j'en eus me vinrent d'une espèce de frémissement que j'éprouvais à son approche, et qui se changeait ensuite en un sentiment délicieux lorsque je l'avais sur mes genoux. Je ne pouvais me résoudre à la quitter lorsque je la tenais dans cette tendre posture. Je l'approchais de mon cœur, comme naturellement et sans réflexion. Il semblait qu'il s'ouvrait pour la recevoir ; il se refermait ensuite tristement lorsqu'elle s'éloignait. S'il m'arrivait de lui faire lire quelque chose auprès de moi, je perdais insensiblement l'attention que je devais à sa lecture. Je tombais dans une distraction profonde dont je revenais sans pouvoir me rappeler de quoi j'avais eu l'esprit occupé. Je me surprenais les yeux attachés languissamment sur elle, et je les baissais tout d'un coup avec une espèce de honte. Je me demandais ensuite avec étonnement ce qui pouvait la causer. Bientôt je ne fis plus un pas ni au dehors ni au dedans de la caverne sans avoir son image incessamment présente. Je la voyais en songe ; je me trouvais plein de son idée en m'éveillant, et je brûlais d'impatience de retourner auprès d'elle : là, j'écoutais attenti-

vement tout ce qu'elle disait. J'étais ému du son même
de sa voix. Tout ce qu'elle avait touché me semblait
avoir acquis une qualité nouvelle. Enfin, l'amour n'a
point de symptôme que je n'eusse éprouvé avant que de
m'apercevoir que j'étais effectivement la proie de cette
violente maladie. Ce n'est pas que je n'eusse appris par
mes lectures et par le récit de diverses histoires qu'il y
avait une passion de ce nom, qu'elle était dangereuse, et
que souvent l'on s'en trouvait atteint sans l'avoir prévu
et sans pouvoir s'en garantir ; mais comme les sentiments ne se représentent point par des idées, il me fallait
de l'expérience pour les savoir connaître. Je l'acquis
ainsi, dans un temps où rien n'était plus contraire aux
intérêts de ma fortune et de mon repos.

(Cleveland, t. II, p. 56)

*Le narrateur de l'*Histoire d'une Grecque moderne, *ambassadeur de France à Constantinople, s'est enfermé, depuis plusieurs années, dans une passion sans espoir pour Théophé, jeune captive grecque. Il l'emmène en France, où il redoute de plus en plus qu'elle ne le trahisse.*

Il semblera que je devais être satisfait de l'emploi que
j'avais fait de la nuit, et qu'après une épreuve de cette
nature il ne me restait qu'à m'aller livrer au sommeil,
dont je me sentais un extrême besoin. Cependant mon
cœur n'était qu'à demi soulagé. Le mouvement que j'avais
entendu dans la chambre me laissait encore des doutes.
La clef était restée à la porte. J'y entrai, dans l'espérance
de trouver quelque vestige de ce qui m'avait alarmé.
C'était peut-être une chaise ou un rideau que Théophé
avait elle-même remué. Mais en portant un œil curieux
dans toutes les parties de la chambre, j'aperçus une petite
porte qui donnait sur un escalier dérobé, et que je n'avais
point encore eu l'occasion de remarquer. Toutes mes
agitations se renouvelèrent à cette vue. Voilà le chemin
du comte, m'écriai-je douloureusement. Voilà la source
de ma honte ; et celle de ton crime, misérable Théophé !
Je ne pourrais donner qu'une faible idée de l'ardeur

avec laquelle j'examinai tous les passages pour m'assurer où l'escalier pouvait conduire. Il conduisait dans une cour écartée, et la porte qui était au pied paraissait fermée soigneusement. Mais ne pouvait-elle pas avoir été ouverte pendant la nuit ? Il me vint à l'esprit que si j'avais des lumières certaines à espérer, c'était au lit même de Théophé, qui était encore en désordre. Je saisis avidement cette pensée. Je m'en rapprochai avec un redoublement de crainte, comme si j'eusse touché à des éclaircissements qui emportaient la dernière conviction. J'observai jusqu'aux moindres circonstances, la figure du lit, l'état des draps et des couvertures. J'allai jusqu'à mesurer la place qui suffisait à Théophé, et à chercher si rien ne paraissait foulé hors des bornes que je donnais à sa taille. Je n'aurais pu m'y tromper ; et quoique je fisse réflexion que dans une grande chaleur elle pouvait s'être agitée pendant le sommeil, il me semblait que rien n'était capable de me faire méconnaître ses traces. Cette étude, qui dura longtemps, produisit un effet que j'étais fort éloigné de prévoir. N'ayant rien découvert qui n'eût servi par degrés à me rendre plus tranquille, la vue du lieu où ma chère Théophé venait de reposer, sa forme que j'y voyais imprimée, un reste de chaleur que j'y trouvais encore, les esprits qui s'étaient exhalés d'elle par une douce transpiration, m'attendrirent jusqu'à me faire baiser mille fois tous les endroits qu'elle avait touchés. Fatigué comme j'étais d'avoir veillé toute la nuit, je m'oubliai si entièrement dans cette agréable occupation que le sommeil s'étant emparé de mes sens, je demeurai profondément endormi dans la place même qu'elle avait occupée.

(*Histoire d'une Grecque moderne*, t. IV, p. 103-104)

*Vieilli et malade, le narrateur éprouve encore, de temps à autre, de violentes crises de jalousie.*

Il était nuit. J'étais en robe de chambre. Théophé avait toujours à mes yeux les charmes tout-puissants qui

avaient fait tant d'impressions sur mon cœur. Le fond
de sagesse qui se déclarait si ouvertement dans cette
honnête complaisance me renouvela des traces que je
croyais mieux effacées. Mon affaiblissement même ne
fut point un obstacle, et je suis encore à comprendre
comment des sentiments d'honnêteté et de vertu produisirent sur moi les mêmes effets que l'image du vice.
Je n'en accordai pas plus de liberté à mes sens ; mais
j'emportai de cette visite un nouveau feu, dont je
m'étais cru désormais à couvert par mes infirmités
continuelles autant que par la maturité de ma raison. La
honte de ma faiblesse ne me saisit qu'en reprenant le
chemin de ma chambre, c'est-à-dire après m'y être livré
tout entier ; aussi n'y résistai-je pas plus que je n'avais
fait à Constantinople, et si l'état de ma santé me permettait bien moins de former des désirs, je ne m'en crus
que plus autorisé à suivre des sentiments dont tout
l'effet devait se renfermer dans mon cœur. Mais dès la
même nuit, ils en produisirent un que je n'avais pas
prévu. Ils renouvelèrent cette ardente jalousie qui
m'avait possédé si longtemps, et qui était peut-être de
toutes les faiblesses de l'amour celle qui convenait le
moins à ma situation. A peine fus-je au lit que ne
pouvant comprendre comment j'avais pu me refroidir
pour un objet si charmant, je m'abandonnai au regret de
n'avoir pas mieux profité des occasions que j'avais eues
de lui plaire, et de ne l'avoir peut-être amenée en France
que pour voir recueillir à quelque aventurier les fruits
que j'aurais tôt ou tard obtenus par un peu plus
d'ardeur et de constance. Enfin, si la faiblesse de ma
santé ne permit point que ma passion reprît son
ancienne violence, elle devint proportionnée à mes
forces, c'est-à-dire capable de m'occuper tout entier.

(*Histoire d'une Grecque moderne*, t. IV, p. 115-116)

*Le Commandeur de Malte, au cours de ses campagnes
maritimes, a noué une longue liaison avec Helena ; il a
tenté de se séparer d'elle pour revenir à la religion et prononcer ses vœux dans l'Ordre de Malte, mais Helena a*

*retrouvé sa trace. L'épisode présente une sorte de réécriture*
*de la scène de Saint-Sulpice.*

C'était au mois de mars, et dans un temps où la
mer n'était encore ouverte que pour les bâtiments de
passage. J'étais retiré le soir, et je ne pensais qu'à me
livrer au sommeil. On m'avertit qu'une dame, enve-
loppée d'une mante, demandait instamment à me
voir, et qu'on avait eu peine à la retenir à ma porte
lorsqu'elle avait appris que j'étais seul dans ma
chambre. A peine avait-on fini cette explication
qu'elle s'ouvre effectivement l'entrée, malgré la résistance qu'on lui faisait encore, et jetant sa mante, qui
m'empêchait d'abord de la reconnaître, elle accourt à
moi les bras ouverts, et livre dans les miens ma chère
Helena. Quel moment ! On meurt de joie, dit-on, on
meurt de la violence d'une passion qui jette le
désordre dans tous les sens : non, l'on ne meurt de
rien puisque je fus capable un instant de soutenir ce
qui se passa dans mon âme. Ah ! Helena ! Mais je
n'eus pas la force de prononcer son nom. Tout ce que
l'excès de mon transport avait pu m'en laisser était
réuni à la serrer contre mon sein jusqu'à perdre la
respiration. J'étais serré de même ; car la peinture que
je fais de mes sentiments n'est point assez vive pour
représenter les siens. Je la crus deux ou trois fois mou-
rante ; cependant elle s'échappa de mes bras, et je fus
surpris de lui voir une espèce d'empressement à s'éloigner de mon lit. Mais ce fut pour se jeter sur une
chaise, où elle se défit, avec une diligence admirable,
de sa coiffure et de ses habits ; et se précipitant vers
moi avec de nouveaux transports, elle me fit oublier
en un moment mes promesses, mes résolutions, mes
vœux, tout ce que la raison, l'honneur, la religion
m'avaient fourni d'armes contre l'amour.

(*Mémoires de Malte,* t. IV, p. 176)

*Le narrateur des* Campagnes philosophiques, *M. de*
*Montcal, après s'être engagé envers Mme de Gien qui est*

*prête à faire sa fortune, rencontre, au cours de ses campa-*
*gnes d'Irlande une aventurière anglaise, Mlle Fidert, qui se*
*confie à lui.*

Le seul ton dont elle avait commencé ce discours
avait excité ma plus vive attention. J'en compris tout
le sens, et quelque obstacle que je trouvasse dans ma
passion pour madame de Gien, dans mes occupations
présentes, et dans les vues que j'avais pour l'avenir, il
me fut impossible de résister à des offres qui se pré-
sentaient à moi avec tous les agréments de la jeunesse
et de la beauté. Je me jetai aux genoux de mademoiselle Fidert. Je lui marquai de l'admiration pour mon
bonheur, et confessant qu'elle m'accordait ce que je
n'aurais pas eu la présomption d'espérer, je lui jurai
qu'elle trouverait dans ma tendresse tout le retour
qu'elle avait droit d'exiger pour la sienne. Ce serment
m'échappa sans réflexion. Je ne prétends point justifier
ici ma conduite ni faire entendre que je croie l'amour
plus capable qu'une autre passion de faire prendre
une couleur honorable aux faiblesses de la nature. La
tyrannie des sens, le goût que j'avais déjà pris pour la
société d'une femme aimable, la douceur que je me
figurais même dans un attachement qui pouvait réunir
pour moi les charmes de l'amour et de l'amitié, enfin
la force de l'impression présente me firent accepter
sans incertitude des offres qui convenaient moins à ma
fortune qu'au bonheur de ma vie. Au milieu des premiers transports où je m'abandonnai, le souvenir de
madame de Gien ne laissa pas de me causer des
remords ; mais je les écartai comme des mouvements
importuns qui ne devaient pas survivre à mes espérances, et tout ce que j'accordai au sentiment d'une
passion que le désespoir même n'avait point encore
éteinte fut un désir secret que les plaisirs que j'allais
goûter dans les bras d'une autre femme m'eussent été
réservés dans les siens. Mademoiselle Fidert me fit
bientôt perdre ces restes de regrets par les torrents de
délices dont elle m'enivra pendant tout le cours de
cette heureuse nuit. Tant de joie et de caresses deve-

nant comme le sceau d'une inviolable union, nous
pensâmes aussitôt à donner une forme constante à
notre commerce. Il fallait que la sûreté de mademoiselle Fidert en fît le fondement. Je ne vis point d'autre
moyen pour accorder tant d'intérêts que de lui louer
une maison de campagne, où elle pût continuer de
vivre dans son déguisement, et ne manquer de rien
pour la douceur et la tranquillité de sa solitude jusqu'à
la fin de la guerre, ou du moins jusqu'au commencement de l'hiver.

(*Campagnes philosophiques*, t. IV, p. 304-305)

## LA MORT ET LE DEUIL

*Renoncour aborde le récit de la mort de Selima, avec qui
il a connu quelques mois de bonheur à Rome, et qui va
mourir d'une fièvre maligne, peu après lui avoir donné une
fille.*

J'étais au désespoir d'avoir ainsi précipité Selima au
milieu du danger. Il était trop tard pour sortir de la
ville avant la nuit ; mais je résolus de partir le lendemain, à la pointe du jour, avec ma chère épouse et ma
fille, et de laisser la femme de chambre avec Comtois
pour emballer les meubles les plus nécessaires sur la
route. Inutiles précautions ! La colère du Ciel se riait
de mes soins, et creusait sous mes pas un abîme où
j'étais prêt de tomber pour n'en sortir jamais.

Il est certain que les hommes ayant reçu de Dieu la vie
et tous les autres biens qu'ils possèdent, le même pouvoir qui les leur a donnés peut les ravir sans injustice. Le
créateur exerce un empire absolu sur tout ce qui est sorti
de ses mains ; s'il nous en accorde un usage passager,
c'est en se réservant toujours le droit d'en disposer en
maître. Qui peut douter de ces vérités ?

Mais si le murmure et la révolte sont interdits aux
créatures ; si elles doivent respecter, même en périssant,
la souveraine volonté qui les frappe et qui les détruit, la
douleur et les larmes ne doivent-elles pas du moins leur

être permises ? Leur ôtera-t-on jusqu'à cette malheureuse ressource dans leurs maux et dans leurs pertes ? Hélas ! puisque nous sommes sans force et sans résistance contre les malheurs qui nous accablent, qu'on accorde au moins ce triste privilège à notre faiblesse, de pouvoir nous affliger avec liberté. Est-ce trop se flatter, que se réduire à un si misérable partage ?

Mon lecteur s'aperçoit assez de ce qu'il doit attendre dans la suite de cette histoire. Ceux qui n'aiment point que leur tranquillité soit troublée, même par la compassion, ou ceux qui craignent d'être trop attendris par un récit douloureux, doivent interrompre ici leur lecture. Je n'ai plus que des soupirs et des pleurs à leur offrir. Je sens que toutes les plaies de mon cœur vont se rouvrir, et qu'elles sont prêtes à saigner. Quatorze ans entiers passés dans la douleur n'ont pu m'accoutumer à ma perte, qui semble se renouveler tous les jours.

(*Mémoires d'un homme de qualité*, t. I, p. 96)

*Selima est morte et, pendant un an, Renoncour s'enferme dans une maison à Venisi pour y vivre un deuil pathétique.*

J'engageai d'abord le médecin, par l'espoir d'une grosse récompense, à m'apporter, dans une boîte d'or que je fis faire exprès, le cœur de Selima, quoiqu'elle fût déjà inhumée ; et de peur qu'il ne lui prît envie de me tromper, je voulus que Comtois, sur qui je me fiais, fût présent lorsqu'il irait faire la nuit cette entreprise au tombeau. La chose fut exécutée heureusement deux jours après. Fier de la possession d'un si précieux trésor, je ne songeai plus qu'à remplir promptement mon dessein. Je louai une maison assez propre, dans un petit village appelé Venisi, qui n'est qu'à une demi-lieue de Rome, mais entouré de tous côtés d'un bois fort épais qui en fait une profonde solitude. Je m'y rendis avec Comtois et Agade, femme de chambre de ma chère épouse, qui consentirent à

s'attacher à ma fortune. Agade se chargea du soin de
ma fille, que je lui fis amener aussi avec sa nourrice.
J'emportai à Venisi tout ce qui avait servi à Selima
pendant sa vie, ses livres, ses habits et ses autres
meubles. Ce triste équipage devait entrer dans mon
projet. Mon premier soin fut de faire couvrir les murs
et le pavé de la chambre que j'avais choisie pour ma
demeure, d'un drap noir. Les fenêtres furent bou-
chées, n'ayant plus envie de revoir la lumière du soleil,
mais de me servir seulement de celle de quelques
flambeaux. Je fis suspendre aux murailles les habits de
Selima, afin qu'ils pussent frapper continuellement
mes yeux. Je posai son cœur sur une table couverte
d'un grand tapis noir, au-dessus de laquelle était un
tableau qui la représentait au naturel et dans toute sa
beauté. Aux deux côtés de la table étaient des guéri-
dons qui soutenaient les flambeaux dont ce triste lieu
devait être sans cesse éclairé. Quelques livres, un lit et
une robe de couleur noire composaient le reste des
meubles. Telle était la disposition de cette espèce de
tombeau, dans lequel j'avais résolu de m'ensevelir tout
vivant.

Si les pleurs et les soupirs ne peuvent porter le nom
de plaisirs, il est vrai néanmoins qu'ils ont une douceur infinie pour une personne mortellement affligée.
Tous les moments que je donnais à ma douleur
m'étaient si chers que pour les prolonger je ne prenais
presque aucun sommeil. Deux mois se passèrent sans
que je pensasse même à me jeter sur mon lit. Ma
situation ordinaire était de me tenir assis près de la
table sur laquelle reposait mon trésor, de le contem-
pler en soupirant, de lui adresser la parole comme si
j'eusse eu Selima devant les yeux, et de lui donner
souvent mille baisers, en l'arrosant de mes larmes. Je
m'imaginais que ce cœur, autrefois si tendre, répondait encore à mes sentiments, qu'il plaignait mes
peines, et qu'il approuvait les témoignages de ma fidélité et de mon amour.

(*Mémoires d'un homme de qualité*, t. I, p. 97)

*Le narrateur relate, peu de temps après la mort de Selima, une anecdote romaine qui lui paraît offrir quelque ressemblance avec sa propre histoire.*

Sixte V, ayant été élevé à la première dignité de l'Eglise, travailla, comme les autres papes, à l'agrandissement de sa famille. Parmi ses parents, il y en avait un qui s'appelait du même nom que lui, c'est-à-dire Perretti, et dont l'esprit promettait beaucoup, quoiqu'il n'eût point eu d'autre éducation que celle qu'on donne à un pauvre enfant de village. Ce jeune homme, étant venu à Rome, fut présenté au pape, qui lui proposa d'entrer dans l'état ecclésiastique. Il fut obligé de prendre ce parti par timidité, malgré ses inclinations qui en étaient fort éloignées. Il fit en peu de temps ses études avec tant de distinction qu'il devint cher à Sixte V. Tout le monde s'attendait à le voir monter aux premiers emplois, et le pape lui ordonna de prendre les ordres sacrés dans cette vue. Mais Perretti, que la qualité de parent du pape et le commerce du monde avaient déjà formé, se sentit assez de hardiesse pour ne plus déguiser sa répugnance. Sixte V, surpris, en voulut savoir la raison. Perretti prit ce moment pour se jeter à ses pieds, et pour lui ouvrir son cœur. Dans le temps qu'il n'était encore qu'un pauvre paysan, il avait eu des yeux pour reconnaître la beauté de la fille du seigneur de sa paroisse, qui se nommait le signor Monetto, et l'amour s'était glissé dans son cœur. La fortune n'avait point changé ses sentiments. Il confessa au pape que s'il avait assez de bonté pour vouloir le rendre heureux, il fallait lui permettre d'épouser sa maîtresse. Après avoir balancé un moment, Sixte V y consentit. Perretti part avec cette heureuse permission, demande sa fille au signor Monetto, qui se crut trop honoré de devenir allié du pape, et revient à Rome, après son mariage, pour présenter son épouse au chef de l'Eglise. Elle parut aimable aux yeux de toute la cour romaine. Perretti jouissait de son bonheur en attendant les bienfaits de son parent, qui ne pouvaient lui

manquer, lorsqu'une mort imprévue lui enleva sa
chère épouse dans la première année de leur mariage.
Ce coup abattit sa constance : il résolut de se dérober
au monde pour se livrer tout entier à sa douleur. Par
le crédit qu'il avait, en qualité de parent du pape, il
obtint secrètement qu'on le laissât descendre dans le
caveau où son épouse avait été renfermée : il y prit des
provisions pour longtemps, et de quoi s'éclairer dans
l'obscurité. Là, seul et uniquement occupé de sa
perte, il passa deux mois sans que personne pût savoir
ce qu'il était devenu. Enfin, le sacristain de l'église où
était le caveau, qui avait seul le secret de Perretti, crut
s'ouvrir un chemin aux honneurs, en découvrant au
pape cette lugubre histoire. Perretti fut ramené au jour
malgré lui ; et, dégoûté du mariage par un si malheureux succès, il embrassa l'état ecclésiastique, et pos-
séda ensuite une des plus éclatantes dignités de
l'Église.

(*Mémoires d'un homme de qualité*, t. I, p. 100)

*Cleveland a épousé la fille d'Axminster, Fanny, dont il
a eu une fille ; il a parcouru l'Amérique du Nord à la
recherche de son père adoptif. Poursuivi par l'adversité, il
se retrouve prisonnier, avec sa famille, des barbares Rouintons, peuplade des Apalaches.*

Je demeurai hors d'état de faire le moindre mouvement. Ma raison, comme obscurcie par l'émotion de
tous mes sens, m'abandonna jusqu'à un tel point que
je mordis la terre dans ce premier transport, et que ne
songeant pas plus à ce que je devais à mon épouse
qu'à ce que je me devais à moi-même, je ne fus
capable pendant quelques moments ni de penser ni de
réfléchir. Une violente palpitation de cœur m'ôta
même le pouvoir de pousser des cris et des plaintes. Il
m'échappait à peine quelques mots, faibles et entre-
coupés : O ! ma fille ! O ! mon enfant ! O ! barbares
qui me la ravissez ! Mon visage, que je serrais contre la
poussière, était couvert de pleurs, et je sentais dans le
fond de mes entrailles des déchirements plus cruels

mille fois qu'on ne se représente les douleurs de la mort.

Cependant mon épouse était à quatre pas de moi, dans une posture à peu près pareille à la mienne. Plus heureuse que moi dans ce premier moment de saisissement et d'horreur, elle avait perdu toute connaissance, et la mort ne l'aurait pas rendue plus immobile. Je ne tardai point à tourner ma triste attention sur elle, et à penser au besoin qu'elle pouvait avoir de mon secours. J'ouvris les yeux ; je la vis dans l'état que je viens de décrire. Qu'on s'imagine, s'il se peut, quel fut le mien, partagé comme j'étais presque également entre les mouvements de la tendresse paternelle et de l'amour conjugal. Je rampai jusqu'à elle. Je retrouvai la voix pour lui adresser mille choses tendres et touchantes. Elle était pâle et sans chaleur. Son évanouissement fut très longtemps à finir. Les Rouintons qui étaient autour de nous nous regardaient sans paraître émus, et sans nous offrir le moindre secours. Ne lui voyant nulle apparence de sentiment et de vie, je la crus morte en effet, et je formai aussitôt la résolution de ne pas lui survivre. Je m'étendis auprès d'elle le plus décemment qu'il me fut possible ; je conjurai le ciel d'abréger mes peines par une prompte mort ; et je fermai les yeux, avec le dessein obstiné de ne les rouvrir jamais.

(Cleveland, t. II, p. 230)

*Après une courte période de bonheur à la Jamaïque, Cleveland est frappé d'un malheur aussi terrible qu'imprévu : Fanny le quitte avec un aventurier français.*

Pour moi, qui me crus alors arrivé au comble de l'infortune et de la douleur, je ne laissai pas de résister pendant quelques moments aux assauts du plus horrible désespoir. Je me fis même une violence incroyable pour prendre cet air de constance et de fermeté dont je m'étais fait fort à mon frère. Il est clair, lui dis-je d'une voix basse, que je suis le plus malheureux de tous les hommes. Je le suis au-delà même de mes craintes et de mon imagination. Ce que j'entends est plus triste sans doute que la mort de Fanny, et mille fois plus terrible et plus insupportable que la mienne. Votre rapport, ajoutai-je en m'efforçant de le regarder d'un œil ferme, est apparemment certain ? il ne me reste point le moindre lieu à l'espérance ? Il me répondit que je devais bien juger que le mal était sans remède puisqu'il avait cru impossible de me le cacher, et nécessaire de me l'apprendre. Il ajouta à cette confirmation quelques raisonnements sur le parti qu'il croyait à propos que nous prissions, comme de nous mettre promptement en mer, et de poursuivre le vaisseau français, qu'il ne nous serait peut-être pas impossible de rejoindre. J'eus la force de l'écouter, et celle de répondre juste à ses propositions. Mais si mon âme avait encore assez d'empire sur elle-même pour se contraindre jusqu'à cet excès, elle n'en avait point assez sur mes sens pour en arrêter plus longtemps le trouble et le désordre. Les mouvements cruels qui me déchiraient le cœur, se communiquèrent en un moment au cerveau ; je sentis que ma raison s'obscurcissait tout d'un coup ; j'étendis les bras vers Bridge, comme si la terre se fût dérobée sous mes pieds, et que j'eusse cherché à me tenir à quelque chose. O mon frère ! lui dis-je, je me meurs. En effet je tombai sur lui, sans le moindre reste de sentiment et de connaissance.

Il fit venir du secours, et l'on prit longtemps des soins inutiles pour me les rappeler. Madame Lallin et ma belle-sœur s'y employèrent avec toute l'ardeur de leur amitié. Elles y réussirent à la fin. Mais il s'était fait un si étrange épuisement dans mes forces que je demeurai plus d'une heure sans en retrouver assez pour répondre à leurs questions et pour leur faire connaître que j'étais revenu à moi-même. J'avais les yeux fermés, et la tête appuyée languissamment contre le dos de ma chaise. Ma respiration était haute et convulsive. J'entendais tout ce qui se disait autour de moi, mais je ne me sentais ni le pouvoir ni la volonté de remuer la langue pour y prendre part. Qu'on se

figure une victime étendue au pied de l'autel, après
avoir reçu le coup du sacrifice : j'étais dans le même
état, sans autre mouvement que celui d'une palpitation violente qui se communiquait du cœur à toutes
les parties de mon corps et qui causait un tremblement visible dans tous mes membres.

*(Cleveland*, t. II, p. 269-270)

*Dans le* Pour et Contre, *Prévost rapporte, en juillet
1734, une anecdote anglaise, donnée comme authentique.*

Je serais fâché de finir cette feuille sans y faire entrer
une aventure toute nouvelle, qui aurait été d'une
grande utilité au père Malebranche pour son chapitre
de l'imagination. On écrit d'une province d'Angleterre, qui se nomme Shropshire, qu'un ancien officier
y avait épousé depuis quelques mois une jeune fille du
pays, après l'avoir recherchée pendant plusieurs
années avec toutes les marques d'une violente passion.
Il vivait avec elle, et se croyait heureux pour longtemps, lorsqu'une maladie imprévue lui ravit son bonheur avec la vie de cette chère épouse. Sa douleur
répondit à son amour. Il ne lui restait qu'une sœur à
peu près de son âge, qui demeurait chez lui, et dont il
était aimé fort tendrement. C'était sa seule consolation. La tendresse qu'elle avait pour lui la faisait entrer
dans ses peines. Elle l'entretenait continuellement de
ce qu'il avait perdu. Cette manière de le consoler flattait sa douleur, et la lui rendait du moins plus suppor-
table. Elle s'aperçut plusieurs fois qu'il rentrait au
logis à la pointe du jour, quoiqu'il ne se fût point
ouvert à elle des raisons qui le faisaient sortir pendant
la nuit. Un peu de curiosité, joint à l'affection, la porta
à veiller plus tard ; et l'entendant partir vers minuit,
elle eut la hardiesse de le suivre, à quelque distance,
jusqu'au lieu qu'il visitait si régulièrement. C'était le
cimetière où son épouse était enterrée. Il y passait
quatre ou cinq heures sur sa fosse, et ne ménageant
rien parce qu'il ne se croyait entendu de personne, sa
piété et son amour se satisfaisaient successivement,

par les prières touchantes qu'il adressait à Dieu, et par les termes passionnés avec lesquels il conjurait son épouse de l'appeler promptement après elle.

Quelque tentation que sa sœur eût de l'interrompre, elle fut arrêtée par l'attendrissement de son propre cœur autant que par la crainte de lui déplaire. Elle n'osa même lui parler le lendemain de tout ce qu'elle avait entendu ; mais le voyant continuer de faire chaque nuit le même voyage, elle prit la résolution de le suivre constamment, comme elle avait fait la première fois. Il se passa quelques semaines. Les entretiens qu'elle avait pendant le jour avec lui devinrent beaucoup plus tristes. Quoiqu'ils affectassent tous deux de garder le silence sur la cause immédiate de cette nouvelle tristesse, leurs regards et leur contenance les trahissaient. Ils paraissaient entendre ce qu'ils avaient quelque honte de se dire, et cette communication muette de sentiments et de pensées avait l'effet d'un poison lent, qui agissait de plus sur leur imagination.

Etant une fois dans leur exercice nocturne, assez proches l'un de l'autre, mais cachés par l'obscurité, le frère, dans l'ardeur de ses prières et de ses soupirs, crut apercevoir son épouse qui sortait du tombeau, et qui venait lui accorder la faveur qu'il demandait depuis si longtemps d'être délivré de la vie. C'était bien assez pour augmenter ses transports, jusqu'à les rendre mortels. Il adressa aussi mille expressions tendres au fantôme que son imagination lui représentait, et son âme fit tant d'efforts pour se hâter de le joindre qu'elle se dégagea effectivement des liens du corps. Il tomba mort sur le tombeau, en remerciant la terre qui s'ouvrait, disait-il, pour le recevoir.

Sa sœur jugea par ses dernières paroles et par le silence qui les suivit que la vérité ne répondait que trop à ce qu'elle avait entendu. Quoiqu'elle n'eût point vu le fantôme, elle ne douta point qu'un accident si extraordinaire n'eût une cause réelle. La crainte néanmoins ne l'empêcha point d'approcher du cadavre de son frère, et comme le jour n'était pas fort éloigné, elle prit le parti de l'attendre pour appeler les premiers passants à son secours. On la trouva à genoux, les mains jointes, et le visage mouillé de larmes. Elle raconta tout ce qui s'était passé depuis la mort de sa belle-sœur ; et sans assurer qu'elle l'eût vue, elle ou son fantôme, elle ne laissa point de parler de son apparition comme d'une chose incontestable ; de sorte que le peuple de Shropshire est persuadé que madame Garey est sortie de sa fosse pour recevoir l'âme de son époux.

(*Le Pour et Contre*, *Œuvres de Prévost*, t. VII, p. 137)

*Le narrateur du Monde moral rencontre à l'abbaye de la Trappe un moine, le P. Célerier, qu'un malheur sans exemple a jeté dans le cloître : il s'est rendu coupable, sans le vouloir et par un enchaînement tragique, de la mort de sa femme et de son fils ; ses nuits sont hantées de cauchemars.*

J'étais dans ce déplorable état, et sans espoir d'en sortir, lorsque après une longue insomnie, causée par mes agitations ordinaires, qui m'avaient conduit à me rappeler toutes les circonstances de mes malheurs, un léger assoupissement me fit espérer quelques instants de repos. Je m'endormis en effet, si l'état où je passai peut vous paraître un sommeil. Songe, ou vision terrible ! dont je ne ferai jamais le récit tranquillement, quoique je sois condamné, par la justice du Ciel, à porter jusqu'au tombeau cette image. Je vous épargne un détail qui vous glacerait le sang. Je me l'épargne à moi-même, qui ne suis pas toujours sûr que mes forces y suffisent.

Que vis-je ? Toutes les victimes de mon aveugle fureur et de ma cruelle tendresse, dans le plus horrible lieu dont la foi nous apprenne l'existence. Je les vis ; je les reconnus. J'entendais leurs cris ! Elles m'appelaient par mon nom ; elles me reprochaient leurs tourments. Elles m'annonçaient le même sort. Ajouterai-je que l'ardeur du cruel élément qui les dévorait, se fit sentir jusqu'à moi ? Songe ou vérité, dois-je répéter ; mais l'impression en fut si vive et si pénétrante que, m'arrachant au sommeil, comme l'application d'un fer embrasé, elle me fit pousser un cri fort aigu.

Je demeurai dans un trouble que je vous laisse à vous figurer. Mes gens, accourus au bruit, me trouvèrent baigné de sueur, tremblant, les yeux égarés, tenant un de mes rideaux des deux mains, comme le premier secours qui s'était offert. Mais, ce qui vous surprendra beaucoup, j'arrêtai leurs soins, je leur ordonnai même le silence, pour m'attacher, dans l'attitude où j'étais, au spectacle que j'avais encore devant les yeux, et contre l'horreur duquel leur présence semblait me fortifier. Je prêtai l'oreille ; j'observai ce qui me consternait et me déchirait le cœur, avec une attention obstinée, que je regarde aujourd'hui comme l'ouvrage du Ciel, qui voulait faire servir cette scène d'horreur au soutien comme à la naissance de mes résolutions, en la gravant pour jamais dans ma mémoire. Elle disparut enfin. Mes domestiques prirent le désordre de mes sens et de mon imagination pour un de mes accès ordinaires.

(*Le Monde moral,* t. VI, p. 328)

L'INQUIÉTUDE RELIGIEUSE

*Dans son premier roman,* Les Aventures de Pomponius, chevalier romain *(1724), Prévost résume de façon plaisante le débat entre les jansénistes (ou Epicuriens) et les jésuites (ou Molinistes) sur la grâce et la liberté.*

Quelle relation, dit Pison, y aura-t-il entre les Molinistes et les Epicuriens ? Ce sera, répondit Samar, la même chose sous deux noms différents ; et le peu de différence qu'il y aura, consistera en ce que les Molinistes augmenteront la licence que les Epicuriens donnent aux hommes. Ce seront les mêmes principes, mais les conséquences des Molinistes seront plus outrées. De plus, ils adopteront le principe des Stoïciens, qui donne tout au libre arbitre ; ainsi, rendant l'homme maître de son bonheur ou de son malheur, il ne faudra pas être surpris s'ils lui permettent, dans leur morale relâchée, tout ce qui peut le rendre heureux, pourvu qu'il n'ait point d'autre intention que le plaisir, et que, par une criminelle audace, il ne prétende pas par sa conduite offenser les dieux. Et les Jansénistes ? dit Pison. Ils abandonneront, dit Samar, le principe des Stoïciens sur la force imaginaire du libre arbitre ; mais ils ne s'en écarteront pas beaucoup, puisqu'ils admettront une volonté victorieuse dans les dieux pour les déterminer à suivre le bien et à éviter le mal ; ce qui leur tiendra lieu de libre arbitre, puisque le leur ne sera plus qu'un instrument qui se contentera d'avoir l'honneur de concourir avec la volonté divine, qui lui fera faire le bien. Ils s'imagineront que l'homme étant entouré de misères, de peines, de maladies, et de plus obligé de subir la rigoureuse loi de la mort, il faut qu'il se soit attiré ces disgrâces par quelque infraction des ordres du souverain être qui l'a créé ; que de là est venue la faiblesse de sa volonté pour le bien, et son penchant pour le mal ; qu'ensuite son créateur, voulant le remettre dans son premier état, aura suivant eux envoyé la sagesse sur la terre pour diminuer le poids de sa concupiscence, et qu'eu égard à cette sagesse, le libre arbitre de l'homme recevra de nouvelles forces ; que les mérites de la sagesse détermineront le créateur à faire dans la créature le bien qu'il en exige. Au reste, ils seront grands prêcheurs de jeûnes, de pénitences, de retraites, de mortifications, d'amour de la pauvreté, en un mot, de toutes les peines imaginables qui peuvent mortifier la chair ; en quoi ils différeront des Molinistes, qui étant plus amis d'eux-mêmes, et ne voulant pas détruire en eux l'image de la divinité, ne demanderont, pour expiation des plus grands crimes, que le simple aveu de ses désordres ; moyennant quoi, ils prétendront que les dieux seront obligés de les oublier, ou ils les y contraindront par brefs, bulles et constitutions venant de Rome.

(*Les Aventures de Pomponius*, t. VII, p. 58)

*Renoncour rencontre en Turquie un apostat passé au service des Turcs, qui lui raconte son histoire, une histoire qui rappelle par quelques détails celle de Prévost lui-même.*

Dès l'âge de quinze ans, j'entrai dans l'ordre des... mais n'étant pas propre à l'état religieux, je me repentis bientôt de cette démarche. Cependant des considérations d'honneur et la crainte de mes parents, me retinrent dans l'état que j'avais embrassé. Je fis les exercices ordinaires aux jeunes gens de mon ordre. Ma conduite, qui n'était pas des plus régulières, fit fermer les yeux à mes supérieurs sur les talents que j'avais reçus du Ciel. Ils me tinrent dans l'humiliation, en refusant de me faire prendre la prêtrise. Ce coup me fut sensible. J'avais brillé dans les études, et j'étais accoutumé à recevoir des éloges. Je ne pus digérer cette honteuse distinction, qui me déshonorait. Au lieu donc d'en prendre occasion de rentrer dans mon devoir, et de mériter l'oubli de mes fautes par une conduite plus réglée, je ne pensai plus qu'à me dédommager, par des plaisirs secrets, de l'injustice dont je croyais avoir à me plaindre. On s'aperçut de mes désordres, on voulut les corriger avec charité ; mais les remontrances et les châtiments furent inutiles ; j'étais tombé dans un endurcissement qui me préparait encore à de plus grandes chutes. J'affectai néanmoins une vie plus sage, pour cacher plus finement mon dessein. J'avais un oncle banquier en cour de Rome. Je lui écrivis une lettre touchante, par laquelle je le persuadai si bien que mes supérieurs m'avaient maltraité injustement, qu'il obtint du Saint-Siège un bref de translation, à la faveur duquel je quittai ma robe pour en prendre une moins rigoureuse. Mon oncle eut le crédit de me faire venir à Rome. Je m'y livrai sans réserve à tous les plaisirs. Mais ce qui acheva de me perdre, fut une folle passion que je conçus pour une jeune Romaine, que je me mis dans la tête d'épouser. Mes vœux étaient un obstacle. J'employai tout le crédit de mes amis pour en obtenir la dispense. Le désespoir où me jeta l'impossibilité de réussir, me fit prendre le parti de passer en Hollande avec ma maîtresse. J'y fus reçu à bras ouverts. On y fit beaucoup valoir la prétendue conversion d'un ecclésiastique qui venait de Rome, et les ministres s'applaudissaient d'une conquête enlevée du sein même de leurs ennemis. Je riais intérieurement de leur crédulité, et je jugeais par mon exemple, qu'il en était de même de tous ceux à qui la débauche fait quitter l'église catholique, pour trouver plus de liberté dans un autre état. Je fus d'abord heureux avec ma maîtresse, autant qu'on peut l'être en vivant dans le crime. Mais comme nous avions apporté peu d'argent, et que la charité de messieurs les ministres ne se pressait pas de nous mettre à notre aise, je craignis les suites fâcheuses de la nécessité, qui nous était inévitable. Déjà même elle commençait à nous presser. Je m'adressai à un Juif fort riche, d'Amsterdam, qui faisait un gros commerce, et je le priai de m'employer à quelque chose pour éviter la misère. Il m'offrit de l'emploi dans les comptoirs du Levant, où il me dit qu'il devait envoyer au premier jour un vaisseau. Je m'embarquai avec ma maîtresse, et plusieurs autres personnes que le perfide Juif avait attirées par la même espérance. Nous fîmes heureusement le tour de la France et de l'Espagne ; mais, lorsque nous eûmes passé le détroit de Gibraltar, nous fûmes rencontrés par un corsaire de Gallipoli, qui s'approcha de nous au signal dont il était convenu avec le Juif, et nous fûmes tous livrés au corsaire, pour une somme d'argent que nous vîmes compter en notre présence. Imaginez-vous quels furent nos cris, et de quels reproches nous accablâmes le barbare qui nous avait trahis. Il ne parut ému de rien. Nous fûmes conduits à Gallipoli, où l'on nous a vendus séparément à divers marchands d'esclaves.

(*Mémoires d'un homme de qualité*, t. I, p. 76-77)

*Dans le* Doyen de Killerine, *le narrateur, un doyen irlandais chargé de la tutelle de ses frères et sœur, vient au*

*secours de son jeune frère, Patrice, qui vient d'entrer chez*
*les Bénédictins par désespoir d'amour.*

Je me rendis aussitôt à l'abbaye, et demandant aux
religieux la liberté d'entretenir leur solitaire, je me vis
exposé à ne pas l'obtenir, par la crainte qu'on avait de
le chagriner en violant ses ordres. Cependant mes instances, et le prétexte de plusieurs affaires importantes,
firent consentir le supérieur à se charger lui-même du
soin de faire agréer ma visite. Il me conduisit jusqu'à
la porte de l'appartement, et prenant le devant pour
m'annoncer sous le simple titre d'ecclésiastique qui
marquait beaucoup d'empressement pour le voir, il
revint avec la permission de m'introduire. Patrice
n'eut pas plus tôt jeté les yeux sur moi, que détour-
nant encore le visage : Ah ! c'est lui-même, s'écria-t-il,
je m'en suis défié au premier mot du supérieur. Eh !
quel intérêt vous oblige à me suivre, reprit-il, en fixant
enfin sur moi des regards altérés par ses longues agitations : Qui vous a fait découvrir une retraite où je
me croyais oublié de tous les hommes ? Mais vous
n'arrivez point mal à propos, reprit-il encore, et vous
me trouvez dans des dispositions qui s'accorderont
avec vos principes.

Je le regardais de mon côté d'un œil bien plus
attentif que le sien, et le reconnaissant à peine dans
l'abattement où je le voyais plongé, j'admirais le changement qu'un espace si court avait fait sur son visage.
Tout ce qui était autour de lui semblait avoir été disposé pour favoriser sa tristesse ; une tenture d'un
violet sombre, qui n'était pas capable de réfléchir les
rayons du jour, quelques chaises sans ordre sur lesquelles ses habits et ses livres étaient confusément dis-
persés, des fenêtres à demi fermées, qui interdisaient
l'entrée de la chambre au soleil, comme si l'on eût
craint qu'il n'en eût dissipé l'obscurité naturelle ; et
dans les lieux voisins, un silence si profond, qu'on n'y
entendait pas même le bruit des oiseaux ni du vent.
Des apparences si mélancoliques m'inspirèrent une
partie de la tristesse qui me paraissait répandue autour

de moi. La réponse que je fis à Patrice se ressentit de cette impression ; elle fut courte et douloureuse : surpris moi-même que les sens eussent tant d'empire sur la raison, je m'assis en soupirant, pour attendre qu'il ouvrît un entretien que je n'avais pas la force de commencer.

*A la fin de ses mémoires, le recteur jésuite raconte à Cleveland la mort de sa fille Cécile, que Cleveland a aimée et dont il a été aimé avant de savoir qu'elle était sa fille. Inconsolable de cet amour impossible, Cécile s'est tournée vers la religion.*

Il me répondit qu'il m'accordait d'autant plus volontiers cette satisfaction que j'y trouverais de nouveaux motifs de patience et de force. Fanny l'ayant fait avertir la veille de se rendre à Saint-Cloud, il s'était hâté de lui marquer son obéissance et son zèle par le plus vif empressement. Il avait trouvé Cécile dans l'état où je l'avais laissée, c'est-à-dire avec une fièvre violente, mais assez forte encore, au témoignage même des médecins, pour ne rien faire appréhender de trop fâcheux dans un espace si court. La connaissant protestante, et n'ignorant pas que sa mère l'avait entretenue souvent des matières de religion, il n'avait pensé d'abord qu'à découvrir à quel point de lumière elle était parvenue. Avec l'innocence de cœur et les principes de charité qu'il lui avait trouvés dans ses réponses, il avait conçu qu'elle ne pouvait être fort éloignée de la voie du Ciel, et qu'un Dieu dont la bonté est le plus cher de tous ses attributs ne demande point des lumières si étendues ni si parfaites à cet âge. Mais qu'avait-ce été lorsque approfondissant de plus en plus ses dispositions, il avait découvert un cœur digne de Dieu même par l'ardeur étonnante de ses sentiments. A la vérité l'objet en était incertain pour elle-même. Elle tendait au bonheur d'aimer sans bornes et sans mesures, et les ténèbres des sens lui avaient caché jusqu'alors où ses désirs devaient se porter pour être heureusement satisfaits. Mais à peine avait-il dévoilé à ses yeux les véritables sources de l'amour que son cœur s'était enflammé d'une ardeur qui semblait surpasser les forces de la nature ; et ne respirant que la possession d'un bien qu'elle regrettait amèrement d'avoir connu trop tard, elle n'avait plus eu de pensées ni de désirs qui ne fussent rapportés à cette heureuse fin. Il n'avait plus été difficile de faire goûter la vérité à un cœur si bien disposé par l'amour. Sa fièvre, que les médecins avaient commencé à juger mortelle, avait paru redoubler les transports de cette sublime passion en redoublant la chaleur de son sang. Elle s'était entretenue dans ce céleste état jusqu'au dernier instant de sa vie, et déjà moins semblable à une créature mortelle qu'à ces bienheureux esprits dont la substance est toute composée d'amour, son dernier soupir n'avait été que l'élancement passionné d'une amante qui se précipite dans le sein de ce qu'elle aime, pour y rassasier à jamais la fureur qu'elle avait d'aimer et d'être aimée.

*(Cleveland,* t. II, p. 613-614)

## LA NARRATION OBSCURE

*Le récit obscur est d'abord un récit dramatique, dans lequel l'émotion renaît à chaque instant et vient perturber l'ordre de la narration, comme l'explique Cleveland au début de ses mémoires.*

Ne demandera-t-on pas quelle sorte de plaisir peut trouver un misérable à se rappeler le souvenir de ses peines par un récit qui ne saurait manquer d'en renouveler le sentiment ? Ce ne peut être qu'une personne heureuse qui me fasse cette question, car tous les infortunés savent trop bien que la plus douce consolation d'une grande douleur est d'avoir la liberté de se plaindre et de paraître affligé. Le cœur d'un malheureux est idolâtre de sa tristesse autant qu'un cœur heureux et satisfait l'est de ses plaisirs. Si le silence et la solitude sont agréables dans l'affliction, c'est qu'on s'y recueille, en quelque sorte, au milieu de ses peines, et qu'on y a la douceur de gémir sans être interrompu. Mais c'est une consolation plus douce encore de pouvoir exprimer ses sentiments par écrit. Le papier n'est point un confident insensible, comme il le semble : il s'anime en recevant les expressions d'un cœur triste et passionné ; il les conserve fidèlement au défaut de la mémoire ; il est toujours prêt à les représenter ; et non seulement cette image sert à nourrir une chère et délicieuse tristesse, elle sert encore à la justifier. Je commence donc mon récit.

(*Cleveland*, t. II, p. 17)

J'entre dans la mer immense de mes infortunes. Je commence une narration que je vais accompagner de mes larmes, et qui en fera couler des yeux de mes lecteurs. Cette pensée me cause quelque satisfaction en écrivant : j'obtiendrai la pitié des cœurs tendres. Je les fais les juges de mes peines ; c'est à leur tribunal que je les présente. Mais je les prie de juger moins de ma douleur par les apparences que par leur propre sentiment, c'est-à-dire que s'ils me trouvent dans mes malheurs et mes pertes plus de fermeté extérieure qu'ils ne se sentent capables d'en avoir, je ne demande point qu'ils se forment sur ces dehors trompeurs l'idée qu'ils prendront de moi. A la vérité, le courage et la constance inaltérable que j'ai fait paraître dans toutes mes disgrâces m'a mérité le nom de philosophe ; on n'a pas cru que ma patience toujours égale et la sérénité apparente de mon humeur sous les plus rigoureux coups de la fortune pussent être l'effet d'une vertu ordinaire. On les a honorées du nom de philosophie. Superbe nom ! Hélas ! qu'il m'a coûté cher ! Ceux qui me l'ont donné n'ont jamais connu le secret de mon âme. J'ai tiré en effet de la philosophie tout le secours qu'elle peut donner : elle a éclairé mes entreprises, elle a réglé mes dehors, elle a soutenu ma prudence, elle m'a fourni des consolations contre le désespoir. Mais

elle n'a jamais diminué le sentiment intérieur de mes
peines, et elle ne m'a point empêché de reconnaître
qu'un philosophe est toujours homme par le cœur.
Développons cette malheureuse suite d'aventures, ou
tendres ou tragiques, mais toutes si tristes et si inté-
ressantes qu'elles me répondent de la compassion de
mes lecteurs.

> (*Cleveland*, t. II, p. 85)

*Le narrateur de l'*Histoire d'une Grecque moderne *se
heurte, lui, à la difficulté d'établir la vérité des faits et des
passions dans un récit dont il est l'auteur et le principal
acteur.*

Ne me rendrai-je point suspect par l'aveu qui va
faire mon exorde ? Je suis l'amant de la belle Grecque
dont j'entreprends l'histoire. Qui me croira sincère
dans le récit de mes plaisirs ou de mes peines ? Qui ne
se défiera point de mes descriptions et de mes éloges ?
Une passion violente ne fera-t-elle point changer de
nature à tout ce qui va passer par mes yeux ou par
mes mains ? En un mot, quelle fidélité attendra-t-on
d'une plume conduite par l'amour ? Voilà les raisons
qui doivent tenir un lecteur en garde. Mais s'il est
éclairé, il jugera tout d'un coup qu'en les déclarant
avec cette franchise j'étais sûr d'en effacer bientôt
l'impression par un autre aveu. J'ai longtemps aimé, je
le confesse encore, et peut-être ne suis-je pas aussi
libre de ce fatal poison que j'ai réussi à me le persuader. Mais l'amour n'a jamais eu pour moi que des
rigueurs. Je n'ai connu ni ses plaisirs ni même ses
illusions, qui dans l'aveuglement où j'étais auraient
suffi sans doute pour me tenir lieu d'un bien réel. Je
suis un amant rebuté, trahi même, si je dois m'en fier
à des apparences dont j'abandonnerai le jugement à
mes lecteurs ; estimé, néanmoins, de ce que j'aimais,
écouté comme un père, respecté comme un maître,
consulté comme un ami ; mais quel prix pour des sentiments tels que les miens ! Et dans l'amertume qui

m'en reste encore, est-ce des louanges trop flatteuses
ou des exagérations de sentiments qu'on doit attendre
de moi, pour une ingrate qui a fait le tourment conti-
nuel de ma vie ?

(*Histoire d'une Grecque moderne*, t. IV, p. 11)

Je demeurai convaincu que le cœur de Théophé était
à l'épreuve de tous les efforts des hommes, et soit
caractère naturel, soit vertu acquise par ses études et par
ses méditations, je la regardai comme une femme
unique, dont la conduite et les principes devaient être
proposés à l'imitation de son sexe et du nôtre. La
confusion qui me restait de son refus me devint facile à
dissiper lorsque je me fus arrêté invariablement à cette
résolution. Je voulus même me faire un mérite auprès
d'elle d'être entré si promptement dans ses vues. Je la
rejoignis dans son cabinet, et lui déclarant que je me
rendais à la force de ses exemples, je lui promis de me
borner aussi longtemps qu'elle le souhaiterait à la qualité du plus tendre et du plus ardent de ses amis. Que
cette promesse était combattue néanmoins par les mouvements de mon cœur, et que sa présence était propre à
me faire rétracter ce que j'avais reconnu juste et indis-
pensable dans un moment de solitude ! Si l'idée que j'ai
à donner d'elle dans la suite de ces mémoires ne répond
pas à celle qu'on en a dû prendre jusqu'ici sur des
épreuves si glorieuses pour sa vertu, n'ai-je point à
craindre que ce ne soit de mon témoignage qu'on se
défie, et qu'on n'aime mieux me soupçonner de
quelque noir sentiment de jalousie qui aurait été
capable d'altérer mes propres dispositions que de s'imaginer qu'une fille si confirmée dans la vertu ait pu perdre
quelque chose de cette sagesse que j'ai pris plaisir
jusqu'à présent à faire admirer ? Quelque opinion qu'on
en puisse prendre, je ne fais cette question que pour
avoir occasion de répondre qu'on me trouvera aussi
sincère dans mes doutes et dans mes soupçons que je
l'ai été dans mes éloges, et qu'après avoir rapporté
ingénument des faits qui m'ont jeté moi-même dans les

dernières incertitudes, c'est au lecteur que j'en veux
laisser le jugement.

(*Histoire d'une Grecque moderne*, t. IV, p. 95)

*A la première page de son dernier roman, en 1760, Prévost*
*exprime en quelques mots l'essentiel de son art poétique et son*
*sens de la magie romanesque.*

Dans le commerce du monde, chacun a les yeux
ouverts sur les vices et sur les ridicules d'autrui. Est-ce
un sujet de reproche pour l'humanité ? Non, suivant
mes plus saines lumières, si, de bonne foi, c'est-à-dire
avec la même justice et la même attention, chacun
ouvrait aussi les yeux sur les siens. On trouverait dans la
comparaison et la balance des uns et des autres, non
seulement de fortes raisons pour supporter l'imperfec-
tion dans autrui, mais souvent des secours et des règles
pour se corriger et se perfectionner soi-même.

Je pousse plus loin cette philosophie. J'accuse les
hommes de s'arrêter au-dehors, dans la maligne
recherche qu'ils font des ridicules et des vices, et de ne
pas pénétrer jusqu'à la source du mal, qui réside ordinairement dans le cœur. Il me semble qu'avec la règle
d'équité que j'impose, c'est-à-dire en pénétrant
d'aussi bonne foi dans les replis de leur propre cœur,
ils auraient incomparablement plus d'avantage à tirer
de ces intimes observations, que de leurs censures
extérieures et superficielles.

Mais pénétrer dans le cœur, qui passe pour impé-
nétrable ! Oui, si malgré le préjugé commun, des
routes secrètes, ménagées par la nature, en ouvrent
l'accès à ceux qui peuvent les découvrir. Je les ai cher-
chées pendant quarante ans, et j'abandonne au lecteur
le jugement de mes découvertes. Cyrano s'est pro-
mené dans le Monde lunaire ; Kirker dans le monde
souterrain ; Daniel dans le Monde de Descartes ;
Beker dans un Monde enchanté [1] : et moi, j'ai pris

1. Prévost cite ici plusieurs ouvrages dont il a subi l'influence :
les *Etats et les empires de la lune* de Cyrano de Bergerac (1657), le
*Mundus subterraneus* de P. Athanase Kircher (3e éd., 1678), le

pour objet de mes courses et de mes observations, le
MONDE MORAL ; carrière aussi vaste, moins imaginaire, plus riche, plus variée, plus intéressante, et sans
comparaison plus utile.

Après cet exorde, des récits tels que les miens
demandent une autre espèce de préparation ; celle qui
captive l'esprit dans les rets imperceptibles de la vraisemblance, et qui donne aux ouvrages d'imagination des charmes qu'ils ne peuvent avoir sans cet heureux coloris. L'art, qui sait les en revêtir, doit être une
vraie magie, pour opérer des effets contre lesquels il
ne craint pas de mettre un lecteur en garde, en osant
les annoncer. Il a néanmoins ses principes naturels,
qui, bien approfondis, sont peu différents de ceux de
l'architecture, de la perspective et de la peinture. Mais
c'est de les exercer qu'il est ici question : d'autres
circonstances les feront rentrer dans mon dessein, et
me ramèneront peut-être à les expliquer.

(*Le Monde moral*, t. VI, p. 289)

---

*Voyage du monde de Descartes* du P. Daniel (1675), le *Monde
enchanté* de Balthazar Bekker (trad. fr. 1694).

# BIBLIOGRAPHIE SOMMAIRE

Pour une bibliographie complète, voir Érik Leborgne, *Bibliographie des écrivains français. Prévost d'Exiles*, Memini, 1996, sections 5 à 10.

DELOFFRE, Frédéric, et PICARD, Raymond, préface à l'*Histoire du chevalier Des Grieux et de Manon Lescaut*, Paris, Garnier, 1964, rééd. 1990. [Importante préface relative à la genèse et à la signification morale du roman.]

*L'Abbé Prévost, Actes du colloque d'Aix-en-Provence, 20-21 décembre 1963*, Ophrys, 1965. [Ce colloque, qui a marqué la renaissance des recherches sur Prévost, rassemble beaucoup de contributions importantes sur *Manon Lescaut* : communications de L. Cellier, H. Coulet, J. Deprun, C. Mauron, R. Picard, J. Rousset, etc.]

SGARD, Jean, *Prévost romancier*, Corti, 1968, rééd. 1989. [La première étude consacrée à l'ensemble de l'œuvre romanesque de Prévost ; les chapitres X-XII portent sur *Manon Lescaut*.]

MONTY, Jeanne, *Les Romans de l'abbé Prévost : procédés littéraires et pensée morale*, Oxford, Studies on Voltaire and the Eighteenth Century (SVEC), vol. 78, 1970. [Le chapitre I est consacré aux *Mémoires d'un homme de qualité* et à *Manon Lescaut*.]

DÉMORIS, René, *Le Roman à la première personne. Du classicisme aux Lumières*, Armand Colin, 1975, rééd. 2002. [Importante étude sur la narration personnelle ; 4e partie, chap. II.]

SGARD, Jean, dir., *Œuvres de Prévost*, Grenoble, Presses universitaires de Grenoble, 1977-1986, 8 vol. [Première édition de l'ensemble des romans de Prévost, comprenant le texte de *Manon Lescaut* établi et annoté par Jean Sgard ; vol. 1 et 8.]

HOLLAND, Allan, *Manon Lescaut de l'abbé Prévost (1731-1759). Étude bibliographique et textuelle*, Genève, Slatkine, 1984, rééd. 1998. [L'histoire matérielle du texte.]

SGARD, Jean, *L'Abbé Prévost. Labyrinthes de la mémoire*, PUF, 1986. [Le récit mémorial, *Manon* au temps de Louis XIV, étude des variantes et des éditions.]

SINGERMAN, Alan J., *L'Abbé Prévost, l'amour et la morale*, Genève, Droz, 1987. [Lecture augustinienne de *Manon Lescaut.*]

FRANCIS, Richard A., *The Abbé Prévost's First Person Narrators*, Oxford, *SVEC*, 306, 1993. [Étude générale des romans de Prévost analysés sous l'angle de la narration personnelle.]

SERMAIN, Jean-Paul, *Rhétorique et roman au dix-huitième siècle. L'exemple de Prévost et de Marivaux (1728-1742)*, Oxford, *SVEC*, 233, 1993. [Les techniques de persuasion des personnages de Prévost à la lumière des traités de rhétorique du temps.]

DÉMORIS, René, *Le Silence de Manon*, PUF, 1995. [Sur l'imaginaire de *Manon Lescaut.*]

SGARD, Jean, *Vingt Études sur Prévost d'Exiles*, Grenoble, ELLUG, 1995. [Sur les filles de joie, le spectre, *Manon Lescaut* au théâtre et à l'opéra.]

DORNIER, Carole, Commentaire de *Manon Lescaut, de l'abbé Prévost*, Gallimard, « Foliothèque », 1997. [Mise en perspective et dossier de témoignages.]

*L'Abbé Prévost au tournant du siècle*, présenté par R.A. Francis et J. Mainil, Oxford, *SVEC*, 2000, 11. [Communications de S. Charles, H. Coulet, R.A. Francis, J.-P. Sermain, J. Sgard, etc.]

SGARD, Jean, *Vie de Prévost*, Québec, Presses de l'université Laval, 2006, chap. VI.

# CHRONOLOGIE

**1697** (1<sup>er</sup> avril) : Naissance à Hesdin d'Antoine François Prévost, second fils de Liévin Prévost, procureur du roi au bailliage d'Hesdin, et de Marie Duclaie. De ce mariage sont nés : Liévin (1696), Antoine François (1697), Thérèse Claire (1698), Jérôme Pierre (1700), Louis Eustache (1703), Anne Françoise (1706), Bernard Joseph et Marie Anne (1708), Barbe (1710). Le parrain d'Antoine François était son oncle, Antoine Prévost, curé d'Hesdin.

**1711** (28 août) : mort de la mère de Prévost ; la même année meurent Thérèse Claire et Marie Anne.

**1711-1712** : études au collège des jésuites d'Hesdin, dont une première année de rhétorique. Son frère Liévin entre chez les jésuites à Paris. En 1712 ( ?), Antoine François se rend à Paris et s'engage dans l'armée comme simple volontaire, à la fin de la Guerre de Succession.

**1713-1715** : il semble avoir fait ensuite une seconde année de rhétorique au collège d'Harcourt, puis quelques mois chez les jésuites ; il se serait alors enfui en Hollande, pour rentrer en 1716, à la suite de l'amnistie déclarée par le Régent.

**1717** (16 mars) : admis chez les jésuites pour un second noviciat, il étudie la logique à La Flèche. Il les quitte, sans doute pour un second engagement dans l'armée comme officier durant la guerre contre l'Espagne (1718-1719). Il aurait alors déserté, gagné la Hollande, puis demandé vainement sa réintégration dans la Société de Jésus.

**1720** (Eté) : La « malheureuse fin d'un engagement trop tendre », suivant les propres termes de l'abbé Prévost dans sa brève autobiographie du *Pour et Contre*, le conduit à se réfugier chez les bénédictins de Jumièges en Normandie. Il semble qu'il ait été en difficulté avec la justice.

**1721** (9 novembre) : après une année de noviciat, il fait profession à Jumièges, non sans restrictions mentales, comme il le dira en 1728.

**1721-1722** : il s'initie aux techniques de l'érudition bénédictine à l'abbaye de Saint-Ouen de Rouen, sous la direction de Dom Charles de La Rue ; mais, à la même époque, il participe à une polémique avec les jésuites et rédige les *Aventures de Pomponius, chevalier romain, ou histoire de notre temps* (1724), pamphlet dans lequel sont maltraités les jésuites et divers personnages de la cour du Régent. Il fait passer son manuscrit en Hollande en 1722 par l'intermédiaire d'amis protestants.

**1722-1723** ( ?) : il fait ses études de théologie à l'abbaye du Bec-Hellouin.

**1724-1725** ( ?) : il séjourne à l'abbaye de Fécamp, puis à l'abbaye de Sées, toujours en Normandie ; il y entreprend une traduction de l'*Historia sui temporis* de M. de Thou. Son frère Liévin, devenu prêtre en 1724, est renvoyé de la Société le 23 septembre 1725.

**1725-1726** ( ?) : il reçoit l'ordination, peut-être à Rouen, par délégation de l'évêque d'Amiens ; ses diverses affectations successives et le retard apporté à son ordination laissent supposer des réticences de la part de ses supérieurs ; il s'en plaindra en 1728. Il aurait ensuite exercé les fonctions d'enseignant à Saint-Germer et prêché le Carême à Evreux.

**1727** : il est appelé au couvent des Blancs-Manteaux de Paris. A la même époque, il concourt pour un prix de l'Académie avec une *Ode sur saint François Xavier, apôtre des Indes,* qui est classée seconde et sera publiée dans le *Mercure* de mai 1728. Sans doute a-t-il déjà composé les premiers tomes des *Mémoires et aventures d'un homme de qualité*. Il est transféré à Saint-Germain-des-Prés, où il doit collaborer à la *Gallia Christiana*, publiée par les bénédictins ; mais il entre en conflit avec ses supérieurs au sujet de la Constitution *Unigenitus*, que le pouvoir royal tente de faire accepter à tous les religieux.

**1728** (15 février) : le manuscrit des deux premiers tomes des *Mémoires et aventures d'un homme de qualité* est présenté au censeur pour une approbation, qui est accordée les

13 mars et 5 avril. L'ouvrage paraît chez la Veuve Delaulne, Le Gras et Martin pendant l'été. Les tomes III et IV seront approuvés le 19 novembre.

1728 (18 octobre) : Prévost, qui a fait des démarches pour passer dans une branche moins sévère de l'Ordre des bénédictins, mais n'en a pas reçu l'autorisation régulière, quitte Saint-Germain-des-Prés en laissant à son supérieur, Dom Thibault, une lettre de rupture. Les bénédictins portent plainte auprès du Lieutenant de Police le 30 octobre ; une lettre de cachet contre Prévost est expédiée le 6 novembre. Une lettre du pasteur Dumont, de l'ambassade de Hollande à Paris, en date du 30 novembre, annonce sa conversion au protestantisme et son passage en Hollande puis en Angleterre vers le 22 novembre.

1728 (novembre) : arrivée en Angleterre. L'abbé Prévost se convertit à l'anglicanisme ; il devient précepteur de Francis Eyles, fils de John Eyles, ancien directeur de la Banque d'Angleterre, ancien lord-maire de Londres, membre du Parlement et sous-gouverneur de la South Sea Company.

1730 : il a une liaison avec Mary Eyles, sœur de Francis ; John Eyles obtient son départ et marie sa fille. Prévost passe en Hollande, avec le manuscrit des deux premiers tomes de *Cleveland*. Il a pris à son service Gautier de Faget (Ravanne) en qualité de secrétaire, arrive à La Haye en octobre ; se rend ensuite à Amsterdam (en décembre ?), où il signe avec le libraire Néaulme un contrat relatif à la publication de *Cleveland*.

1731 (23 janvier) : annonce de la publication prochaine de la traduction de l'*Histoire* de M. de Thou. Au tout début de l'année, il a interrompu la rédaction de *Cleveland* pour rédiger les tomes V et VI des *Mémoires d'un homme de qualité* puis l'*Histoire du chevalier Des Grieux et de Manon Lescaut*.

1731 (mars-avril) : première édition à Londres, en anglais, des tomes I et II de *Cleveland* ; les tomes V, VI et VII des *Mémoires et aventures d'un homme de qualité* sont annoncés à Amsterdam au début d'avril. Vraisemblablement en mars, il s'installe à La Haye. Le 3 avril, les tomes I et II de *Cleveland* sont présentés par Didot à l'approbation. Le même mois est publié le projet de traduction de l'*Histoire* de M. de Thou.

1731 (mai) : publication à Amsterdam des tomes V, VI et VII des *Mémoires et aventures d'un homme de qualité qui s'est retiré du monde*. Le dernier tome est consacré à l'*Histoire du chevalier Des Grieux et de Manon Lescaut*.

1731 (printemps ou été) : Prévost rencontre à La Haye une aventurière, Lenki Eckhardt ; cette liaison l'entraîne dans des difficultés financières insurmontables. Il tente vainement d'achever *Cleveland* et sa traduction de l'*Histoire* de M. de Thou.

1731 (juillet) : publications des tomes I et II de *Cleveland*, à Utrecht, chez E. Néaulme. Les tomes III et IV paraîtront en octobre. Le libraire n'obtiendra jamais la suite du roman et devra achever la publication en 1734 par un tome apocryphe.

1731 (10 novembre) : lettre de Prévost, de La Haye, à Dom Charles de La Rue, bénédictin ; il annonce qu'il travaille à la traduction de l'*Histoire de Thou* ; il a gardé des contacts en Angleterre. A la même époque, projet de souscription de l'*Histoire métallique des Pays-Bas*, traduite de Van Loon.

1732 : de janvier à novembre, sa correspondance avec E. Néaulme témoigne de ses problèmes d'argent et de sa difficulté à respecter les contrats signés pour l'achèvement de *Cleveland*.

1733 (janvier) : Prévost fait faillite et passe en Angleterre avec Lenki, laissant derrière lui de nombreuses dettes. Le même mois sort l'*Histoire de M. de Thou*, tome I ; la collection n'ira pas plus loin.

1733 (mars) : l'abbé Prévost entreprend, de Londres, une revue, le *Pour et Contre*, publiée en France chez Didot ; le premier numéro obtient une approbation le 24 mars ; Didot acquiert le privilège le 17 juin.

1733 (juin) : première édition française, sans autorisation, de *Manon Lescaut*, par un libraire de Rouen ; le 5 octobre, l'ouvrage est saisi par ordre de Rouillé, directeur de la librairie.

1733 (24 décembre) : Prévost est incarcéré à la prison de Gate House à Londres pour avoir fait un faux billet à ordre, d'une valeur de 50 livres, au nom de Francis Eyles. Il est remis en liberté le 29 décembre, Francis Eyles ayant retiré sa plainte. Le *Pour et Contre* cesse de paraître de décembre 1733 à avril 1734.

1734 (janvier) : il rentre clandestinement en France,

séjourne quelque temps à Saint-Omer et à Aire, puis gagne Paris, où il est signalé en avril. En mars, il a adressé au pape une requête pour l'absolution de son apostasie et l'autorisation de passer dans l'Ordre de Cluny, branche moins sévère de l'ordre de Saint-Benoît.

**1734 (5 juin)** : Le pape Clément XII lui accorde l'absolution demandée. Sa présence à Paris et ses visites chez Mme de Tencin sont signalées ; il cherche une abbaye susceptible de l'accueillir ; il tend à se rapprocher des jésuites et des partisans de la Constitution *Unigenitus*. Attaqué par Lenglet-Dufresnoy, il donne dans le *Pour et Contre* une courte version de ses aventures. En novembre, il doit désavouer le tome V apocryphe de *Cleveland* paru chez Néaulme. Il réside alors au Temple ou à l'Ordre de Malte.

**1735 (janvier)** : il obtient une résidence monastique à l'abbaye de La Grainetière, où il ne se rendra, semble-t-il, jamais.

**1735 (août)** : il doit entrer à l'abbaye bénédictine de La Croix-Saint-Leufroy, près d'Evreux, pour y accomplir un second noviciat, de septembre à décembre. En août est paru le tome I du *Doyen de Killerine*, mais il lui est conseillé de ne plus écrire de romans pendant un certain temps.

**1736 (janvier)** : il devient aumônier du prince de Conti, chez qui il est désormais logé.

**1736 (août)** : il tente vainement d'obtenir une autorisation de publier la suite de *Cleveland*.

**1737 (août)** : il publie une apologie des francs-maçons dans le *Pour et Contre*.

**1738** : en février, nouveau refus de permission pour la suite du *Doyen de Killerine*. A bout de ressources, il songe toujours à s'associer aux travaux des cardinaux de Bissy et de Rohan pour l'*Histoire de la Constitution* Unigenitus, mais ce projet n'aboutit pas.

**1739 (mars)** : sortie des tomes VII et VIII de *Cleveland* en Hollande. Le tome II du *Doyen de Killerine* sort en avril et le tome III en juin. En juin, Prévost abandonne la direction du *Pour et Contre* pour huit mois.

**1739 (23 septembre)** : mort de Liévin Prévost, père de Prévost.

**1740 (15 janvier)** : Prévost, ruiné et menacé de prise de corps au 1er février, offre ses services à Voltaire, qui lui refuse les 1 200 livres demandées. Le tome IV du *Doyen de Killerine* sort le même mois. En février, Prévost reprend la direction du *Pour et Contre*. L'*Histoire de Marguerite d'Anjou* sort en juillet.

1740 (15 octobre) : approbation du dernier numéro du *Pour et Contre* ; sortie de l'*Histoire d'une Grecque moderne*. Le 25 octobre, Prévost demande à Voltaire un secours pour se rendre en Prusse auprès de Frédéric II ; nouveau refus de Voltaire.

1740 (13 décembre) : arrestation de D.F. Gauthier pour une gazette à laquelle Prévost fournissait des nouvelles.

1741 (26 janvier) : Prévost est contraint de s'exiler à Bruxelles, puis à Francfort. Il intente à Didot un procès pour se faire payer la correction (réédition corrigée ?) de ses ouvrages. L'*Histoire de Guillaume le Conquérant* a reçu l'approbation du censeur le 5 janvier.

1741 (février) : le *Mercure* annonce la publication des *Mémoires pour servir à l'histoire de Malte*. Les *Campagnes philosophiques* sortent en avril.

1741 (19 octobre) : de Francfort-sur-le-Main, où il a accompagné le maréchal de Belle-Isle à l'occasion de l'élection de l'empereur, Prévost écrit à Bachaumont ; il lui annonce qu'il a obtenu sa grâce de Maurepas et qu'il lui est permis de rentrer en France : « madame de Chester étant mariée et partie pour la province, un travail médiocre me mettra toujours en état de n'être incommode à personne [...]. C'est, comme vous le dites, ce qui pouvait arriver de plus heureux et pour elle et pour moi ». Il semble que cette « madame de Chester » soit la même que Lenki Eckhardt, qui l'avait conduit à la ruine en Hollande et en Angleterre. Maurepas accorde un laissez-passer à Prévost le 9 novembre, pour se retirer en Artois dans sa famille.

1742 (mai) : l'*Histoire de Guillaume le Conquérant* sort chez Prault en mai avec une permission tacite. En septembre, Prévost reparaît à Paris.

1743 (janvier) : approbation de l'*Histoire de Cicéron*, traduite de l'anglais de C. Middleton ; l'ouvrage sort en décembre. Dès le 15 février, Didot obtient un privilège pour la traduction des *Lettres de Cicéron*, qui sortiront en juin 1744. Le 28 juin, Didot obtient un privilège pour les *Voyages de Robert Lade*.

1744 (31 juillet) : lettre à La Chalotais, intendant de Bretagne ; Prévost est très lié à Locmaria, Procope, Stafford (beau-frère de Crébillon). Sortie des *Voyages du capitaine Robert Lade* en novembre.

1745 : en janvier, Didot obtient un privilège pour l'*Histoire générale des voyages*, dont le premier volume est annoncé en septembre. *Lettres de Cicéron, qu'on nomme familières ; traduites en français (...) Par M. l'Abbé Prévost* (chez Didot, tomes I, II et III, approbation du 12 mars 1744). Sortie en novembre des *Mémoires d'un honnête homme* (à Amsterdam, 1745, 2 parties en un volume).

1746 : Prévost, qui s'est installé dans une maison à Chaillot en compagnie de Catherine Genty, commence la publication de l'*Histoire générale des voyages*, dont un volume paraîtra chaque année jusqu'au tome XV en 1759. Le 26 janvier 1746, il intervient auprès de M. de Marville en faveur d'un joueur nommé Dozan. A cette époque, il fréquente le salon de Mme du Boccage.

1750 : *Manuel lexique, ou Dictionnaire portatif des mots français dont la signification n'est pas familière à tout le monde* (Didot, 2 vol. in-12), traduction de l'ouvrage anglais de T. Dyche, augmentée par Prévost.

1751 : *Lettres anglaises, ou Histoire de Miss Clarisse Harlove* (Londres, chez Nourse, 12 parties en six volumes), traduction de Richardson par Prévost.

1752 : Prévost fréquente à Passy, chez le joaillier Mussard, J.-J. Rousseau, Boulanger, Mme Denis, Procope.

1753 : Edition corrigée de *Manon Lescaut*, en deux vol., avec figures de Pasquier et Gravelot, à Amsterdam, aux dépens de la Compagnie (en fait chez Didot à Paris).

1754 (20 juillet) : Prévost est pourvu par le pape Benoît XIV du prieuré de Gennes (diocèse du Mans), d'un revenu nominal de 2 000 livres.

1754 (novembre) : Prévost prend la direction du *Journal étranger* sur la recommandation de Grimm ; premier numéro le 15 janvier 1755 ; il cède le journal à Fréron dès le 1er septembre 1755.

1755-1756 : *Nouvelles lettres anglaises ou Histoire du chevalier de Grandisson* (Amsterdam, 5 parties), traduites de Richardson par Prévost.

1760 : *Histoire de la maison de Stuart sur le trône d'Angleterre,* par M. Hume (Londres, 3 vol. in-4°), traduction de Prévost. En avril, *Le Monde moral, ou Mémoires pour servir à l'histoire du cœur humain* (Genève, tomes I et II). D'avril 1760 à janvier 1763, procès au sujet du bénéfice de La Grainetière.

1762 (juillet) : *Mémoires pour servir à l'histoire de la vertu. Extraits du Journal d'une jeune dame* (Cologne, 4 vol.), traduction des *Memoirs of Miss Sydney Biddulph*, roman de F. Sheridan. A cette époque, et peut-être depuis 1760, Prévost est installé à Saint-Firmin, près de Chantilly, avec sa gouvernante, Catherine Genty.

1763 (juin) : *Almoran et Hamet, anecdote orientale, publiée pour l'instruction d'un jeune monarque* (Londres, 1763, 2 parties), traduction d'un ouvrage de J. Hawkesworth. En juillet-août, Prévost est atteint de rhumatismes.

1763 (25 novembre) : mort de Prévost, frappé d'une attaque d'apoplexie lors d'une promenade, près de Chantilly. Il est inhumé chez les bénédictins de Senlis.

1764 : publication posthume des *Lettres de Mentor à un jeune seigneur*, traduites de l'anglais (Londres, 1 vol.). Publication posthume des tomes III et IV du *Monde moral*.

TABLE

**ARISTOTE**
Petits Traités d'histoire naturelle (979)
Physique (887)

**AVERROÈS**
L'Intelligence et la pensée (974)
L'Islam et la raison (1132)

**BERKELEY**
Trois Dialogues entre Hylas et Philonous (990)

**CHÉNIER (Marie-Joseph)**
Théâtre (1128)

**COMMYNES**
Mémoires sur Charles VIII et l'Italie, livres VII et VIII (bilingue) (1093)

**DÉMOSTHÈNE**
Philippiques, suivi de **ESCHINE,** Contre Ctésiphon (1061)

**DESCARTES**
Discours de la méthode (1091)

**DIDEROT**
Le Rêve de d'Alembert (1134)

**DUJARDIN**
Les lauriers sont coupés (1092)

**ESCHYLE**
L'Orestie (1125)

**GOLDONI**
Le Café. Les Amoureux (bilingue) (1109)

**HEGEL**
Principes de la philosophie du droit (664)

**HÉRACLITE**
Fragments (1097)

**HIPPOCRATE**
L'Art de la médecine (838)

**HOFMANNSTHAL**
Électre. Le Chevalier à la rose. Ariane à Naxos (bilingue) (868)

**HUME**
Essais esthétiques (1096)

**IDRÎSÎ**
La Première Géographie de l'Occident (1069)

**JAMES**
Daisy Miller (bilingue) (1146)
Les Papiers d'Aspern (bilingue) (1159)

**KANT**
Critique de la faculté de juger (1088)
Critique de la raison pure (1142)

**LEIBNIZ**
Discours de métaphysique (1028)

**LONG & SEDLEY**
Les Philosophes hellénistiques (641 à 643), 3 vol. sous coffret (1147)

**LORRIS**
Le Roman de la Rose (bilingue) (1003)

**MEYRINK**
Le Golem (1098)

**NIETZSCHE**
Par-delà bien et mal (1057)

**L'ORIENT AU TEMPS DES CROISADES** (1121)

**PLATON**
Alcibiade (988)
Apologie de Socrate. Criton (848)
Le Banquet (987)
Philèbe (705)
Politique (1156)
La République (653)

**PLINE LE JEUNE**
Lettres, livres I à X (1129)

**PLOTIN**
Traités I à VI (1155)
Traités VII à XXI (1164)

**POUCHKINE**
Boris Godounov. Théâtre complet (1055)

**RAZI**
La Médecine spirituelle (1136)

**RIVAS**
Don Alvaro ou la Force du destin (bilingue) (1130)

**RODENBACH**
Bruges-la-Morte (1011)

**ROUSSEAU**
Les Confessions (1019 et 1020)
Dialogues. Le Lévite d'Éphraïm (1021)
Du contrat social (1058)

**SAND**
Histoire de ma vie (1139 et 1140)

**SENANCOUR**
Oberman (1137)

**SÉNÈQUE**
De la providence (1089)

**MME DE STAËL**
Delphine (1099 et 1100)

**THOMAS D'AQUIN**
Somme contre les Gentils (1045 à 1048), 4 vol. sous coffret (1049)

**TRAKL**
Poèmes I et II (bilingue) (1104 et 1105)

**WILDE**
Le Portrait de Mr. W.H. (1007)

**GF Flammarion**

08/06/139077-VI-2008 – Impr. MAURY Imprimeur, 45330 Malesherbes.
N° d'édition LO1EHPNFG1298C003. – Août 2006. – Printed in France.